高等职业教育铁道通信信号专业校企合作系列教材
高等职业教育"十二五"规划教材——轨道交通类

铁路车站自动控制系统维护

主　编　兰天明　　王素倩
主　审　张朝霞

西南交通大学出版社
·成　都·

图书在版编目（CIP）数据

铁路车站自动控制系统维护／兰天明，王素倩主编.
一成都：西南交通大学出版社，2015.4（2021.7重印）
高等职业教育铁道通信信号专业校企合作系列教材
高等职业教育"十二五"规划教材. 轨道交通类
ISBN 978-7-5643-3829-9

Ⅰ. ①铁… Ⅱ. ①兰… ②王… Ⅲ. ①铁路车站 – 自
动控制系统 – 维修 – 高等职业教材 – 教材 Ⅳ. ①U291

中国版本图书馆 CIP 数据核字（2015）第 060142 号

高等职业教育铁道通信信号专业校企合作系列教材
高等职业教育"十二五"规划教材——轨道交通类

铁路车站自动控制系统维护

主编　兰天明　王素倩

责 任 编 辑	孟苏成	
特 邀 编 辑	柳堰龙	
封 面 设 计	墨创文化	
出 版 发 行	西南交通大学出版社 （四川省成都市金牛区二环路北一段 111 号 西南交通大学创新大厦 21 楼）	
发行部电话	028-87600564　028-87600533	
邮 政 编 码	610031	
网　　　址	http://www.xnjdcbs.com	
印　　　刷	四川森林印务有限责任公司	
成 品 尺 寸	185 mm × 260 mm	
印　　　张	12.25	
字　　　数	306 千	
版　　　次	2015 年 4 月第 1 版	
印　　　次	2021 年 7 月第 5 次	
书　　　号	ISBN 978-7-5643-3829-9	
定　　　价	33.00 元	

前　言

铁路车站信号自动控制系统实现了道岔、信号机与进路联锁关系的自动控制。随着铁路运营速度的不断提升,车站自动控制的设备也在不断改进,以满足高速运行列车的接车、发车以及列车站内运行的安全与效率需求。根据联锁实现的设备不同,我国车站信号自动控制主要采用电气集中联锁和计算机联锁两种形式。其中,电气集中联锁主要实现继电器-道岔-进路-信号机的集中控制和监督;而计算机联锁主要依靠计算机完成道岔、进路、信号机之间联锁关系的集中控制。两者的实现均是建立在车站联锁逻辑关系的基础上,因此本教材以联锁关系的实现与维护为切入点,以现场真实工种要完成的任务为载体,分项目详细介绍了铁路信号自动控制的设备和维护技能。

本书在教材的编写过程中充分考虑了高职院校的教学改革指导思想,让教材的结构充分迎合"项目导向、任务驱动"的教学模式。本教材是根据最新制定的铁路高职教育铁道信号专业车站信号自动控制系统维护课程标准编写的,在对车站信号自动控制技术的教学中,打破了以往的讲解模式,精心设计了一系列以职业活动为导向,与现场信号工实际维护作业一致的任务。根据任务的特点划分了若干项目,实现了"知识融于实践、实践巩固知识"的互补教学。教、学、做一体化的设计思路使得本教材既适用于铁道信号及相关专业教学,也能作为现场专业技术人员维护作业的参考资料。

本教材将具体的项目和任务作为载体,将教学大纲要求的职业核心能力融入教学过程中。根据现场搜集的资料以及专家的建议和意见,本教材按照电气集中联锁的操作和设备的维护大致分为两部分,共 7 个项目。其中,项目一和项目二分别从联锁设备操作和联锁关系试验两个方面设计项目和任务,使学生完成对电气集中联锁的基本操作的学习;项目三到项目七分别从进路选排、道岔控制、信号控制和信号点灯电路等几个相对独立的方面设计项目和任务,使学生从各个电路模块的维护和故障处理过程中自主学习相关知识点,练习基本技能。

本教材由天津铁道职业技术学院兰天明和王素倩担任主编,由天津电务段张朝霞担任主审。全书的编写策划和统稿工作以及项目一,项目二和项目三的任务一、任务二的编写由兰天明完成;项目三的任务三、任务四的编写由天津电务段刘钊完成;项目四、项目五的任务一的编写由天津铁道职业技术学院王露完成；项目五的任务二的编写由天津铁道职业技术学院沈桐完成；项目六的任务一、任务二的编写由天津电务段张朝霞完成；项目六的任务三、任务四、任务五及项目七的编写由天津铁道职业技术学院王素倩完成。

本书在编写过程中参阅了大量书籍和文献资料，难以一一列举，在此，对所有这些书籍和文献资料的作者表达我们的谢意，尤其感谢《铁路车站自动控制系统维护》作者翟红兵、《车站信号自动控制》作者王永信、《车站信号控制系统》作者杨扬等。此外，北京铁路局天津电务段的许多同志为教材编写提供了大量的现场经验，天津铁道职业技术学院实训处秦武及铁道电信系信号教研组其他教师们也为本书的完成提供了大量宝贵的意见，在此表示衷心的感谢。由于现代铁路信号控制技术发展较快，加之作者水平有限，书中难免存在不妥之处，恳请同行专家和读者批评指正。

编　者

2014 年 10 月

目　录

项目一　电气集中联锁设备操作

【项目导引】

电气集中联锁设备是为保证机车车辆在站内作业安全的设备，由室内设备和室外设备组成。其电路是站场型网络结构，主要由各种组合电路拼贴而成的 15 条网络线和相关单元电路组成。

任务一　电气集中联锁设备组成

【知识目标】

（1）掌握电气集中联锁室内外设备的组成及作用；

（2）掌握电气集中联锁定型组合的种类；

（3）掌握电气集中联锁电路组成和网络线的名称及用途。

【能力目标】

（1）能正确识别室内外设备；

（2）能正确进行组合排列图的绘制；

（3）能正确认知相关电路的继电器名称和型号。

【相关知识】

一、电气集中联锁基本概念

车站联锁设备控制对象是道岔、进路和信号机。将道岔、进路和信号机用电气方式集中控制与监督，并实现它们之间联锁关系的技术方法和设备称为电气集中联锁。用继电器实现联锁关系的称为继电式电气集中联锁（以下简称电气集中）。

（一）电气集中联锁的作用

电气集中联锁是保证站内运输作业安全、提高作业效率的铁路信号设备。

（二）6502 电气集中联锁的特点

6502 电气集中是我国目前应用最普遍的一种继电式电气集中联锁，在我国铁路上得到了广泛应用。其特点如下：

（1）6502 电气集中电路定型化程度高、逻辑性强；

（2）操纵方法简便灵活、不易出错；

（3）维修、施工比较方便；

（4）符合故障-安全原则；

（5）易与区间闭塞设备及其他信号设备结合；

（6）是计算机联锁、调度集中和调度监督的基础设备。

二、电气集中联锁设备组成

电气集中分为室内设备和室外设备两大部分，其设备组成如图 1-1-1 所示。

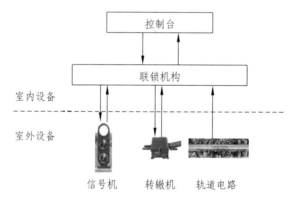

图 1-1-1　电气集中设备组成

（一）室内设备

信号楼是车站的控制中心，电气集中室内设备设置在信号楼内。

1. 控制台

在信号楼车站值班员室内（控制室）设有控制台。控制台的盘面是按照每个车站站场的实际情况布置的，盘面上的模拟站场线路、接发车进路方向、道岔和信号机位置均与站场实际位置相对应。6502 电气集中控制台是用各种标准的单元块拼装而成的，称为单元控制台。在控制台盘面上设有各种用途的按钮和表示灯以及电流表。在控制台中部设有供车站值班员使用的工作台，背面下部设有配线端子板、熔断器及报警电铃。控制台是车站值班员集中控制和监督全站的道岔、进路和信号机，指挥列车运行和调车作业的控制设备；也可供信号维修人员分析判断控制系统故障范围用。

2. 区段人工解锁按钮盘

在离开控制台一定距离的室内墙面上，装设了区段人工解锁按钮盘。它是控制台操作时的辅助设备，当轨道电路区段因故障不能正常解锁时，用它办理故障解锁；在更换继电器或停电后恢复时，用来使设备恢复正常状态；在用取消进路办法不能关闭信号时，可用它关闭信号。

3. 继电器组合及组合架

在信号楼继电器室内设有继电器组合及组合架。把具有相同控制对象的继电器按照定型电路环节组合在一起，叫作继电器组合，简称组合。6502电气集中的定型组合是根据车站信号平面布置图上的道岔、信号机和道岔区段设计的，共有12种定型组合。6502电气集中采用通用的大站电气集中组合架。组合架分11层，1～10层安装继电器组合，每层安装一个继电器组合。继电器按组合放置在组合架上，每个组合包括的继电器数量最多不超过10个。继电器组合是实现电气集中联锁的设备。

（1）信号组合类型。

信号组合共有6种定型组合类型，即列车信号主组合LXZ、引导信号组合YX、一方向列车信号辅助组合1LXF、二方向列车信号辅助组合2LXF、调车信号组合DX和调车信号辅助组合DXF。

（2）道岔组合类型。

道岔组合分为单动道岔组合DD、双动道岔主组合SDZ和双动道岔辅助组合SDF 3种定型组合。

（3）区段组合类型。

区段组合Q只有一种基本类型。

（4）其他组合类型。

其他组合类型包括方向组合F和电源组合DY。

6502电气集中电路主要由上述12种定型组合里的继电器构成。但也有少量继电器不包括在定型组合内，将这些根据具体情况而需要增设的继电器设计成零散组合，零散组合里的继电器数量也不能超过10个，其构成的电路环节根据需要而设计。

为了集中对轨道电路的有关参数进行测试，在组合架上还设有轨道电路测试盘。

4. 电源屏

在信号楼电源室设有电源屏，是电气集中的供电设备。一般要求有两路可靠的电源，即主电源和副电源。主、副电源引至信号楼内，能够自动和手动相互切换，经过稳压、隔离、变压或整流后，不间断地供给电气集中需用的各种交流电源和直流电源。6502电气集中车站一般设置一套电源屏，应根据车站的规模选用适当容量的电源屏。

5. 分线盘

在室内电缆引出处设有分线盘，是室内外电缆汇接处。电气集中的室内与室外联系导线都必须经过分线盘端子。

（二）室外设备

电气集中室外设备主要有色灯信号机、电动转辙机、轨道电路以及电缆和电缆连接箱盒。

1. 信号机

6502电气集中采用透镜式色灯信号　。电气集中车站按用途设有进站信号　、进路信号机、出站信号机、预告信号机、复示信号机和调车信号机等类型。

信号机用来防护进路，给出各种信号显示，指示列车运行及调车作业。它有关闭和开放两种状态，其开放和关闭时机由 6502 电气集中联锁电路控制，应遵循安全对应原则，用继电器释放反映信号关闭，用吸起反映信号开放。信号机的关闭并非是不亮灯，而是显示禁止信号，如进站信号机关闭，则是显示红灯，调车信号机关闭则是指亮蓝灯。

2. 电动转辙机

在电气集中车站的集中区内，对应每组道岔，都要设转辙机，用以转换和锁闭道岔，反映道岔的位置和动作状态。目前，在一般车站使用 ZD6 型直流电动转辙机，提速区段的车站正线使用 S700K 型交流电动转辙机或 ZYJ7 型电液转辙机。为了保证列车经过道岔时的运输安全，对电动转辙机的基本要求是：

（1）应具有足够大的拉力，带动道岔尖轨作直线往复运动，当尖轨受阻不能继续移动时，应随时经操纵能使尖轨返回原位。

（2）当道岔尖轨与基本轨不密贴时，不应对道岔实行锁闭，没有锁闭则不应使转换过程终止；一旦锁闭，则应保证不致因列车通过道岔时产生的震动使道岔解锁。

（3）应能反映出道岔的三种状态：定位、反位和四开状态。道岔的定位和反位为正常工作状态，四开状态（两根尖轨同时都不密贴于基本轨）是不正常的非工作状态。此时应能给出报警，表明道岔出现故障，在故障未修理好之前，绝对禁止人为地给出道岔的定位或反位表示。

3. 轨道电路

在电气集中车站，凡是由信号机防护的进路以及信号机的接近区段均要装设轨道电路。在非电气化区段广泛采用交流连续式轨道电路，在电气化区段一般采用 25 Hz 相敏轨道电路。

轨道电路用来监督区段是否空闲，检查钢轨线路的完整性，也是向机车信号设备传递信息的通道。在锁闭进路及信号开放过程中，必须保证有关轨道电路区段在空闲状态。当列车或调车车列在进路上运行时，轨道电路应能监督车的运行状态。信号关闭后，须证明列车或车列出清轨道电路区段后，才准许进路按轨道电路区段逐段解锁。

4. 电缆和箱盒设备

在电气集中车站，信号机、转辙机和轨道电路与室内设备之间的连接一般采用电缆。电缆按控制对象不同可分为信号电缆、道岔电缆和轨道电路电缆。这些电缆敷设在地下电缆沟槽内。

在干线电缆与干线电缆或干线电缆与分支电缆接续处设有电缆盒，分支电缆与设备连接处设有各种变压器箱和电缆盒，这些箱、盒主要供放置变压器和电缆连接用。

6502 电气集中设备是由室内和室外两大部分组成的。全站的道岔、进路和信号机都由信号楼集中控制和监督，其联锁关系由继电电路实现。车站值班员（或信号员）在控制台操纵，就能自动地选出有关进路，进路上的道岔有规律地转换到规定位置，防护进路的信号机自动开放。受运行中列车或调车车列的控制，信号机自动关闭，进路自动解锁，为重新办理进路准备好条件。

三、继电器组合的选用

继电集中是由许多定型的电路模块组合而成的，称这些定型电路模块为组合单元。6502电气集中的组合，是对应车站信号平面布置图上的道岔、信号机和道岔区段设计的。每个组合包括的继电器数量最多不超过 10 个。

（一）进站信号机选用的组合

在双线单向运行区段，每架进站信号机相应选用 YX 和 LXZ 2 个组合，如图 1-1-2（a）所示。在单线双向运行区段和双线双向运行区段，每架进站信号机应选择 1LXF、YX 和 LXZ 3个组合，如图 1-1-2（b）所示。当进站信号机内方有一无岔区段和同方向的调车信号机时，可作为一个信号点，称为进站内方带调车，可不设 DX 组合，仅选用 1LXF、YX 和 LXZ 3个定型组合，再增选一个零散组合，如图 1-1-2（c）所示。对于接车进路信号机，选用的组合和进站信号机完全相同。

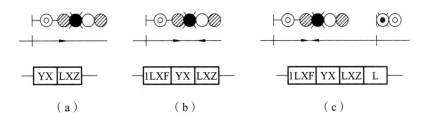

图 1-1-2　进站信号机组合选用

（二）出站兼调车信号机和发车进路信号机选用的组合

当只有一个发车方向时，每架出站兼调车信号机应选用 LXZ 和 1LXF 2 个组合，如图 1-1-3（a）所示。若有两个发车方向，则对每架出站兼调车信号机应选用 LXZ 和 2LXF 2 个组合，如图 1-1-3（b）所示。发车进路信号机选用 LXZ 和 1LXF 2 个组合。

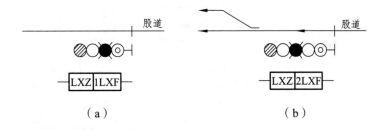

图 1-1-3　出站信号机组合选用

（三）调车信号机选用的组合

调车信号机按设置位置不同可分为尽头式、并置、差置、单置调车信号机，它们应各选用 1 个调车信号组合 DX，如图 1-1-4 所示。对应每架单置调车信号机，还应选用半个调车信号辅助组合 DXF，如图 1-1-4（d）所示。半个组合是指 1 个 DXF 组合可供 2 架单置调车信号机使用。

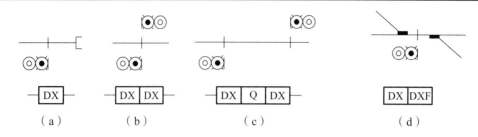

图 1-1-4　调车信号机组合选用

股道头部调车信号机应选用 LXZ 和 1LXF 2 个列车信号组合。这是因为，它虽然是调车信号机，但又是接车进路的终端，设有列车进路按钮，电路环节与一方向出站兼调车信号机相似。

在控制台盘面上设有变通按钮，则对应此变通按钮，也需要选用半个 DXF 组合。对应于没有信号机处的列车终端按钮及调车终端按钮，则可根据需要，选用半个 DXF 组合或设零散组合。

（四）道岔选用的组合

每组单动道岔选用一个 DD 组合，如图 1-1-5（a）所示。每组双动道岔选用 1 个 SDZ 和半个 SDF 组合，如图 1-1-5（b）、（c）所示。

在图 1-1-5（b）、（c）中，SDZ 的两个方框表示 1 个 SDZ 组合内的电路是由 2 张图纸组成，每张对应双动道岔中的 1 个道岔；SDF 是半个组合，也有 2 张图纸，分别给双动道岔中的 1 个道岔用。SDZ 和 SDF 连接的顺序不能颠倒，否则就构不成电路。

此外，在提速区段设置提速道岔专用的道岔组合，6502 电气集中电路中的单动道岔组合改用提速道岔单动组合 TDD（或 JDD），每组双动道岔主组合 SDZ 改用提速双动道岔主组合 TSD（或 JSD），双动道岔辅助组合 SDF 保持不变，如图 1-1-5（d）、1-1-5（e）所示。TDD 和 TSD 组合依照 DD 和 SDZ 组合的排列方法进行排列。每台转辙机增加一个提速道岔辅助组合 TDF，每组道岔选用的 TDF 组合的数量根据该道岔类型号、是固定辙叉还是可动心轨以及转辙机类型的不同而确定。TDF 组合不要求靠近 TSD 组合，可集中起来排列。集中排列TDF 组合时，要考虑组合架相应熔断器的容量。

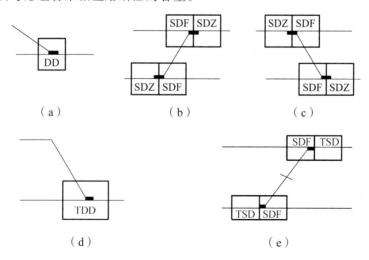

图 1-1-5　道岔组合选用

（五）轨道区段选用的组合

站内轨道电路有道岔区段和无岔区段之分，对应每一道岔区段和列车进路上的差置调车信号机之间的无岔区段，都要选用 1 个 Q 组合；对于非列车进路上的元岔区段，或虽有列车经过的进站口和发车口部位的无岔区段，则不需要选用 Q 组合。根据电路要求增设的继电器，可以设在零散组合内。轨道区段选用的组合如图 1-1-6 所示。

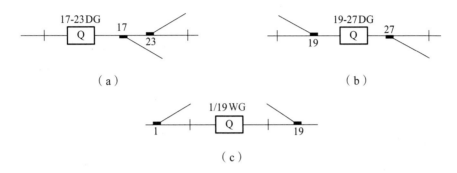

图 1-1-6　轨道区段组合选用

Q 组合必须设在对应区段的关键部位。关键部位是指利用该区段排列任何进路都必须经过的地方，一般指道岔的岔前部位。例如，在图 1-1-6（a）中，道岔区段 17-23DG 的关键部位是在 17 号道岔的岔前部位，Q 组合必须对应设在该处。在图 1-1-6（b）中，关键部位在 19 号和 27 号道岔之间，Q 组合放在 19 号与 27 号道岔组合之间。在图 1-1-6（c）中，1/19WG 是无岔区段，Q 组合设在无岔区段上。

图 1-1-7（a）、（b）所示为交叉渡线。对图（a）中的 11-13DG，能放置区段组合的部位有 3 处：13 号道岔岔前、11 号道岔岔前、11 号与 13 号道岔之间。这 3 处中任何一处设置 Q 组合，经由 11-13DG 中的道岔排列进路时，总有 1 条或 2 条进路不经过 Q 组合。交叉渡线为了能将 Q 组合设在关键部位，在电路图上必须采用道岔换位法，即将 11 号和 13 号道岔互换位置，9 号与 15 号道岔互换位置，如图 1-1-7（c）所示。换位时，岔尖的开向不变，换位后，将原来双动的 2 个道岔再用线连接起来，换位后，11 号与 13 号道岔之间就形成了关键部位。11-13DG 的 Q 组合可放在换位后的 11 号与 13 号道岔组合之间的关键部位上。换位是指网络图中相应道岔的定型组合图互相换位。

对于图 1-1-7（b）所示的交叉渡线，9 号和 15 号道岔之间设有一组钢轨绝缘，分别划在两个道岔区段中，9DG 的关键部位在 9 号道岔岔前，15DG 的关键部位在 15 号道岔岔前，不能换位。但对 11-13DG 仍需换位，如图 1-1-7（d）所示。

（a）　　　　　　　　　　　　　　（b）

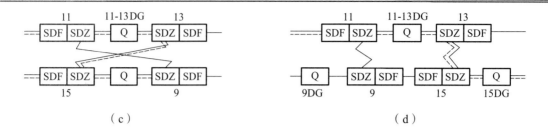

图 1-1-7　复式交分道岔组合选用

图 1-1-8（a）所示为复式交分道岔。4-10DG 的关键部位，在电路图上，采用了道岔移位法，如图 1-1-8（b）所示。将渡线道岔 2/6 右移，8/12 左移。道岔移位后，4-10DG 的关键部位在 6 号与 8 号道岔之间，Q 组合就放置在 6 号与 8 号道岔组合之间。从现场实际线路使用来看，复式交分道岔和道岔移位后的两组双动道岔是等效的。

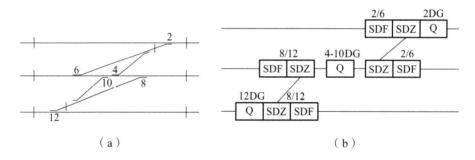

图 1-1-8　复式交分道岔组合选用

（六）方向组合和电源组合的选用

每个咽喉区应选用 1 个方向组合 F 和 1 个电源组合 DY。F 和 DY 组合不参加站场型网路图的拼贴，与车站信号设备平面布置图无关。

F 组合内可插入 10 个继电器，可引出 10 种方向电源和 6 种条件电源。在一个咽喉区的 DY 组合内可插入 10 个继电器，在另一个咽喉区的 DY 组合中，因 JCAJ、JCJ1、JCJ2 3 个继电器为全站共用而不必再插入，应插入全站共用的 ZFDJ，因此另一咽喉区的 DY 组合插入 8 个继电器，其中的第九、第十个继电器位置为空位。DY 组合内，可引出 6 种条件电源。

四、组合连接图

明确组合选取原则后，就可以根据具体的站场信号平面布置图选取相应组合，然后根据站场结构将这些组合相互连接，形成组合连接图。图 1-1-9 所示是根据信号平面布置图（见附图一）所示下行咽喉排列而成的组合连接图。

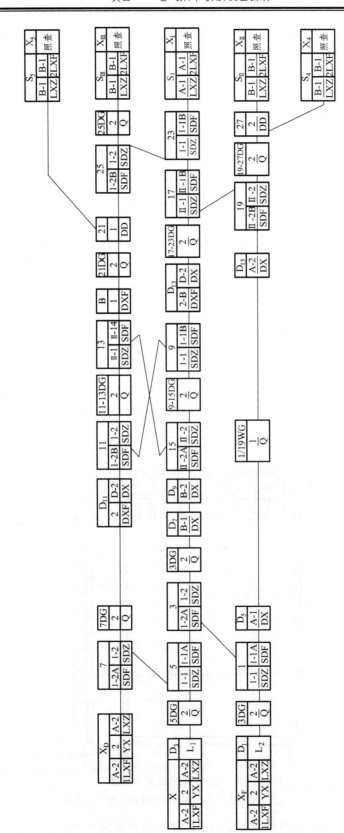

图 1-1-9　下行咽喉组合连接图

　　在组合连接图中，各种信号机、道岔、轨道电路区段的组合位置应与控制台盘面图相对应，除交叉渡线和复式交分道岔之外，各设备选用组合的排列顺序不得前后颠倒，选用的组合必须标出其设备名称。

　　在组合连接图中，除要注明组合的类型外，还要标出各种定型组合类型图的图号。图号即是图纸的编号。由于运行方向不同，电路图的具体画法也不同。实际上，每种定型组合的图纸，最少约有 2 张，最多的有 10 张。用于拼贴站场型网路图的 10 种定型组合共演变成 50 种组合类型图。例如，YX 组合的图纸有 1/YX 和 2/YX 2 张，1 表示向左运行，2 表示向右运行。区段组合 Q 的图纸也有 1/Q 和 2/Q 2 种，1 表示为无岔区段用，而 2 表示为道岔区段用。双动道岔主组合 SDZ 的图号有 I-1/SDZ 和 II-2/SDZ 的区别。其中，罗马字母 I 表示为"八"字形第一笔双动道岔用，II 表示为"八"字形第二笔双动道岔用；而这里的 1 表示为双动道岔中的左侧（面向图纸看）道岔用，2 表示为双动道岔中的右侧道岔用。

五、继电器组合架

　　6502 电气集中采用通用的大站电气集中组合架（组合柜）。图 1-1-10 所示为继电器组合及组合架示意图。组合架上下分为 11 层，一般从下至上顺序编号为 1，2，…，10，0，1～10 层安装继电器组合，每层安装 1 个继电器组合。每个继电器组合包括 2 块组合侧面端子板和 10 个继电器插座板的位置。第 11 层称为零层，安装有各种电源端子板和零层端子板，共11 块。组合架与控制台和人工解锁按钮盘间的连线，都必须经由零层端子。

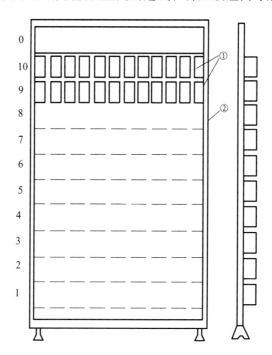

图 1-1-10　组合及组合架示意图

①—继电器组合；②—继电器组合架

　　为了施工维修的方便，也有的将零层端子板放在组合架的最下层。

　　组合架上部安装有走线架，架间的引线全部经过走线架引出。若将零层放在组合架最底层，则下部应设线槽，架间的引线经过线槽引出。

　　组合架在继电器室内的排列习惯上从进门开始从前往后数为1排、2排、3排、…，从左至右数称为1架、2架、3架、…。如某个继电器组合处在第2排第3架第6层位置时，表示为23-6。这样就很容易找到某个继电器在组合架上的位置。

六、6502 电气集中电路原理

　　根据车站信号平面布置图，按照组合选取原则，可以选出相应组合，拼装出与该站场对应的组合排列图，组合排列图上每个组合单元占用组合架中一层，相邻的各个组合单元之间通过接线端子相互连接，各个组合架之间也要通过接线端子相互连接。

　　两个组合单元之间一般都需要连接15根网路线。整个站场就由15根网路线构成继电器网路电路，通过这个网路电路来实现联锁控制功能。只要建立进路的条件成立，进路始端和终端之间的各根网路线就会按照一定的顺序接通，通过这15根网路线之间各个继电器的相互动作就可以实现继电联锁控制功能。

　　6502定型组合连接图和实际的站场信号平面布置图结构几乎相同，而定型组合连接图又是继电器电路的网路图。将6502的继电器电路网路结构称为站场型网路结构，具有以下优点：

　　（1）电路图形与站场形状相似（交叉渡线和复式交分道岔两种情况除外），信号机、道岔和轨道电路区段可选用相应的组合类型图，只需按照站场形状拼贴起来。每张组合类型图相当于一个模块，即电路采用模块化设计，使设计过程比较容易，从而使设计速度加快。

　　（2）相同用途的继电器可以接在同一条网路线上，不需要反复检查同样的条件，这样既简化了电路，又减少了继电器接点，使电路动作清晰、规律性强、安全程度高。

　　6502电气集中电路主要由选择组电路和执行组电路两大部分组成，共有15条网路线，包括选择组电路（1～7线）和执行组电路（8～15线）。此外，还有道岔控制电路和信号机点灯电路等单元电路。

（一）选择组电路

选择组电路分为记录电路、选岔电路和开始继电器电路3部分。

1. 记录电路

记录电路由按钮继电器电路和方向继电器电路组成。其作用是记录车站值班员按下按钮的动作，记录进路的性质和运行方向。

2. 选岔电路

选岔电路由6条网路线组成（1～6线），又称为六线制选岔网路。其作用是按照车站值班员的意图，经操纵后选出道岔的位置。其网路线用途如下：

　　（1）第1、2线为"八"字形第一笔双动道岔反位操纵继电器FCJ的网路线。

　　（2）第3、4线为"八"字形第二笔双动道岔反位操纵继电器FCJ的网路线。

　　（3）第5、6线为双动道岔定位操纵继电器DCJ、单动道岔定位操纵继电器DCJ和反位操纵继电器FCJ以及选信号点的进路选择继电器JXJ用的网路线。

3. 开始继电器电路

第 7 线是开始继电器 KJ 的励磁网路。信号机的开始继电器都接在 7 线网路上，用以检查进路选排的一致性。检查进路选排的一致性涉及进路上的每组道岔，这些联锁条件都接在 7 线网路上。当进路上道岔操纵继电器全部吸起（DCJ 或 FCJ），并且当进路上道岔都转换到规定位置，给出相应的表示（DBJ 或 FBJ 吸起）后，即进路选出与进路排通一致（DCJ 与 DBJ，FCJ 与 FBJ 动作一致），KJ 才能吸起。进路选排的一致性是很重要的联锁条件，锁闭进路、开放信号前要进行检查，它是保障行车安全的关键措施之一。

（二）执行组电路

在选择组电路完成选路工作后，将选择组电路所确定的进路始端和终端转入执行组电路。执行组电路的主要作用是：检查进路中道岔位置是否正确，进路是否空闲、未建立敌对进路，实现进路锁闭；检查开放信号联锁条件后，开放信号；完成进路的正常解锁、取消、人工解锁、调车中途返回解锁、引导进路解锁等任务。

执行组电路共有 8 条网路线（8～15 线），其网路线用途如下：

（1）第 8 线为信号检查继电器 XJJ 的励磁网路线，用来预先检查开放信号的可能性，即确定进路道岔位置正确、进路空闲、没有建立敌对进路。只有满足上述基本联锁条件，才能锁闭进路和升放信号。

（2）第 9 线为区段检查继电器 QJJ 和股道检查继电器 GJJ 的励磁网路线。设有 Q 组合的轨道电路区段，均设有一个区段检查继电器 QJJ，当检查了本区段空闲后，本区段的 QJJ 方能吸起，实现区段锁闭。向股道建立进路时，GJJ 吸起，用它锁闭另一咽喉的迎面敌对进路。

（3）第 10 线是 QJJ 的自闭网路线。通过信号继电 XJ 的励磁条件，使 QJJ 自闭。用来防止进路迎面错误解锁。

（4）第 11 线为信号继电器 XJ 的励磁网路线。当全面检查了开放信号的联锁条件后，使 XJ 吸起。接通信号机点灯电路，开放信号。

（5）第 12、13 线为解锁网路线。对称地接有 2 个进路继电器 1LJ 和 2LJ，用来实现进路锁闭，完成进路的正常解锁、取消、人工解锁、调车中途返回解锁和引导进路解锁等任务。

（6）第 14、15 线是控制台光带表示灯用的网路线。14 线用于控制白光带，15 线用于控制红光带。

在执行组电路中，还有道岔控制电路、信号机点灯电路、取消继电器电路、接近预告继电器电路、照查继电器电路、锁闭继电器电路以及各种表示灯电路、报警电路等。这些电路都不接在网路线上。

任务二　排列进路的操作方法

【知识目标】

（1）掌握进路的相关概念；

（2）掌握进路按钮的设置方法；

（3）了解控制台上其他按钮的名称和作用。

【能力目标】

（1）能正确排列列车、调车基本进路和变通进路；

（2）能进行控制台其他的相关的操作；

（3）培养安全意识、团队合作能力。

【相关知识】

一、"进路" 按钮的配置

（一）进路概念

1. 进 路

进路是指列车或调车车列在车站内运行时所经由的路径，包括列车进路和调车进路。

只有进路处于安全状态时，列车或调车车列才能进入该进路。所谓进路安全，是指进路上的信号机、道岔和轨道电路处于安全状态。例如，进路内的道岔必须锁闭，进路内各轨道电路区段上必须空闲。在每条进路的始端都要设置一架信号机来对该进路进行防护。

2. 进路状态

依据进路是否建立，可以将进路状态分成锁闭状态和解锁状态。建立了进路，即指利用该路径排列了进路，此时进路处于锁闭状态。没有建立进路，即指没有利用该路径排列进路，此时进路将处于解锁状态。

进路处于锁闭状态时，进路上的所有道岔都被锁闭在规定位置上且不能转换位置，之后，防护该进路的始端信号机开放，随后列车或调车车列才能在该进路上运行。进路锁闭，且防护该进路的始端信号开放后，该进路处于安全状态。

当列车或调车车列运行并通过锁闭的进路后，该进路将被解锁而处于解锁状态。解锁状态下，进路上道岔随时有转换位置的可能，列车在其上运行将处于不安全状态，因而不允许列车或调车车列在没有锁闭的进路上运行。

3. 敌对进路

敌对进路指相互敌对、从安全角度考虑不能够同时建立的进路。根据敌对进路所在咽喉的不同，可以分为本咽喉敌对进路和迎面咽喉敌对进路，敌对进路不允许同时建立。下列进路规定为敌对进路，包括无无条件敌对进路和有条件敌对进路。

无条件敌对进路：

（1）同一咽喉区对向重叠的列车进路构成敌对。

（2）同一咽喉区对向重叠或顺向重叠的列车进路与调车进路构成敌对。

（3）同一咽喉区对向重叠的调车进路构成敌对。

（4）同一到发线上对向的列车进路与列车进路构成迎面敌对。

（5）同一到发线上对向的列车进路与调车进路构成迎面敌对。

有条件敌对进路：

（1）对向不同线路的接车进路与接车或调车进路。

（2）顺向不同线路的接车进路与发车或调车进路。

（二）排列进路方法

值班人员要确定进路的范围和进路的始端与终端。列车或调车车列由哪里来按一下该处的"始端"按钮，到哪里去再按一下哪里的"终端"按钮，这样的进路操作方法，称为双按钮进路式选路法。先后按下进路"始端"按钮和"终端"按钮，就可把进路上所有的道岔位置选出来，并使防护这条进路的信号机开放。

（三）进路按钮的配置原则

（1）对应每一条进路始端设有信号机处均应分别设一个进路按钮。

（2）进路终端即使没有信号机，也应对应设一个进路按钮。若同一个地方，既是列车进路终端又是调车进路终端，就要各设一个列车进路按钮及一个调车进路按钮，以区别列车和调车进路的性质。

（3）为减少按钮数量，进路始端按钮可兼作同性质的进路终端按钮。选路时，顺序按压两个按钮，先按的使其作始端按钮，后按的使其作终端按钮。

（4）对应有通过信号的进站信号机，应设一个通过按钮，用以简化办理通过进路的操作。

（5）在变通进路上，若没有调车按钮兼作变通按钮用的地方，则应对应设一个变通按钮。

（四）进路按钮的配置方法

1. 列车进路按钮的配置方法

对应 X 进站信号机设一个按钮 XLA，因为北京方面是双线双方向运行区段，所以，它既能作正向接车进路的始端按钮使用，又能作反向发车进路的终端按钮使用。向北京方面的正向发车进路，对应在发车口处设一架反向进站信号机 X_F，对其设置 X_FLA，它既能作正向发车进路的终端按钮使用，又能作反向接车进路的始端按钮。东郊方面是单线双方向运行区段，对应 X_D 进站信号机设一个按钮 X_DLA。X_DLA 不仅作列车接车进路始端按钮，还可以兼作列车进路终端按钮，但它不能兼作调车进路终端按钮。因为北京方面有通过进路，在 X 进站信号机相应位置，还设有下行通过进路按钮 XTA。由于东郊方面没有通过进路，故对于 X_D 进站信号机不设通过进路按钮。

对应每架出站兼调车信号机，如 S_5，分别设置列车进路按钮 S_5LA 和调车进路按钮 S_5DA，分别作发车进路始端和调车进路始端按钮用，又可分别作接车进路和调车进路的终端按钮用。

2. 调车进路按钮的配置方法

对应每架调车信号机，设一个调车进路按钮。在 X_D 进站信号机的内方，没有设无岔区段和同方向的调车信号机，但此处可以作为调车进路的终端，所以要设一个调车进路终端按钮 X_DDZA，但不能作为调车进路始端按钮使用。同理，在下行发车口内也设调车终端按钮 XDZA。

3. 变通按钮的配置方法

变通进路是指在进路的始、终端之间有几条路径时，通常把一条路径最短、经过道岔数量少或影响其他作业较小的进路规定为基本进路，而其余的进路称为变通进路，平时正常使用基本进路。只有当基本进路有车占用，或进路发生故障时，才使用变通进路。例如，由 Ⅱ G 向北京方面发车时，就有两条进路：一条经由 27、17/19、1/3 号道岔定位，而另一条经由 27、13/15、9/11 号道岔定位，17/19、1/3 号道岔反位，前者为基本进路，后者为变通进路。因为后一条进路影响 X 进站信号机向 Ⅰ G 的接车进路等。

经进站信号机 X 下行往 5G 的接车进路有两条，一条是经由道岔 5/7 反位到 5G 的接车进路，另一条是经由 5/7 定位到 5G 的接车进路。如果我们将经由 5/7 反位到 5G 的进路规定为基本进路，则经由 5/7 定位到 5G 的进路就为变通进路。再如，SⅢ 至 XD 之间的调车进路有两条，一条是经由道岔 23/25 定位和 13/15 定位到 7DG 的调车进路，另一条是经由 23/25 反位和 13/15 反位到 7DG 的调车进路，如果将经由 23/25 定位和 13/15 定位到 7DG 的进路规定为调车基本进路，则经由 23/25 反位和 13/15 反位到 7DG 的进路就为调车变通进路。

根据双按钮进路式选路法的基本原则，顺序按压进路始端和终端按钮，只准许选出基本进路。即使基本进路因故选不出来，也不准自动改选变通进路。这是因为若准许自动改选变通进路，将会背离车站值班员的意图，就可能打乱作业计划。若想要选排变通进路，就必须有意识地附加一个操作。6502 电气集中规定：要在按下始端按钮之后，再按一下变通按钮，最后再按终端按钮，这时才准许选出变通进路来。在选变通进路时，即使因故选不出，也绝不允许自动选出基本进路。

选变通进路的关键是确定变通按钮，可按下面 3 种情况配置：

（1）在列车变通进路上已经设有调车进路按钮时，该调车进路按钮兼作变通按钮使用。

（2）在调车变通进路上，当设有单置调车信号机且与进路始端调车信号机方向相反时，该调车进路按钮（简称单置反向调车按钮）可兼作调车变通进路的变通按钮使用。当没有单置反向调车按钮可兼变通按钮使用时，只可按长调车进路操作方法进行分段办理选出调车变通进路。

（3）变通进路上没有调车进路按钮可兼作变通按钮时，在控制台模拟站场线路相应处，可设一个专用的变通按钮 BA。专设的变通按钮 BA 既可作列车进路变通按钮使用，也可作调车进路变通按钮使用。变通进路的性质由按下进路的始端按钮确定。

二、接车进路的操作方法

6502 电气集中采用双按钮选路方式，即只需在控制台上顺序按压进路的始端、终端按钮，就能够按照操作意图自动转换道岔、锁闭进路、开放信号，而且不论进路中有多少道岔，均能自动转换，简化了操作手续，提高了效率。

6502 电气集中联锁同一咽喉同时只能办理一条进路，即在"排列进路"表示灯 PLBD 点亮红灯时不能办理第二条进路。只有第一条进路已经选出，排列进路表示灯熄灭后才能办理第二条进路。进路上有车占用、轨道电路故障、正在进行人工解锁以及敌对进路已建立时，都不能办理进路。防护进路的信号机只有在其防护的进路空闲（包括超限绝缘检查）、有关道岔位置正确、进路锁闭、未进行人工解锁、敌对进路未建立时才能开放。下面以图 1-2-1 举例站场下行咽喉信号平面布置图为例说明进路办理方法。

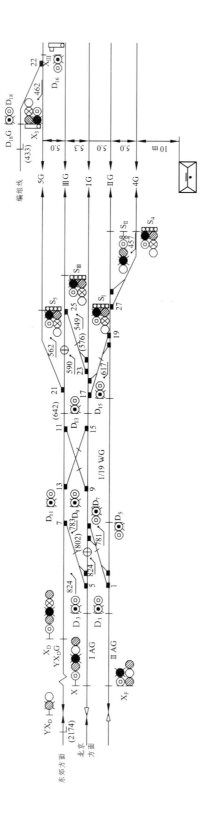

图 1-2-1　举例站场下行咽喉信号平面布置图

　　办理接车进路时，以防护接车进路的进站信号机的列车按钮为始端按钮，以股道入口处的列车按钮为终端按钮。

　　（1）办理北京方面至Ⅰ股道（ⅠG）的下行正向接车进路：X→ⅠG接车进路。

　　先按下防护进路的 X 进站信号机的列车按钮 XLA 作为始端按钮，其按钮表示灯闪绿光，本咽喉的"排列进路 PLBD"表示灯点亮红灯；再按下ⅠG 入口处的 S₁ 出站信号机的列车按钮 S₁LA 作为终端按钮，其按钮表示灯闪绿光，开始选路；最后控制台上从进站信号机 X 至Ⅰ道下行出站信号机 X₁（即进路的始端至终端）点亮白光带，表示进路锁闭；控制台上的 X 进站信号机信号复示器显示绿灯，说明防护进路的信号机 X 开放；有关进路按钮表示灯熄灭，接车进路办理完毕。

　　（2）办理东郊方面向 5G 的下行接车进路：顺序按下 X_DLA 和 S₅LA。

　　（3）办理北京方面向ⅡG 的下行反向接车进路：顺序按下 X_FLA 和 S_ⅡLA。

　　（4）办理列车通过进路：

　　办理列车通过进路有一次办理和分段办理 2 种操作方法。例如，办理下行 X 经由ⅠG 通过进路，一次办理方法是：顺序按下 XTA 和 S_FLA。分段办理的方法是：先办理下行ⅠG 发车进路，即顺序按下 X₁LA 和 S_FZA，然后办理下行ⅠG 接车进路，即顺序按下 XLA 和 S₁LA。通过进路的一次办理要比分段办理简便，一般情况下采用一次办理。

三、发车进路的操作方法

　　办理发车进路时，以防护发车进路的出站信号机的列车按钮为始端按钮，以发车进路终端处的列车按钮为终端按钮。

　　（1）办理ⅡG 北京方面正向发车进路：顺序按下 S_ⅡLA 和 X_FLA。

　　（2）办理ⅡG 北京方面反向发车进路：顺序按下 S_ⅡLA 和 XLA。

　　（3）办理 5G 东郊方面发车进路：顺序按下 S₅LA 和 X_DLA。

四、调车进路操作方法

　　长调车进路是指一条进路上需要开放两架或两架以上调车信号机的调车进路。而单元调车进路（称短调车进路）就是指一条进路上仅需开放一架调车信号机的调车进路。长调车进路是由两条以上单元调车进路组成的。这里的"长"与"短"不是路径的长短。长调车进路有一次办理和分段办理 2 种操作方法。

　　（1）办理以并置（或差置）调车信号机为阻拦信号的调车进路：先按压进路始端按钮，后按压进路终端反方向调车按钮。

　　① 办理 D₃ 至 D₉ 的调车进路：顺序按下 D₃A 和 D₇A。

　　② 办理 D₁ 至 D₁₅ 的调车进路：顺序按下 D₁A 和 D₅A。

　　③ 办理 S₄D 至 D₅ 的调车进路：顺序按下 S₄DA 和 D₁₅A。

　　（2）选排以单置调车信号机为阻拦信号时的调车进路：先按压进路始端按钮，后按压单置阻拦信号按钮。

① 办理 D_3 至 D_{11} 的调车进路：顺序按下 D_3A 和 $D_{11}A$。

② 办理 D_9 至 D_{13} 的调车进路：顺序按下 D_9A 和 $D_{13}A$。

③ 选排以股道、牵出线、专用线、接发车口为进路终端时：先按压进路始端按钮，后按压股道头部的调车按钮，或牵出线、专用线、接发车口的反向调车按钮或调车终端按钮。

　　a. 办理 D_{13} 至 IG 的调车进路：顺序按下 $D_{13}A$ 和 S_1DA。

　　b. 办理 D_{13} 至 IG 的调车进路：顺序按下 $D_{13}A$ 和 S_1DA。

　　c. 办理 D_4 至 D_2 的调车进路：顺序按下 D_4A 和 D_2A。

　　d. 办理 D_4 至 D_2 的调车进路：顺序按下 D_4A 和 D_2A。

　　e. 办理 S_5D 向 X_D 的调车进路：顺序按下 S_5DA 和 X_DDZA。

　　f. 办理 D_5 向 D_1 的调车进路：顺序按下 D_5A 和 D_1A。

　　g. 办理 D_7 向 D_3 的调车进路：顺序按下 D_7A 和 D_3A。

④ 选排长调车进路：一次性办理时，先按压长调车进路的始端按钮，后按压长调车进路最后终端的终端按钮。分段办理依次按压时，先办理最远的进路，后办理近处的进路。即长调车进路的分段办理需由远至近分段办理。

　　a. 办理 D3 至 ⅠG 调车进路。

　　一次办理操作方法：顺序按下 D_5A 和 S_1DA。分段办理的方法：分别选 D_{13} 至 ⅠG、D_9 至 D_{13}、D_3 至 D_9 3 条单元调车进路。

　　b. 办理 S_1D 向 D_3 的调车进路。

　　一次办理操作方法：顺序按下 S_1DA 和 D_3A。分段办理的方法：分别选 D_7 向 D_3、S_1D 至 D_7 2 条单元调车进路。

五、列车变通进路操作方法

办理列车变通进路时，顺序按下进路始端按钮、变通按钮和进路终端按钮。

（1）办理 X 进站信号机经由 5/7、13/15 号道岔反位至 ⅠG 的接车变通进路：顺序按下 XLA、$D_{11}A$ 和 S_1LA 3 个按钮。

（2）办理 ⅡG 经由 17/19、1/3 号道岔反位向北京方面发车变通进路：顺序按下 $S_{II}LA$、D_7A（或 D_9A，或 $D_{13}A$）、X_FLA 3 个按钮。

（3）办理 X 进站信号机经 5/7 号道岔反位至 ⅢG 的接车变通进路：顺序按下 XLA、$D_{11}A$ 和 $S_{III}LA$。

（4）当变通进路上有专设的 BA 时，可顺序按下进路始端按钮、BA 和进路终端按钮。

办理 X 进站信号机经 9/11 号道岔反位至 ⅢG 的接车变通进路：顺序按下 XLA、BA 和 $S_{III}LA$。

多数情况下，列车变通进路上调车按钮可兼作变通按钮用，不需再设变通按钮。

六、调车变通进路操作方法

选调车变通进路时，不能用差置、并置或同方向单置调车进路按钮作为调车变通按钮使用。当调车变通进路上有反向的单置调车进路按钮时，可按变通进路操作方法进行。

（1）办理 S_1D 经 13/15、5/7 号道岔反位向 D_3 的变通进路：顺序按下 S_1DA、$D_{11}A$ 和 D_3A 3 个按钮，该调车变通进路便可选出。

（2）当变通进路上有专设的 BA 时，可顺序按下进路始端按钮、BA 和进路终端按钮，变通进路便可选出。办理 D_9 至 ⅢG 经 9/11 号道岔反位的调车变通进路时，顺序按下 D_9A、BA 和 $S_ⅢDA$，该调车变通进路便可选出。

6502 电气集中只有单置调车进路按钮能兼作相反方向的调车进路的变通按钮，其他调车进路按钮都不能作调车进路的变通按钮。任何调车进路按钮都可作列车变通进路的变通按钮。专设的绿色的变通按钮 BA，既可作列车变通进路，又可作调车变通进路的变通按钮使用。

七、引导接车方法

引导接车是车站联锁设备故障时采用的接车办法，采用引导接车时，进站信号机显示一个红灯和一个白灯，准许列车在该信号机前方不停车，以不超过 20 km/h 的速度进入站内，并准备随时停车。

办理引导接车时，为了保证行车安全，也要锁闭进路上的道岔，叫引导锁闭。引导锁闭分为两种：一种是按照进路锁闭方式进行，称为引导进路锁闭；另一种是锁闭全咽喉的联锁道岔，称为引导总锁闭。

为办理引导进路锁闭及引导总锁闭，控制台下部的左右两端，对应每个进站信号机设置一个带有铅封的引导按钮，按钮上方有白色表示灯；每咽喉设置一个带有铅封的非自复式引导总锁闭按钮，按钮上方有白色表示灯。

（一）引导进路锁闭

当进站信号机或接车进路信号机因故不能正常开放以及接车进路上某一段轨道电路区段故障不能正常建立接车进路时，应使用引导进路锁闭方式接车。

引导进路锁闭的办理手续是：

（1）执行《车站行车工作细则》（简称《站细》）规定的手续，在《行车设备检查登记簿》（即运统 – 46）登记；

（2）将进路上的有关道岔转换到规定位置开通进路，如果有道岔区段轨道电路故障，还要对该区段的道岔进行单独锁闭（防止故障排除后，该区段的道岔自动解锁）；

（3）破除铅封按压相应引导按钮，其上方白色表示灯点亮，沿道岔开通方向锁闭进路，控制台显示白光带，进站信号机开放引导信号；

（4）列车驶入进站信号机内方，引导信号自动关闭，引导进路不随列车运行而自动解锁，列车沿进路通过后，除股道显示红光带，整条引导进路显示白光带，引导按钮上方表示灯不熄灭，进路仍继续处于锁闭状态；

（5）车站值班员确认列车全部驶入股道后停妥后，办理引导进路解锁手续，即同时按压本咽喉总人工解锁按钮和接车进路始端按钮（如 XLA），进路不经延时立即解锁，白色光带熄灭。

引导信号开放后，如果需要关闭信号，可办理引导解锁手续，即步骤（5），则进路解锁，引导信号关闭。

　　如果接车进路范围内轨道电路故障，而且故障区段内道岔需要转换，则须在现场采用手摇道岔的方式，这将使道岔失去表示，不能按进路方式进行锁闭，只能采用引导总锁闭的方式办理接车。

（二）引导总锁闭

　　引导总锁闭用于接车进路上道岔失去表示时以及向非接车线路或无联锁线路接车（如向调车线、货物线接车），是将全咽喉联锁道岔全部进行锁闭的方式。这种方式由于没有进路锁闭，因此在控制台上没有白色光带。

　　引导总锁闭的办理手续是：

　　（1）执行《站细》规定的手续，在《行车设备检查登记簿》（即运统 – 46）登记；

　　（2）将进路上的有关道岔转换到规定位置开通进路；

　　（3）破除铅封，按下本咽喉的引导总锁闭按钮，其上方白色表示灯点亮，表示将全咽喉联锁道岔锁闭；

　　（4）破除铅封，按下相应引导按钮，进站信号机开放引导信号，但没有白光带；

　　（5）列车驶入进站信号机内方，引导信号自动关闭，在控制台上可以通过红光带监督列车运行；

　　（6）车站值班员确认列车全部驶入股道停妥后，办理解锁手续，拉出引导总锁闭按钮，本咽喉道岔解锁。

　　采用引导总锁闭方式接车，不检查本咽喉的联锁条件，也不锁闭另一咽喉的敌对进路，此时应停止本咽喉区的一切其他接发车和调车作业以及另一咽喉的敌对作业，行车安全完全由人工保证。

　　开放引导信号后，如果要关闭引导信号，拉出引导总锁闭按钮即可。

　　采用上述 2 种方式引导接车时，都是利用进站信号机内方第一段轨道电路关闭引导信号。当进站信号机内方第一段轨道电路故障时，引导信号不能保持，需一直按压引导按钮才能保证引导信号开放，待确定列车头部进站后才能松开。

项目二　信号设备联锁关系试验

【项目导引】

信号设备联锁关系试验是电气集中车站开通或既有站年度联锁关系试验的重要项目。本学习项目就是模拟现场的实际联锁试验过程，按照联锁表及所要求的试验项目正确完成室内外各种联锁关系的试验。

任务一　编制联锁表

【知识目标】

（1）掌握联锁及联锁表的概念；
（2）掌握联锁表的各个栏目组成。

【能力目标】

（1）能正确对信号机、道岔、轨道区段正确编号；
（2）能正确识读举例站场的联锁表；
（3）能正确编制联锁表；
（4）培养安全意识、团队合作能力。

【相关知识】

一、联锁表概念

联锁表是说明车站信号设备联锁关系的图表。联锁表中表示出了进路、道岔、信号机之间的基本联锁内容；联锁表是联锁设备开通试验时作为检查车站联锁设备之间联锁关系的主要依据。车站信号平面布置图是编制联锁表的依据。

二、联锁表具体内容

表 2-1-1 是按照举例站场信号平面图编制的下行咽喉联锁表。

表 2-1-1　举例站场下行咽喉联锁表

方向	进路方式	排列进路按下按钮	确定运行方向道岔	信号机名称	信号机显示	表示器	道岔	敌对信号	轨道区段	迎面进路列车	迎面进路调车	其他联锁	进路号码
接车	至5股道	X_DLA、S_5LA		X_D	UU	B-C	5/7、9/11、13/15、(21)	D_{11}、S_5	7DG、11-13DG、21DG、〈23/25〉25DG、5G	5G	5G		1
	至Ⅲ股道 1	X_DLA、$S_Ⅲ$LA	13	X_D	U	B-C	5/7、9/11、13/15、21、23/25	D_{11}、$S_Ⅲ$	7DG、11-13DG、21DG、25DG、ⅢG	ⅢG	ⅢG		2
	至Ⅲ股道 2	X_DLA、D_{13}、$S_Ⅲ$LA	(13)	X_D	U	B-C	5/7、(13/15)、[9/11]、17/19、(23/25)	D_{11}、D13、$S_Ⅲ$	7DG、11-13DG、9-15DG、17-23DG、25DG、ⅢG	ⅢG	ⅢG		3
	至Ⅰ股道	X_DLA、S_1LA		X_D	UU	B-C	5/7、(13/15)、[9/11]、17/19、23/25	D_{11}、S_1	7DG、11-13DG、9-15DG、17-23DG、ⅠG	ⅠG	ⅠG		4
	至Ⅱ股道	X_DLA、$S_Ⅱ$LA		X_D	UU	B-C	5/7、(13/15)、[9/11]、(17/19)、{23/25}、27	D_{11}、$S_Ⅱ$	7DG、11-13DG、9-15DG、19-27DG、ⅡG	ⅡG	ⅡG		5
	至4股道	X_DLA、S_4LA		X_D	UU	B-C	5/7、(13/15)、[9/11]、(17/19)、{23/25}、(27)	D_{11}、S_4	7DG、11-13DG、9-15DG、19-27DG、4G	4G	4G		6
发车	由5股道	S_5LA、X_DLA		S_5	L	B-C	(21)、13/15、9/15、5/7	D_{11}、X_D、S_5D	21DG、〈23/25〉25DG、11-13DG、7DG			BS 7	7
	由Ⅲ股道 1	$S_Ⅲ$LA、X_DLA	25	$S_Ⅲ$	L	B-C	23/25、21、13/15、9/11、5/7	D_{11}、X_D、$X_Ⅲ$D	25DG、21DG、11-13DG、7DG			BS 8	8
	由Ⅲ股道 2	$S_Ⅱ$LA、D_{13}D、X_DLA	(25)	$S_Ⅲ$	L	B-C	(23/25)、17/19、(13/15)、[9/11]、5/7	D_{11}、D13、X_D	25DG、〈21〉21DG、17-23DG、9-15DG、11-13DG、7DG			BS 9	9
	由Ⅰ股道	S_1LA、X_DLA		S_1	L	B-C	23/25、17/19、(13/15)、[9/11]、5/7	D_{13}、S_1、X_D	17-23DG、9-15DG、11-13DG、7DG			BS 10	10
	由Ⅱ股道	$S_Ⅱ$LA、X_DLA		$S_Ⅱ$	L	B-C	27、(17/19)、(13/15)、[9/11]、5/7	D_{13}、$S_Ⅱ$、X_D	19-27DG、17-23DG、9-15DG、11-13DG、7DG			BS 11	11
	由4股道	S_4LA、X_DLA		S_4	L	B-C	27、(17/19)、{23/25}、(13/15)、5/7	D_{13}、X_D、S_4D	19-27DG、17-23DG、9-15DG、11-13DG、7DG			BS 12	12

列车进路　东郊方面

续表 2-1-1

方向	进路	进路方式	排列进路按下按钮	确定运行方向道岔	信号机 名称	显示	表示器	道岔	敌对信号	轨道区段	迎面进路 列车	调车	其他联锁	进路号码
正方向发车 北京方面列车进路	由5股道		S_5LA、X_FLA		S_5	L 或 LU 或 U	B-A	(21)、(9/11)、[13/15]、(1/3)	D_9、D_7、D_1、X_F、S_5D	21DG、〈23/25〉25DG、11-13DG、9-15DG、3DG、〈5/7〉5DG、1DG、ⅡAG			BS13	13
	由Ⅲ股道	1	$S_Ⅲ$LA、X_FLA	(25)	$S_Ⅲ$	L 或 LU 或 U	B-A	(23/25)、17/19、13/15、9/11、(1/3)	D_{13}、D_9、D_7、D_1、X_F、$S_Ⅲ$D	25DG、〈21〉21DG、17-23DG、9-13DG、3DG、〈5/7〉5DG、1DG、ⅡAG			BS14	14
	由Ⅲ股道	2	$S_Ⅲ$LA、BA、X_FLA	(11)	$S_Ⅲ$	L 或 LU 或 U	B-A	23/25、21、(9/11)、[13/15]	D_9、D_7、D_1、X_F、$S_Ⅲ$D	25DG、21DG、11-13DG、9-15DG、3DG、〈5/7〉5DG、1DG、ⅡAG			BS15	15
	由Ⅰ股道		S_1LA、X_FLA		S_1	L 或 LU 或 U	B-A	23/25、17/19、13/15、9/11、(1/3)	D_{13}、D_9、D_7、D_1、X_F、S_1D	17-13DG、9-15DG、3DG、〈5/7〉5DG、1DG、ⅡAG			BS16	16
	由Ⅱ股道	1	$S_Ⅱ$LA、X_FLA	19	$S_Ⅱ$	L 或 LU 或 U	B-A	27、17/19、1/3	D_{15}、D_5、D_1、X_F、$S_Ⅱ$D	19-27DG、1/19WG、1DG、ⅡAG			BS17	17
	由Ⅱ股道	2	$S_Ⅱ$LA、D_7A 或 D_9A 或 D_{13}A、X_FLA	(19)	$S_Ⅱ$	L 或 LU 或 U	B-A	27、(17/19)、{23/25}、13/15、9/11、(1/3)	D_{13}、D_9、D_7、D_1、X_F、$S_Ⅱ$D	19-27DG、17-23DG、9-15DG、3DG、〈5/7〉5DG、1DG、ⅡAG			BS18	18
	由4股道	1	S_4LA、X_FLA	19	S_4	L 或 LU 或 U	B-A	(27)、17/19、1/3	D_{15}、D_5、D_1、X_F、S_4D	19-27DG、1/19WG、1DG、ⅡAG			BS19	19
	由4股道	2	S_4LA、D_7A 或 D_9A 或 D_{13}A、X_FLA	(19)	S_4	L 或 LU 或 U	B-A	(27)、(17/19)、{23/25}、13/15、9/11、(1/3)	D_{13}、D_9、D_7、D_1、X_F、S_4D	19-27DG、9-15DG、3DG、〈5/7〉5DG、1DG、ⅡAG			BS20	20

续表 2-1-1

方向	进路	进路方式	排列进路按下按钮	确定运行方向道岔	信号机名称	信号机显示	表示器	道岔	敌对信号	轨道区段	迎面进路 列车	迎面进路 调车	其他联锁	进路号码
北京方向 反方向发车 列车进路	由5股道	1	S₅LA、XLA	(7)	S₅	L	B-B	(21)、9/11、13/15、(5/7)	D₁₁、D₃、X、S₅D	21DG、〈23/25〉25DG、11-13DG、7DG、5DG、〈1/3〉3DG、ⅠAG			BS	21
	由5股道	2	S₅LA、D₇A 或 D₉A、XLA	(11)	S₅	L	B-B	(21)、(9/11)、[13/15]、1/3、5/7	D₉、D₇、D₃、X、S₅D	21DG、〈23/25〉25DG、11-13DG、9-15DG、3DG、5DG、ⅠAG			BS	22
	由Ⅲ股道	1	SⅢLA、XLA	(25)	SⅢ	L	B-B	(23/25)、17/19、13/15、9/11、1/3、5/7	D₁₃、D₉、D₇、D₃、X、SⅢD	25DG、〈21〉21DG、17-23DG、9-15DG、3DG、5DG、ⅠAG			BS	23
	由Ⅲ股道	2	SⅢLA、BA、XLA	(11)	SⅢ	L	B-B	23/25、21、9/11、13/15、(5/7)	D₁₁、D₃、X、SⅢD	25DG、21DG、11-13DG、7DG、5DG、〈1/3〉3DG、ⅠAG			BS	24
	由Ⅰ股道	1	S₁LA、XLA	15	S₁	L	B-B	23/25、17/19、13/15、9/11、1/13	D₁₃、D₉、D₇、D₃、X、S₁D	17-23DG、9-15DG、3DG、〈1/3〉3DG、ⅠAG			BS	25
	由Ⅰ股道	2	S₁LA、XLA	(15)	S₁	L	B-B	23/25、17/19、(13/15)、[9/11]、(5/7)	D₁₃、D₁₁、D₃、X、S₁D	17-23DG、9-15DG、11-13DG、7DG、5DG、〈1/3〉3DG、ⅠAG			BS	26
	由Ⅱ股道	1	SⅡLA、D₁₁A、XLA	15	SⅡ	L	B-B	27、(17/19)、{23/25}、13/15、9/11、1/3、5/7	D₁₃、D₉、D₇、D₃、X、SⅡD	19-27DG、17-23DG、3DG、5DG、ⅠAG			BS	27
	由Ⅱ股道	2	SⅡLA、XLA	(15)	SⅡ	L	B-B	27、(17/19)、{23/25}、(13/15)、[9/11]	D₁₃、D₁₁、D₃、X、SⅡD	19-27DG、9-15DG、11-13DG、7DG、5DG、〈1/3〉3DG、ⅠAG			BS	28
	由4股道	1	S₄LA、XLA	15	S₄	L	B-B	(27)、(17/19)、{23/25}、13/15、9/11、1/3、5/7	D₁₃、D₁₁、D₃、X、S₄D	19-27DG、17-23DG、3DG、5DG、ⅠAG			BS	29
	由4股道	2	S₄LA、D₁₁A、XLA	(15)	S₄	L	B-B	(27)、(17/19)、[9/11]、[13/15]、(5/7)	D₁₃、D₁₁、D₃、X、S₄D	19-27DG、17-23DG、11-13DG、7DG、5DG、〈1/3〉3DG、ⅠAG			BS	30

续表 2-1-1

方向	进路	进路方式	排列进路按下按钮	确定运行方向道岔	信号机名称	显示	表示器	道岔	敌对信号	轨道区段	迎面进路 列车	迎面进路 调车	其他联锁	进路号码
	至 5 股道	1	XLA、S₅LA	(7)	X	UU		(5/7)、9/11、13/15、(21)	D₃、D₁₁、S₅	IAG、5DG、〈1/3〉3DG、7DG、11-13DG、〈23/25〉25DG、5G	5G	5G		31
	至 5 股道	2	XLA、D₇A 或 D₉A、S₅LA	(9)	X	UU		5/7、1/3、(9/11)、[13/15]、(21)	D₃、D₇、D₉、S₅	IAG、5DG、3DG、21DG、9-15DG、11-13DG、〈23/25〉25DG、5G	5G	5G		32
	至 Ⅲ 股道	1	XLA、SⅢLA	(23)	X	UU		5/7、1/3、9/11、13/15、17/19、(23/25)	D₃、D₇、D₉、D₁₃、SⅢ	IAG、5DG、3DG、9-15DG、17-23DG、21DG、ⅢG	ⅢG	ⅢG		33
	至 Ⅲ 股道	2	XLA、D₁₁A 或 BA、SⅢLA	(5)	X	UU		(5/7)、9/11、13/15、21、23/25	D₃、D₁₁、SⅢ	IAG、5DG、〈1/3〉3DG、25DG、ⅢG	ⅢG	ⅢG		34
	至 Ⅰ 股道	1	XLA、S₁LA	5	X	U		5/7、1/3、9/11、13/15、17/19、23/25	D₃、D₇、D₉、D₁₃、S₁	IAG、5DG、3DG、9-15DG、17-13DG、ⅠG	ⅠG	ⅠG		35
	至 Ⅰ 股道	2	XLA、D₁₁A、S₁LA	(5)	X	U		(5/7)、(13/15)、[9/11]、17/19	D₃、D₁₁、S₁	IAG、5DG、〈1/3〉3DG、9-15DG、ⅠG	ⅠG	ⅠG		36
	至 Ⅱ 股道	1	XLA、SⅡLA	5	X	UU		5/7、1/3、9/11、13/15、(17/19)、23/25	D₃、D₇、D₉、D₁₃、SⅡ	IAG、5DG、3DG、9-15DG、17-23DG、ⅡG	ⅡG	ⅡG		37
	至 Ⅱ 股道	2	XLA、D₁₁A、SⅡLA	(5)	X	UU		(5/7)、(13/15)、[9/11]、(17/19)、27	D₃、D₁₁、SⅡ	IAG、5DG、〈1/3〉3DG、17-23DG、19-27DG、ⅡG	ⅡG	ⅡG		38
	至 4 股道	1	XLA、S₄LA	5	X	UU		5/7、1/3、9/11、{23/25}、27	D₃、D₇、D₉、D₁₃、S₄	IAG、5DG、3DG、19-27DG、4G	4G	4G		39
	至 4 股道	2	XLA、D₁₁A、S₄LA	(5)	X	UU		(5/7)、(13/15)、[9/11]、(17/19)、{23/25}、27	D₃、D₁₁、D₁₃、S₄	IAG、5DG、〈1/3〉3DG、9-15DG、17-23DG、19-27DG、4G	4G	4G		40

列车进路方向：北京方向接车　正方向接车

续表 2-1-1

方向	进路	进路方式	排列进路按下按钮	确定运行方向道岔	信号机名称	信号机显示	表示器	道岔	敌对信号	轨道区段	迎面进路列车	迎面进路调车	其他联锁	进路号码
反方向接车列车进路	至5股道		X_FLA、S_5LA		X_F	UU		(1/3)、(5/11)、[13/15]、(21)	D_1、D_7、S_5	IIAG、1DG、3DG、⟨5/7⟩5DG、9-15DG、11-13DG、21DG、⟨23/25⟩25DG、5G	5G	5G		41
	至III股道	1	X_FLA、S_{III}LA	(23)	X_F	UU		(1/3)、9/11、13/15、17/19、(23/25)	D_1、D_7、D_9、D_{13}、S_{III}	IIAG、1DG、3DG、⟨5/7⟩5DG、9-15DG、17-23DG、⟨21⟩21DG、25DG、IIIG	IIIG	IIIG		42
	至III股道	2	X_FLA、BA、S_{III}LA	(9)	X_F	UU		(1/3)、(9/11)、[13/15]、21、23/25	D_1、D_7、D_9、S_{III}	IIAG、1DG、3DG、⟨5/7⟩5DG、9-15DG、11-13DG、21DG、25DG、IIIG	IIIG	IIIG		43
	至I股道	1	X_FLA、S_1LA	1	X_F	UU		(1/3)、5/11、13/15、17/19、23/25	D_1、D_7、D_9、D_{13}、S_1	IIAG、1DG、3DG、⟨5/7⟩5DG、9-15DG、17-23DG、IG	IG	IG		44
	至II股道	1	X_FLA、S_{II}LA	1	X_F	U		1/3、17/19、27	D_1、D_5、D_{15}、S_{II}	IIAG、1DG、1/19WG、19-27DG、IIG	IIG	IIG		45
	至II股道	2	X_FLA、D_7A 或 D_9A、D_{13}A、S_{II}LA	(1)	X_F	U		(1/13)、9/11、13/15、(17/19)、23/25、27	D_1、D_7、D_9、D_{15}	IIAG、1DG、3DG、⟨5/7⟩5DG、9-15DG、17-23DG、19-27DG、IIG	IIG	IIG		46
	至4股道	1	X_FLA、S_4LA	1	X_F	UU		1/3、17/19、(27)	D_1、D_5、D_{15}、S_4	IIAG、1DG、1/19WG、19-27DG、4G	4G	4G		47
	至4股道	2	X_FLA、D_7A 或 D_9A、D_{13}A、S_4LA	(1)	X_F	UU		(1/3)、9/11、13/15、(17/19)、{23/25}、(27)	D_1、D_7、D_9、D_{13}	IIAG、1DG、3DG、⟨5/7⟩5DG、9-15DG、17-23DG、19-27DG、4G	4G	4G		48
经I股道向天津方面通过	通过		XTA、S_FLA		X/X_1	L 或 LU/L 或 LU 或 U		5/7、1/3、9/11、13/15、17/19、23/25、16、6/8、10/12、2/4	D_3、D_7、D_9、D_{13}、S_1、X_1D、D_{12}、D_{10}、D_8、S_F	IAG、5DG、3DG、9-15DG、17-23DG、IG、16-18DG、8-10DG、4DG	IG	IG BS		35/98
经II股道向天津方面通过	通过		X_FTA、SLA		X_F/X_{II}	L/L	B	1/3、17/19、27、14、10/12、6/8	D_1、D_5、D_{15}、S_{II}D、D_6、S	IIAG、1DG、1/19WG、19-27DG、IIG、6-12DG、IIDG	IIG	IIG BS		45/105

续表 2-1-1

方向		进路	进路方式	排列进路按下按钮	确定运行方向道岔	信号机名称	信号机显示	表示器	道岔	敌对信号	轨道区段	迎面进路列车	迎面进路调车	其他联锁	进路号码
北京方面	D_1	至 D_9		D_1A、D_7A		D_1	B		(1/3)	X_F、D_7、〈(3)〉〈(11)〉S_5L、〈15〉S_1LS_4L	1DG、3DG、〈5/7〉5DG				49
		至 D_{15}		D_1A、D_5A		D_1	B		1/3	X_F、D_5、〈19〉$S_ⅡLS_4L$	1DG				50
	D_3	至 D_9		D_3A、D_7A		D_3	B		5/7、1/3	X、D_7、〈(11)〉S_5L、〈3〉$S_ⅢL$、〈15〉$S_ⅡLS_4L$	5DG、3DG				51
		至 D_{11}		D_3A、$D_{11}A$		D_3	B		(5/7)	X、〈11〉S_5、〈(7)〉$S_Ⅲ$、〈(15)〉$S_1S_ⅡS_4$	5DG、〈1/3〉3DG、7DG				52
	D_5	向 D_1		D_5A、D_1A		D_5	B		1/3	X_F、D_1、〈19〉$S_ⅡLS_4L$	1DG				53
调车进路	D_7	向 D_1		D_7A、D_1A		D_7	B		(1/3)	X_F、D_1、〈(3)〉〈(11)〉S_5L、〈15〉$S_ⅡLS_4L$	3DG、〈5/7〉5DG、1DG				54
		向 D_3		D_7A、D_3A		D_7	B		1/3、5/7	X、D_3、〈(11)〉S_5L、〈3〉$S_ⅢL$、〈15〉S_1LS_4L	3DG、5DG				55
	D_9	至 5 股道		D_9A、S_6DA		D_9	B		(9/11)、[13/15]、(21)	X、〈(1)〉X_F、S_5	9-15DG、11-13DG、21DG、〈23/25〉25DG	5G			56
		至 Ⅲ 股道		D_9A、$S_ⅢDA$		D_9	B		(9/11)、[13/15]、21、23/25	X、〈(16)〉X_F、$S_Ⅲ$	9-15DG、11-13DG、21DG、25DG	ⅢG			57
		至 D_{13}		D_9A、$D_{13}A$		D_9	B		9/11、13/15	〈5〉X、〈(1)〉X_F、〈(25)〉$S_Ⅲ$、S_1、〈(19)〉S_4	9-15DG				58
	D_{11}	至 5 股道		$D_{11}A$、S_5DA		D_{11}	B		9/11、13/15、(21)	X_D、〈(5)〉X、S_5	11-13DG、21DG、〈23/25〉25DG	5G			59
		至 Ⅲ 股道		$D_{11}A$、$S_ⅢDA$		D_{11}	B		9/11、13/15、21、23/25	X_D、X、$S_Ⅲ$	11-13DG、21DG、25DG	ⅢG			60
		至 D_{13}		$D_{11}A$、$D_{13}A$		D_{11}	B		(13/15)、[9/11]	X_D、X、S_1、〈(19)〉$S_ⅡS_4$	11-13DG、9-15DG				61

续表 2-1-1

方向	进路	进路方式	排列进路按下按钮	确定运行方向道岔	信号机名称	显示	表示器	道岔	敌对信号	轨道区段	迎面进路列车	迎面进路调车	其他联锁	进路号码
北京方面	至Ⅲ股道		D₁₃A、SⅢDA		D₁₃	B		17/19、〈23/25〉	〈(13)〉XD、〈9〉XF、SⅢ	17-23DG、25DG、〈21〉21DG	ⅢG			62
	至Ⅰ股道		D₁₃A、S₁DA		D₁₃	B		17/19、23/25	〈(13)〉XD、〈9〉XF、S₁	17-23DG	ⅠG			63
	至Ⅱ股道		D₁₃A、SⅡDA		D₁₃	B		(17/19)、{23/25}、27	〈(13)〉XD、〈9〉XF、SⅡ	17-23DG、19-27DG	ⅡG			64
	至4股道		D₁₃A、S₄DA		D₁₃	B		(17/19)、{23/25}、(27)	〈(13)〉XD、〈9〉XF、S₄	17-23DG、19-27DG	4G			65
	至Ⅱ股道		D₁₅A、SⅡDA		D₁₅	B		17/19、27	〈1〉XF、SⅡ	19-27DG	ⅡG			66
	至4股道		D₁₅A、S₄DA		D₁₅	B		17/19、(27)	〈1〉XF、S₄	19-27DG	4G			67
调车进路	至 XD		S₅DA、SDDZA		S₅	B		(21)、13/15、9/11、5/7	XD、D₁₁、S₁L	21DG、〈23/25〉25DG、11-13DG、7DG				68
	向 D₃		S₅DA、D₃A		S₅	B		(21)、13/15、9/11、(5/7)	X、D₃、D₁₁、S₅L	21DG、〈23/25〉25DG、11-13DG、7DG、5DG、〈1/3〉3DG				69
	至 D₇		S₅DA、D₉A		S₅	B		(21)、(9/11)、[13/15]	X、〈(1)〉XF、D₉、S₅L	21DG、〈23/25〉25DG、11-13DG、9-15DG				70
	至 XD	1	SⅢDA、SDDZA	25	SⅢ	B		23/25、21、13/15、9/11、5/7	XD、D₁₁、SⅢL	25DG、21DG、9-15DG、11-13DG				71
	至 XD	2	SⅢDA、D₁₃A、SDDZA	(25)	SⅢ	B		(23/25)、17/19、(13/15)、[9/11]、5/7	XD、D₁₁、D₁₃、SⅢL	25DG、〈21〉21DG、17-23DG、9-15DG、7DG				72
	至 D₇	1	SⅢDA、D₉A	(25)	SⅢ	B		(23/25)、17/19、13/15、9/11	〈5〉X、〈(1)〉XF、D₉、D₁₃、SⅢL	25DG、〈21〉21DG、17-23DG				73
	至 D₇	2	SⅢDA、D₁₃A、D₉A	(15)	SⅢ	B		23/25、21、(9/11)、[13/15]	〈5〉X、〈(1)〉XF、D₉、D₁₃、SⅢL	25DG、21DG、11-13DG、9-15DG				74
	至 XD		S₁DA、SDDZA		S₁	B		23/25、17/19、(13/15)、[9/11]、5/7	XD、D₁₁、D₁₃、S₁L	17-23DG、9-15DG、11-13DG、7DG				75

续表 2-1-1

方向	进路方向	进路方式	排列进路按下按钮	确定运行方向道岔	信号机名称	显示	表示器	道岔	敌对信号	轨道区段	迎面进路 列车	迎面进路 调车	其他联锁	进路号码
调车北京方面进路 S_ID	至 D_7		S_IDA、D_7A		S_I	B		23/25、17/19、13/15、9/11	⟨5⟩X、⟨(1)⟩X_F、D_9、D_{13}、S_IL	17-23DG、9-15DG				75
	至 D_3		S_IDA、$D_{11}A$、D_3A		S_I	B		23/25、17/19、(13/15)、[9/11]、(5/7)	X、D_3、D_{11}、D_{13}、S_IL	17-23DG、9-15DG、11-13DG、7DG、5DG				77
$S_{II}D$	至 X_D		$S_{II}DA$、S_DDZA		S_{II}	B		27、(17/19)、{23/25}、(13/15)、5/7	X_D、D_{11}、D_{13}、$S_{II}L$	19-27DG、17-23DG、9-15DG、11-13DG、7DG				78
	至 D_7		$S_{II}DA$、D_9A		S_{II}	B		27、(17/19)、{23/25}、13/15、9/11	⟨5⟩X、⟨(1)⟩X_F、D_9、D_{13}、$S_{II}L$	19-27DG、17-23DG、9-15DG				79
	至 D_5		$S_{II}DA$、$D_{15}A$		S_{II}	B		27、17/19	⟨1⟩X_F、⟨1⟩D_1、D_{15}、$S_{II}L$	19-27DG				80
	至 D_3		$S_{II}DA$、$D_{11}A$、D_3A		S_{II}	B		27、(17/19)、{23/25}、(13/15)、(5/7)	X、D_3、D_{11}、D_{13}、$S_{II}L$	19-27DG、17-23DG、9-15DG、11-13DG、7DG				81
	至 X_D		S_4DA、S_DDXA		S_4	B		27、(17/19)、{23/25}、[9/11]、5/7	X_D、D_{11}、D_{13}、S_4L	19-27DG、17-23DG、9-15DG、11-13DG、7DG				82
	至 D_7		S_4DA、D_9A		S_4	B		27、(17/19)、{23/25}、13/15、9/11	⟨5⟩X、⟨(1)⟩X_F、D_9、D_{13}、S_4L	19-27DG、17-23DG、9-15DG				83
	至 D_5		S_4DA、$D_{15}A$		S_4	B		27、17/19	⟨1⟩X_F、⟨1⟩D_1、D_{15}、S_4L	19-27DG				84
	至 D_3		S_4DA、$D_{11}A$、D_3A		S_4	B		27、(17/19)、{23/25}、(13/15)、(5/7)	X、D_3、D_{11}、D_{13}、S_4L	19-27DG、17-23DG、9-15DG、11-13DG、5DG				85

（1）"方向"栏：填写进路性质及运行方向。

进路性质包括通过进路、接车进路、发车进路、转场进路、调车进路和延续进路。其中，延续进路只有在一些特殊站场中才会涉及。例如，在进站信号机处所在线路为超过 0.6% 下坡道的情况下，为了防止列车进站时在股道部位刹不住车，在接车股道部位都要设置线路隔开设备。如果没有设置线路隔开设备，则在接车进路股道外方要设置相应的延续进路，接车时，将接车进路和相应的延续进路均进行锁闭，以确保列车进站时即使刹不住车，也不会冒进到没有锁闭的进路上。

（2）"进路"栏：列出车站集中区联锁范围内的全部列车基本进路和调车基本进路。

（3）"进路方式"栏：当列车进路的同一个始端和同一个终端间存在两条或两条以上进路方式时，除列出基本进路外，还应列出一条主要变通进路作为第二种进路方式。例如，由北京方面向Ⅲ股道接车可以有 3 条进路：经 5/7、1/3、9/11、13/15、17/19 道岔定位，（23/25）道岔反位的一条；经（5/7）反位，9/11、13/15、21、23/25 定位的一条；经（9/11）反位，5/7、1/3、13/15、21、23/25 定位的一条。这 3 条平行进路中应选择一条为基本进路，其余 2 条分别为第一变通进路和第二变通路。在"进路方式"栏内用"1"表示基本进路，"2"表示变通进路，而对调车则只填基本进路。

（4）"排列进路按下按钮"栏：顺序填写排列进路时应按下的进路按钮名称以及排列变通进路应按下的变通按钮或是起变通按钮作用的调车按钮名称。

进路按钮分为列车进路按钮 LA 和调车进路按钮 DA，排列列车进路时，按下列车进路始端和终端处的列车按钮 LA；排列调车进路时，按下调车进路始端和终端处的调车按钮 DA。排列基本进路时只需按下进路始端按钮和进路终端按钮；排列变通进路时，需按下进路始端按钮、变通按钮和终端按钮。进路的性质（列车或调车进路）可以由按下的进路始端按钮的类型来确定。在 11-13DG 和 21DG 之间的绝缘节处需专门设置一个变通按钮 BA，以便能办理经道岔 23/25 定位的列车变通进路（如Ⅲ G 至北京方面的发车的列车变通进路）和调车变通进路（如 $S_{Ⅲ}D$ 至 D_7 的调车变通进路）。

（5）"确定运行方向道岔"栏：当进路始端和终端之间存在 2 种以上进路方式时，应填写出能区别基本进路和主要变通进路中起关键作用的对向道岔位置。

例如，北京方面至Ⅰ G 接车的进路有经道岔 5/7 定位和反位的 2 条，其中，经道岔 5/7 定位的为基本进路，经（5/7）反位的为变通进路，由于关键道岔是 5/7，所以在联锁表上"确定运行方向道岔"栏内要填写上道岔号码及其位置定位 5、反位（5）。

（6）"信号机"栏：填写防护进路的始端信号机的名称及信号机开放的灯光颜色。

（7）"表示器"栏：进路表示器设在出站以及发车进路兼出站信号机上，指示发车进路开通的方向。在本栏内要填写进路表示器的灯光颜色及发车方向。

（8）"道岔"栏：顺序填写所排进路内全部道岔以及有关防护道岔和带动道岔的编号和位置。

道岔号码外加小括号"（ ）"表示进路要求该道岔处于反位位置，不加括号则表示要求该道岔处于定位位置。为了满足平行作业的需要，排列进路时还应把不包括在进路内的道岔带动到规定位置，这些不包括在进路内的道岔称为带动道岔。例如，由北京方面向 4G 接车时要求 17/19 道岔反位，由于道岔 17/19 与 23/25 同在一个道岔区段内，故列车进站时并不经过 23/25 号道岔；如果 23/25 在反位，则当 17-23DG 锁闭时，就把道岔 23/25 也锁在了反位，显然会影响东郊方面和Ⅲ股道之间列车进路的办理。为了不影响此平行进路的建立，则要求排列经由 17/19 反位的进路时，把 23/25 带到定位。在联锁表中用大括号"{ }"表示带动道岔。

在通过交叉渡线中的一组双动道岔反位排列进路时，应将本交叉渡线上的另一组双动道岔防护在定位并锁闭。例如，排列 5G 向北京方面的发车进路时，经由交叉渡线中道岔 9/11 反位，要求将 13/15 防护在定位并锁闭。在联锁表中用"[13/15]"表示。

（9）"敌对信号"栏：站内联锁设备中，敌对进路必须互相照查，不得同时开通。凡属于敌对的两条进路，不能同时开放进路始端信号。为此，应把有敌对关系的信号机名称填写在"敌对信号"栏中。

凡属于敌对进路的信号，不能同时开放。为此应把有本咽喉内构成敌对关系的信号机名称填写在"敌对信号"栏中。填写时，还应注意区分无条件敌对和有条件敌对。只要某条进路一旦建立，某架信号机便不允许开放，这就是无条件敌对。例如，只要 D_1 至 D_{15} 的调车进路一旦建立，D_5 就不允许开放。所谓有条件敌对，是指只有当有关道岔处于一定位置时才构成敌对关系，否则便不构成敌对关系。例如，当建立了 D_1 至 D_{15} 的调车进路时，是否允许 S_{II} 或 S_4 信号机开放（不论出发或调车），取决于 17/19 号道岔的位置：17/19 号道岔处在定位就不允许开放，在反位就允许开放。在这种情况下，17/19 号道岔定位就是条件，在联锁表中用"<17/19>S_{II}、S_4"表示（<>是条件锁闭的符号，17/19 则是条件的具体内容）。

对出站兼调车信号机，若出站信号与调车信号均与所排进路敌对，则只写 S_4、S_{II} 等信号机代号；若只是出站信号与所排进路敌对，则应写成 S_4L、$S_{II}L$；若只是调车信号与所排进路敌对，则填写成 S_4D、$S_{II}D$ 等。

由车站两端向同一到发线办理列车和调车或列车和列车进路构成"迎面敌对"关系时，应分别按列车或调车填写在"迎面进路"栏中，不必再填"敌对信号"栏。例如，北京方面向 I 股道接车，与上行至 I 股道列车进路和调车进路均为敌对，应在"列车"栏和"调车"栏内都填上"I G"。设置"迎面进路"栏的目的是为了简化联锁表，因为若将迎面进路也填在"敌对信号"栏中，则有时就会出现必须填写多架信号机的情况。

（10）"轨道区段"栏：填写排列进路时应检查的轨道区段名称。

从联锁表中可以看出，所有往无岔区段和股道的调车进路内都不包括无岔区段和股道。例如，D_1 至 D_{15} 的调车进路在"轨道区段"栏中不包括 9/15WG，D_{15} 至 4G 的调车进路在"轨道区段"栏中不包括 4G。这意味着，建立 D_1 至 D_{15} 的调车进路时不检查 9/15WG 的占用情况，建立 D_{15} 至 4G 的调车进路时不检查 4G 的占用情况。即不管 9/15WG 和 4G 上是否停留有调车车列，都不影响 D_1 至 D_{15} 和 D_{15} 至 4G 进路的建立。对所有向股道的接车进路，"轨道区段"栏内包括对应的股道。例如，X_D 至 III 股道的接车进路内包括 III G，这意味着建立 X_D 至 III 股道的接车进路时需检查 III 股道的占用情况，如果 III 股道上有车列占用时，该接车进路将无法建立。

此外，还需注意超限绝缘处的检查方法。例如，北京方面向 5 股道接车经由 5/7 道岔反位，虽然不经过道岔区段 3DG，但当 1/3 道岔在定位时，如 3DG 占用，则会与接车进路发生侧面冲突，因此在联锁表中应填写"<1/3>3DG"。<1/3>3DG 表示的联锁条件是道岔 1/3 在定位时要求 3DG 空闲。

（11）"迎面敌对进路"栏：填写同一到发线（或场间联络线）上对向列车、调车的敌对关系，以线路区段名称表示。

（12）"其他联锁"栏：主要填写一些特殊的联锁关系。

F：非进路调车，表示所排进路与非进路调车敌对。

T：得到同意，表示本联锁区向其他区域排列进路时需要取得对方同意。

Y：延续进路，表示所排进路延续至另一咽喉末端。

BS：闭塞，表示所排发车与邻站间的闭塞关系。单线半自动闭塞区段只有在办理完闭塞手续，取得发车权后才能开放出站信号，因而在其发车进路的"其他联锁"栏内要填写"BS"字样。

（13）"进路号码"栏：按全站列车进路和调车进路顺序编号。

通过进路由正线接、发车进路组成，不另编号，仅将接发车进路号码以分数形式填写。例如，北京方面至Ⅰ股道接车进路号码为35，从Ⅰ股道向天津方面发车进路的号码顺序编为98，则从北京方面经Ⅰ股道向天津正向发车进路号码为35/98。

任务二　联锁关系试验

【知识目标】

（1）掌握联锁试验的内容和步骤；

（2）掌握室内外联锁试验的方法。

【能力目标】

（1）能正确使用工具、仪器、仪表；

（2）能正确按照信号规范进行联锁试验；

（3）能正确填写相关记录表格；

（4）培养安全意识、团队合作能力。

【相关知识】

一、中国铁路总公司对信号联锁试验管理的有关规定

（1）信号联锁是指通过技术方法，使信号、道岔和进路必须按照一定程序并满足一定条件，才能动作或建立起来的相互关系。信号联锁的范围不仅指信号电路上的相互制约关系，还包括了机械强度和电气特性等方面。随着行车调度指挥系统、列车运行控制系统等大量信号新技术装备的上道使用，信号联锁的内涵和外延均发生了极大的变化，"联锁"概念从电气集中、计算机联锁延伸到CTC、CTCS等系统。

（2）信号工程施工应由具有相应资质的施工单位严格按照设计进行施工。施工单位必须严格执行《铁路通信、信号、电力、电力牵引供电工程施工安全技术规程》（TB 1036—2009）有关规定，在工程开通前按照铁路信号工程施工质量验收等标准规定进行完整、彻底的模拟联锁试验，并按要求填写试验记录和提供相关试验报告。

（3）必须落实集成商编制、复核及仿真试验验收程序，并与设备管理单位共同进行计算机联锁软件模拟试验，保证联锁关系正确无误。同时，严格联锁软件版本管理，确保现场运

用版本与模拟试验最终版本一致。

（4）施工和设备接管单位在提报施工方案计划时应研究制订有针对性的、详细的联锁试验内容，明确开通时联锁试验的项目、试验方法和条件，确定必需的联锁试验时间。

（5）铁路局在批复施工计划和组织施工时，须保证电务联锁试验时间和停轮条件，车务部门按需求预先清空停留车辆，确保联锁试验全面彻底。

（6）联锁试验由联锁试验负责人实行单一指挥，严格执行联锁纪律，若联锁试验不彻底，则严禁交付使用。任何单位和个人不得在联锁试验时间内干扰和影响联锁试验工作。

（7）日常运用中的信号设备联锁关系检查，除允许结合列车运行观察记录的项目外，其他联锁试验项目必须在天窗点内进行；对同时涉及上、下行正线的联锁试验，必须在垂直天窗点内进行。

（8）铁路局电务部门应充分利用 CTC/TDCS、计算机监测、车载设备和车务、机务等部门的日常行车信息，定期进行检测和数据分析，检查联锁关系的正确性。铁路局要建立日常联锁检查分析制度，针对上述工作，结合实际制定检查记录表，明确检查周期、项目和内容，确保日常分析检查落实到实处。

（9）营业线站场改造工程中，凡新接入或移设道岔，必须按信号过渡工程设计、施工并纳入联锁。现场运用的联锁、闭塞、列控、CTC/TDCS 等设备软件进行升级或数据变更时，必须按规定的审批程序办理。严禁进路有关道岔（含双动道岔施工中非施工的另一组道岔）未纳入联锁时开放信号接发列车或调车。

（10）配合工务更换道岔、钢轨或配合大型机械作业时，在工务封锁开通后，必须安排电务调整、试验时间，严禁电务试验不彻底开通设备。电务调整试验时，应在工务道岔、钢轨各部件全部安装完毕、作业车出清区段后方可进行，严禁未达到试验条件时进行试验。

（11）更换道岔、钢轨等施工，如轨面锈蚀严重，施工单位必须预先进行打磨处理，必要时应安排工程车或单机轧道，电务部门测试合格后方可开通。

（12）铁路局应加强各级信号联锁管理和试验人员的任职资格管理，强化定期培训和考核，建立一支稳定的高素质联锁管理队伍。

二、联锁试验目的

信号联锁设备技术含量高，从研制、工程设计、安装施工到投入运用周期长，过程复杂，其中任一环节出现问题，不符合技术条件要求，其后果将直接威胁铁路运输行车安全，甚至造成不堪设想的严重后果。

联锁试验的目的，简单讲就是依据有关标准、规范、规章、设计文件等，采用试验手段验证信号联锁设备：

（1）联锁关系正确，符合技术条件；

（2）实际功能完整，达到设计要求。

三、联锁试验的意义

联锁试验是铁路信号设备投入使用至关重要的一道检验关，它的意义在于提前发现和克服由于设计、研制、施工、维护等各方面工作疏漏带来的危及行车安全的联锁错误以及影响行车效率和设备维护的功能缺失，以保证铁路运输安全高效地运行。

四、联锁试验工作的特点

（1）责任重大。

（2）试验时间受限制。

（3）技术复杂，涉及信号设备的各个环节。

（4）参加试验人员多，不可能个人独立完成。

（5）具有连续性，忌讳中途换人，尤其是分步开通的项目，如果中途换人交接不清，记录不全，则容易产生漏项。

（6）试验内容及过程十分枯燥，试验人员容易产生疲劳。

（7）涉及面广，涉及设计、研制、施工等各个环节，牵涉车务、机务、工务、供电等各部门。

五、对联锁试验工作人员的要求

（1）鉴于联锁试验的重要性和特殊性，应当选择经过培训取得"联锁试验员资格证"，业务素质高，熟悉各种信号设备的性能和技术条件，对联锁试验工作有热情，有责任感，有耐心，身体健康，有一定协调能力的人员来担任联锁试验员。

（2）对于从事联锁试验工作的同志来说，在日常生活和工作中，要刻意锻炼自己，以适应联锁试验工作的要求。

（3）联锁试验员面对试验对象的思维方式，首先应将试验对象全部假定为错误，不能想当然，一切都必须通过试验验证过后才能判定正确与错误。

六、联锁试验总则

（1）依据：标准（规程、维规），具体的设计图纸等；

（2）适应范围：设计、施工、制造、运用维护；

（3）施工资质：工程施工应具备相应的资质；

（4）联锁软件版本：落实集成商、联锁软件模拟试验、软件版本的管理，确保版本一致；

（5）联锁试验责任：明确责任人，严禁联锁不彻底，不干扰；

（6）日常的落实：上、下行在垂直天窗点进行；

（7）队伍、制度：定制度，检查，落实；

（8）特殊情况的联锁：营业线改造、更换道岔等。

七、信号联锁试验的基本依据

（1）信号联锁技术规范及有关信号设备的技术条件；

（2）车站信号平面布置图、区间信号平面布置图、信号显示关系图、电码化布置图、特殊电路设计图等；

（3）工程设计说明、特殊电路设计说明；

（4）信号联锁图表；

（5）《铁路技术管理规程》《铁路信号维护规则》等。

八、信号联锁试验的基本要求

（1）信号设备联锁试验包括了软件试验和硬件试验，包括了信号设备的功能试验和信号联锁关系验证。

（2）在联锁试验时，对需试验的各项内容，必须严格按照联锁试验的基本依据检查，如有不符的，必须整改。

（3）联锁试验除了验证设备功能和信号联锁关系外，还要检查、验证设备的采集、驱动接口电路配线的正确性。

（4）被试验的联锁电路或联锁设备，其电气特性及机械强度必须满足设计要求。

（5）联锁设备的现场布局、设备型号规格、电路配线、联锁进路检查的内容等，必须要做到图物相符。

（6）信号联锁试验人员的基本要求：

① 要有过硬的技术基本功；

② 了解工程概况及运输组织的有关要求；

③ 熟悉信号联锁系统的工作原理；

④ 在联锁试验前，要认真核对"两图一表"，对有疑问的，要及时汇报并与设计人员沟通；

⑤ 联锁试验要认真负责，不能有半点疏忽，对试验过程要认真做好记录。

九、车站联锁设备联锁试验的内容

基本联锁关系检查内容主要有以下几方面：

（1）核对进路号码与所排进路一致性。

按进路表给定的进路号码，核对联锁进路号与所排列进路的一致性。

（2）变通进路确认。

变通进路指在站场中存在着与基本进路平行或"八字"迂回条件时，通过变通方法而办理的进路。

当站场中存在"小八字"或因运营要求禁止使用的迂回进路时，在试验中应不能排出。

在联锁图表中，变通进路一般只考虑一条，如实际有多条，而运输又确实需要时，须经设计同意、签认，并需及时修改联锁图表。

（3）道岔位置不对信号不能开放。

将所办进路上的所有道岔逐组置于不符合要求的位置并单锁，试排该条进路，其信号应不能开放。

（4）道岔无表示信号关闭。

办理进路并开放信号后，将与进路有关的所有道岔表示逐组断开，每次应能关闭信号。

（5）区段占用不能开放信号。

当进路中任一区段被车占用时，信号不能开放（引导进路和调车进路的无岔区段除外）；当进路中任一区段被车占用时，已开放的信号应及时关闭（有白灯保留电路的调车进路除外）。

（6）调车信号白灯保留。

调车信号白灯保留的条件是接近区段有车，在车出清接近区段，全部进入信号机内方后，信号应及时关闭。机走线和机务段出口以及机待线上的调车信号机不设调车白灯保留电路。

（7）带动道岔检查试验。

设置带动道岔的目的是为了提高运输效率，在联锁表中，带动道岔用大括号｛｝标注。带动道岔属于进路外的道岔，无论道岔处在什么位置，都不会影响原进路的排列，也不会影响原进路信号的开放。在所有联锁电路中，带动道岔单纯是带动，而不需检查，也不需实施锁闭。

（8）防护道岔检查试验。

设置防护道岔的目的是为了确保进路安全，在联锁表中，防护道岔用中括号〔〕标注。用于防护道岔牵涉到进路安全，所以，在联锁电路中，信号开放后须连续检查防护道岔的位置，电路对防护道岔实施"带、查、锁"。

（9）信号开放后锁闭道岔。

办理某条进路开放信号后，逐组单独操纵与进路有关的道岔（包括防护该进路的防护道岔），这些道岔应处于锁闭状态，不能转换。

（10）敌对信号检查。

敌对进路必须相互照查，不得同时开通。试验时，先办理某条进路后，再办理所有与其有关的敌对进路，所有敌对信号均不能开放。

（11）敌对照查。

向某一股道办理列车进路时，必须检查该股道另一端未办理列车及调车进路的条件；向某一股道办理调车进路时，必须检查该股道另一端未办理列车进路的条件。如另一端已办理有关进路，则所办进路不应锁闭。

（12）人工关闭信号。

在排列进路并开放信号后，通过办理取消、人工解锁或区段故障解锁等手续，可及时关闭信号。

（13）接近锁闭。

接近锁闭的目的是当列车接近时，由于某种原因造成信号关闭，为防止列车冒进时进路已解锁带来的危险而采用的防护措施。

进站和出站信号的接近区段由设计人员根据线路运行速度和列车紧急制动距离来设置。

侧线出站信号受侧向过岔速度限制，一般以股道作为其接近锁闭区段。

调车进路的接近区段为信号机外方的第一区段。

未设接近区段的调车进路，一旦开放信号即构成接近锁闭。

（14）进路正常解锁。

采用模拟列车或车列走行条件进行三点检查，进路自始端起，各区段在车出清后延时 3 s，依次向终端解锁。

年度联锁关系检查试验时，可结合列车或车列走行进行试验。

（15）取消进路解锁。

办理进路并锁闭，但信号未开放，或信号已开放但未构成接近锁闭时，可通过办理总取消手续取消进路，进路应能立即解锁。

计算机联锁办理取消进路的方式以联锁厂家提供的使用说明书为准。

（16）人工延时解锁。

办理进路信号开放后，列车接近，此时需取消进路时，必须通过办理人工解锁手续后，进路才能解锁。进路人工解锁分为 3 min 和 30 s 两种：

① 接车进路和正线发车进路需要 3 min；

② 侧向发车和调车进路需要 30 s。

（17）区段人工解锁。

在 6502 电气集中电路中，列车或车列经过进路、办理总取消或总人工解锁手续后，如整条进路或部分区段未能解锁，则在区段空闲条件下，应能办理故障解锁。若区段占用时，应不能解锁。

计算机联锁办理区段人工解锁的方式以联锁厂家提供的使用说明书为准。

（18）重复开放信号。

信号开放，在列车或车列尚未进入其防护的进路时，信号因故关闭后，在造成信号关闭的因素消除之后，再次按压进路始端按钮，信号机应能重复开放。

信号开放，列车或车列通过后，整条进路为解锁时应不得自动重复开放（办理自动通过除外）。

（19）局部控制道岔电路试验。

把集中控制的联锁道岔改为调车员现场操纵称为局部控制道岔。

调车员需现场操纵局部控制道岔时，必须先取得信号楼值班员的授权，授权一旦交出后，未经调车员同意，值班员不能收回道岔控制权。

局部控制道岔电路试验需按有关技术条件要求进行。

（20）进路表示器电路试验。

进路表示器电路可分为主体信号检查进路表示器灯丝条件和不检查灯丝条件 2 种，试验电路时，应根据具体情况进行验证。

对于双线双方向自动闭塞区段的出站信号机，当仅在开通反方向设有表示器时，若反方向进路表示器灭灯而主体信号不变，则会造成显示方向的错误。此时，主体信号开放应检查进路表示器灯丝条件。

有多个发车方向，而每个方向均设有表示器时，主体信号开放可不检查进路表示器灯丝条件。

（21）调车中途放回解锁。

中途返回解锁是指原牵出进路的部分或全部未解锁，当车列经折返信号返回并出清原牵出进路，牵出进路的各区段应延时 3 s 后解锁。所有可作为折返调车信号的信号点均应具有折返解锁功能。

（22）自动闭塞离去区段占用。

自动闭塞的出站信号能否开放或开放时显示什么灯光，应检查离去区段的条件：一离去区段占用时，出站信号不能开放，如出站信号原已经开放的，则应立即关闭；出站信号显示，需根据自动闭塞制式有关离去区段数量及占用情况而定。

有特殊运营要求或两站场间距离较近时，离去条件由邻站的站联条件提供。

当两站间仅有一个闭塞分区未设通过信号机时，该闭塞分区作为一离去条件，邻站的进站信号开放正线接车信号作为二离去空闲条件，邻站的下一列车（进路或出站）信号机开放正线信号作为三离去空闲条件。

当两站间设有两个闭塞分区，即含有一架通过信号机时，该通过信号机外方闭塞分区作为一离去条件，通过信号机防护内方闭塞分区作为二离去条件，邻站进站信号开放正线接车信号作为三离去空闲条件。

试验时，按相关设计文件进行。

（23）半自动闭塞结合电路试验。

按半自动闭塞设备电路与车站联锁结合电路的所有技术条件进行试验。

（24）自动站间闭塞电路试验。

按自动站间闭塞设备电路与车站联锁结合电路的所有技术条件进行试验。

（25）引导信号。

引导信号试验包括引导进路锁闭和引导总锁闭的 2 种方式。

① 引导进路锁闭方式主要适用于进路内轨道区段故障或部分信号开放条件不满足的情况；

② 引导总锁闭方式主要用于进路中道岔无表示或其他条件不满足时开放引导信号。

在进行引导信号试验时，应分别对上述 2 种方式进行试验。

（26）机务段同意电路。

机车由集中联锁区进入机务段时，必须取得机务段同意后才能开放有关调车信号。一旦机务段同意后，除机车进入自动取消同意外，机务段无权人工取消同意。

每次办理"机务段同意"仅一次有效。

（27）侵限绝缘检查。

侵限绝缘是指在道岔区段设于警冲标内方的钢轨绝缘除双动道岔渡线的绝缘外，其安装位置距警冲标小于 3.5 m 的轨道绝缘节。

侵限绝缘可分为侵限绝缘和条件侵限绝缘 2 种：

① 对于侵限绝缘，在联锁电路中是需要检查侵限绝缘有关区段空闲条件的；

② 对于条件侵限绝缘，在联锁电路中，可通过道岔条件区别是否需要检查，当道岔条件可以有效地将进路隔开时，可以不需要检查侵限区段条件。若道岔隔离条件不成立，则要检查侵限区段条件。

（28）6‰下坡道电路。

进站信号机外方制动距离内有大于 6‰ 的下坡道时，所有能办理接车的股道必须设有延续进路。有关延续进路的技术条件如下：

① 延续进路可通向安全线、牵出线、专用线和车站的进出口。

② 顺序点压接车始端、终端按钮及另一咽喉延续进路终端按钮，才能选出接车进路及延续进路。

③ 开放进站信号应检查接车进路及其延续进路的道岔位置正确并锁闭、进路上轨道电路空闲、敌对信号未开放等条件。核对道岔位置并逐组断表示，道岔断表示接车信号关闭。逐个区段压轨道电路，信号关闭。

④ 在接车进路不能实现进路锁闭的情况下，不准许选出延续进路。

⑤ 当延续进路通向车站的出口时，如需连续发车，只需点压延续进路的始端列车按钮，即可开放出站信号。当出站信号开放后，此延续进路即是发车进路。

⑥ 延续进路应在接车进路锁闭后选出，并予以锁闭。在正常情况下须待列车头部驶入股道 3 min 后，证明接车进路确实已经解锁时，才准许延续进路自动解锁。

⑦ 正线通过或办理有侧线通过的连续发车时，列车进入股道后使用人工解锁方式解锁发车进路，需延时 3 min 解锁。

⑧ 取消进路或人工解锁时，必须先解锁接车进路，再取消延续进路，否则，延续进路不得解锁。

⑨ 在能够确认列车到达情况时，可点压特设的解锁按钮代替限时解锁。

（29）到发线出岔电路。

在股道上出岔称为中岔，到发线出岔电路又称为中岔电路。中岔电路的技术条件是既要满足调车作业的方便，同时又要保证接、发列车的安全。有关到发线出岔技术条件如下：

① 排列通往有中岔的到发线的接车进路时，该中岔自动转到定位并锁闭后，方能进站开放信号。把该中岔置于反位并单独锁闭道岔时，该进路不能排出。

② 经中岔的接车进路和调车进路互相敌对，不能同时排出。

③ 取消进站信号，该咽喉的进路解锁后，中岔延时 3 s 解锁。股道有车时开放引导信号，然后取消引导信号，中岔经 3 min 后解锁。

④ 中岔断表示，不能开放与中岔有关的接车信号和引导信号。中岔轨道区段故障，不能开放与中岔有关的接车信号。

⑤ 列车顺序地进入并出清中岔所在的轨道区段后，中岔应按分段自动解锁。如果列车进入股道在中岔轨道区段前停车，则中岔延时 3 min 后自动解锁。

⑥ 双中岔接车时，列车压在第一中岔并未压在第二中岔，第二中岔仍需 3 min 限时后自动解锁。

⑦ 办理发车进路时，应自动把中岔带到定位并锁闭后才能开放发车信号。中岔断表示，发车信号应能及时关闭。

⑧ 出发信号与防护中岔的调车信号不按敌对信号处理，可同时开放。

⑨ 取消发车进路，中岔和发车进路同时解锁。中岔占用时，仅保留区段锁闭。

⑩ 发车时，列车完全出清股道，中岔立即解锁。若股道留有车辆，则须证明发车进路中的第一道岔区段解锁，再使中岔解锁。

⑪ 被中岔分割的两个无岔区段，一般不允许同时向里调车，若其中一个无岔区段足够长（股道），根据需要，也可同时往里调车。

⑫ 防护中岔的调车信号机与同一咽喉区的调车信号机应能办理长调车进路，但不能越过中岔办理长调车进路。

⑬ 上、下行分别使用进路引导和引导总锁闭方式引导接车时，中岔都应被锁。

（30）非进路调车电路。

非进路调车作业是为了满足推送线向调车区固定进路反复取送车辆而设计的调车作业方式。在联锁电路中，有关非进路调车电路的技术条件如下：

① 在推送线上的各道岔区段空闲，点压非进路按钮并确认，进路上的道岔自动转换到规定位置，进路上正、反向调车信号机应开放。

② 取消非进路调车，信号机应立即关闭，延时 30 s 进路解锁。当背向信号机间有两个以上道岔区段时，须检查道岔空闲。

（31）防止迎面解锁试验。

在列车运行前方的道岔区段提前错误解锁，称为列车迎面错误解锁。试验时，模拟列车或车列按正常方式运行，从压入信号机内方第一个区段起，对前方未占用区段进行故障解锁，这些区段应不能解锁。

（32）全站轨道停电恢复试验。

办理进路后，如发生全站轨道电路供电电源停电，再恢复时，应防止进路中轨道继电器的上电励磁顺序与列车出清顺序相一致而造成提前解锁。试验时，将能排列的所有调车或列车进路办好，断开轨道电源并恢复，此时进路不应错误解锁。

十、站内单项设备联锁关系检查试验

1. 内锁闭道岔联锁关系

以 ZD6 型电动转辙机的单项联锁试验为例，检查试验的主要内容有：

（1）核对位置。

核对位置是指对室外道岔实际开通位置与室内定、反位表示继电器及控制台光带开通位置、道岔表示灯显示位置相一致。对于可动心轨道岔，应核对尖轨与心轨开通位置一致，多动道岔要确认各点位置相一致。

（2）断表示接点。

断表示接点是指依次逐组断开室外转辙机自动开闭器的定、反位表示接点时，相应的定、反位表示继电器应可靠落下，控制台道岔定、反位表示灯应灭灯。同时检查挤岔声光报警，应符合要求。

（3）断移位接触器。

断移位接触器是指道岔分别在定位或反位位置时，断开表示电路所检查的对应移位接触器接点，道岔的定位或反位表示继电器应可靠落下，控制台道岔表示灯应灭灯。

（4）道岔被阻后转换试验。

在道岔转换过程中，由于各种原因造成受阻不能转换到需要的位置时，为防止电机长时间工作而烧坏，必须能将道岔操纵转换到原来位置。

试验时，人为在尖轨（或心轨）与基本轨（或翼轨）间夹入试验铁，使道岔不能转换到位，再往回操纵，道岔应能回转。

（5）断遮断器。

遮断器即为安全接点，断开遮断器后，操纵道岔，转辙机应不能动作。

（6）断启动熔丝（或断路器）道岔不能转换。

试验时，先拔掉启动熔丝（或拉断断路器），再操纵道岔，应不能转换。

（7）2DQJ、DBJ（或 FBJ）及道岔表示一致。

试验每组道岔，检查道岔置于定位时，2DQJ 定位接点应闭合（相当于吸起），DBJ 应吸起，FBJ 应落下，控制台道岔表示灯应显示绿灯，光带开通应为道岔定位方向。

检查道岔置于反位时，2DQJ 反位接点应闭合（相当于落下），FBJ 应吸起，DBJ 应落下，控制台道岔表示灯应显示黄灯，光带开通应为道岔反位方向。

试验时应同时核对，确保复示继电器的位置正确。

（8）断道岔表示器、密贴检查器的表示接点。

电动道岔设有表示器或密贴检查器时，分别在定、反位位置断开有关表示接点，检查道岔，对应的表示继电器应落下。

（9）道岔密贴检查试验。

在规定位置用 4 mm、6 mm 和 10 mm 标准检查铁片进行密贴检查试验，应符合规定要求。

（10）道岔锁闭试验。

道岔有单独锁闭、区段锁闭、进路锁闭及引导总锁闭 4 种方式。

① 试验单独锁闭：道岔在某一位置时，拉出单操按钮后，办理经该道岔另一位置的进路，道岔应不能转换。

② 试验区段锁闭：将某道岔区段人工分路（双动道岔分别分路两个区段），单独操纵该区段内所有道岔均应不能转换。

③ 试验进路锁闭：办理一条进路并锁闭后（双动道岔应分别办理），单独操纵该进路上所有道岔均应不能转换。

④ 试验引导总锁闭：按下某一咽喉的引导总锁闭按钮，单独操纵该咽喉的所有道岔（包括中岔）应不能转换。

（11）道岔封锁和解除封锁试验。

① 在计算机联锁中，设有道岔封锁按钮和道岔解封按钮。

② 试验时，办理道岔封锁后，单操该道岔应能转换，经该道岔的进路应不能办理。

③ 解封该道岔时，单操该道岔应能转换，经该道岔的进路应能办理。

2. 分动外锁闭道岔联锁关系

分动外锁闭道岔（包括 S700K、ZYJ7、ZDJ9 等）联锁试验主要内容有：

（1）分动外锁闭道岔的核对位置、断表示试验、2DQJ 与 DBJ（FBJ）及控制台道岔表示一致、断遮断器、道岔锁闭、道岔被阻后转换试验等。

与内锁闭道岔试验方法相同，多机牵引分动外锁闭道岔，应核对室外各牵引点位置与室内对应各分组合、分组合与总组合表示继电器位置以及对应的 2DQJ 与 2DQJF 位置一致。

（2）断相保护。

当三相电源缺一相时，为保护三相电动机，应自动切断动作电路，对每个牵引点的每一相电源分别进行断相保护试验。

试验时，逐个断开各牵引点的每一相电源（可拔掉该相的动作熔丝或拉断断路器），操纵道岔时，转辙机应不能动作。

（3）道岔密贴检查试验。

在规定位置用 4 mm、5 mm、6 mm 和 10 mm 标准检查铁片进行密贴检查试验，应符合规定要求。

（4）多机牵引总保护。

多机牵引的道岔，某个牵引点的转辙机因故不能正常转换时，应切断其他牵引点的转辙机动作电路。在正常转换过程中，某牵引点因故停止工作时，应保证其他牵引点转辙机继续工作（ZYJ7 电液道岔主机到位、副机未到位时，电机不能停转，需 30 s 后停转。对多机牵引道岔，应逐个对副机牵引点分别进行试验）。

试验时，对应每个牵引点，将道岔动作电路断开，操纵该组道岔，所有牵引点的转辙机均不应转换；在道岔正常转换过程中，断开某个牵引点的动作电路，其他牵引点的转辙机在规定时间内应正常动作。（设有尖轨、心轨故障按钮的道岔，按设计说明进行试验）

（5）多机牵引总表示。

多机牵引的道岔应校核，确保每个牵引点的表示与道岔总表示一致。试验时，依次断开每个牵引点的表示（可拔表示熔丝或拉断断路器），总表示继电器均应可靠落下，控制台道岔表示灯均应灭灯。

3. 信号机联锁关系

信号机联锁关系检查主要包括以下内容：

（1）灯位及显示核对。

① 核对信号机灯位排列，应符合规定，色玻璃的颜色应符合要求；

② 核对信号显示，应与实际进路要求相符；

③ 核对现场信号机显示的实际灯光，应与控制台信号复示器的显示含义相符。

（2）主副丝转换、断丝表示。

① 装有灯丝转换装置的信号机，断开点灯状态的主丝，应能自动点亮副丝；

② 信号机禁止灯光灭灯时，控制台对应的信号复示器应闪光。设有断丝报警装置的信号机，点灯状态的主丝断开时，控制台应给出声光报警；

③ 双黄、绿黄或双绿灯的二黄或二绿不能点亮时，对应的一黄或一绿灯应不能点亮；

④ 双黄、绿黄或双绿信号开放后，任意一个灯位灭灯时，对应的另一个灯位应立即灭灯；

⑤ 可根据各种不同项目，拔掉室外信号机各灯位灯泡或断开室内信号机相应灯位的熔丝（或拉断断路器），分别检查，确保符合要求。

（3）灯光转移。

① 灯光转移分为本架信号机灯光转移和信号机间灯光转移。

② 进站或进路信号机开放绿、绿黄或黄闪黄灯光后，运行前方次一架信号机的允许灯光灭灯时，应转点红灯，此时进站或进路信号机应转点黄灯或双黄灯。

③ 进站信号机允许灯光灭灯应转点红灯，此时前一架通过（或预告）信号机转点黄灯。

④ 自动闭塞区段进站信号机红灯灭灯时，应使前一架通过信号机转点红灯。

⑤ 调车信号机开放后，白灯灭灯应转点禁止灯光。

⑥ 可拔掉室外各信号机灯泡或断开室内信号机熔丝（或拉断断路器）进行试验。

（4）红灯断丝（指红灯主副丝均断）不能开放信号。

进站和有通过列车的正线出站或进路信号机，开放信号前，应检查红灯灯丝处于完好状态。试验时可拔掉室外信号机红灯灯泡或断开室内信号机熔丝（或拉断断路器）后办理进路，有关信号应不能开放。

（5）进路表示器显示核对。

① 主体信号机开放后，核对表示器各灯位显示，应符合《铁路技术管理规程》的规定；

② 主体信号机关闭后，进路表示器灯光应熄灭。

（6）发车表示器核对。

① 出站信号机开放后，车站值班员柱应点亮白色灯光；

② 车站值班员按压值班员柱按钮后,应点亮车长柱上白色灯光;

③ 车长按压车长柱按钮后,即点亮发车表示器灯光,同时车站值班员柱白色灯光熄灭,车长柱白色灯光也熄灭;

④ 出站信号机关闭后,有关发车表示器灯光熄灭。

4. 轨道电路联锁关系

轨道电路联锁关系检查主要有以下内容:

(1)区段核对。

① 闭路式轨道电路采用分路轨面的方法,核对相应的轨道继电器,应可靠落下,继电器残压不超标。

② 开路式轨道电路短路轨面时,相应的轨道继电器应可靠吸起。

③ 区段被占用时,控制台对应的区段应显示红光带。

④ 一送多受区段核对时,开路式轨道电路的每个分支点都要进行短路;闭路式轨道电路必须采用逐个断开室外每个受电端的方法进行,同时还必须核对,确保每个分支受电端与室内继电器相对应,分支轨道继电器落下时,总轨道继电器应可靠落下。

⑤ 此外,为防止相邻区段电缆配线交叉,对工程或更换电缆的施工,开通前还应进行轨道电路开路试验,核对区段占用显示与断开电缆的区段应为同一区段。

(2)极性交叉。

① 极性交叉是对轨道电路绝缘破损采取的防护措施,必须对每个区段的所有轨道绝缘处(包括双动道岔的渡线绝缘节)进行极性交叉测试。试验方法有短路法和电压法。

② 在电气化区段,由于扼流变压器的存在,当绝缘节单边短路时会引起轨道电路红光带,故短路绝缘节的方法不宜采用。此时可采用电压法。

(3)分路残压。

在每个轨道区段最不利的轨面处所用标准分路电阻线分路轨面,受端继电器交流端电压应符合轨道电路传输特性要求,继电器应可靠落下。测试时采用 24.5 kN 的定压测试仪测试,残压应符合《铁路信号维护规则》的规定。

(4)绝缘节侵入限界检查。

警冲标应设于道岔两分叉线路中心距离为 4 m 的中间点处。设置在警冲标内方的绝缘节与警冲标距离一般不小于 3.5 m,如小于 3.5 m 时,应检查确认电路中是否作为侵入限界处理。警冲标与绝缘节距离一般不大于 4 m。

5. 场间联系电路试验

(1)取消进路及进路正常解锁后,联系电路恢复;

(2)联络线占用不能排列列车进路;

(3)联络线占用不能排列调车进路;

(4)联络线列车和调车敌对照查;

(5)相邻两信号机重复显示:小于 400 m;

(6)相邻两信号机禁止灯光重复显示:400 ~ 800 m;

(7)联络线相关表示灯显示。

6. 站间联系电路试验

（1）列车未完全到达相邻站不能重复开放出站信号；

（2）相邻两信号机重复显示；

（3）相邻两信号机禁止灯光重复显示；

（4）接近区段延长至相邻出站信号机核查；

（5）单线区间有车不能改变运行方向；

（6）单线区间自动改变运行方向发车站必须先改为接车站后方能改变；

（7）相邻信号开放表示；

（8）接近区段占用表示及音响；

（9）单线运行方向表示。

十一、车站信号联锁试验记录表（见表2-2-1～表2-2-5）

表 2-2-1　车站信号联锁试验记录表

_____站　　　　　　　　　　　　　　　　　　试验日期　　年　　月　　日

进路号码	信号机名称始端	进路终端	正常开放信号	道岔位置不对不能开放信号	道岔无表示关闭信号	区段占用不能开放信号	带动道岔	防护道岔	信号开放后锁闭道岔	敌对信号	敌对照查	随时关闭信号	接近锁闭	取消进路解锁	人工限时解锁	区段人工解锁	防止重复开放信号	进路正常解锁	局部控制	进路表示器	调车中途返回解锁	自闭离去区段占用	半自动闭塞	引导信号	机务段同意	超限绝缘条件	6‰下坡道	到发线出岔	非进路调车	其他联系电路	道口通知	跳信号报警
1	2	3	4	5	6	7	8	9	10	11	12	13	14	15	16	17	18	19	20	21	22	23	24	25	26	27	28	29	30	31	32	33

说明：记录结果"√"表示正确，"×"表示错误，"△"表示无此条件

试验人：　　　　　项目部技术主管：　　　　公司技术主管：　　　　日期：　　年　　月　　日

表 2-2-2 联锁电路检查表 （表二）

_____站 _____年_____月_____日

道岔号码	道岔位置核对及断表示试验		道岔4毫米不锁闭试验		道岔被阻后转换试验		区段占用扳动试验	道岔自闭电路试验		道岔间互锁	挤岔断表示		备注
	定位	反位	定位	反位	定位	反位	试验	定位	反位				
1	2	3	4	5	6	7	8	9	10	11	12	13	14

试验人： 项目部技术主管： 公司技术主管： 年 月 日

表 2-2-3 联锁电路检查表 （表三）

_____站

信号机名称	核对信号显示	断丝检查	红灯断丝不能开放信号	红灯转移	断丝报警		
1	2	3	4	5	6	7	8

试验人： 项目部技术主管： 公司技术主管： 年 月 日

表 2-2-4 （表四）

_____ 年　　　月　　　日

轨道区段名称	核对占用表示	一送多受		
1	2	3	4	5

公司技术主管：　　　年　　月　　日

表 2-2-5　变更联锁电路报告表

报送单位		编号	
		设备类型	
站　　名		图　号	
呈报时间		更改时间	
存在问题：			
改进意见：			

修改图纸		审批单位意见	铁路局		
制　图			审　核		
审　核			复　核		
主管领导			批　准		

项目三　进路选排电路分析及故障处理

【项目导引】

进路选排电路由记录电路（按钮继电器、方向继电器）和选岔网路电路（六线制选岔）组成。本项目要求学生在学习相关电路的工作原理的基础上，能对电路的一般断线故障进行分析处理。

任务一　记录电路分析及故障处理

【知识目标】

（1）掌握各个电路的组成和作用以及相关的技术条件；
（2）掌握按钮继电器、方向继电器电路的工作原理。

【能力目标】

（1）能正确使用工具、仪器、仪表；
（2）能正确对钮继电器、方向继电器电路进行一般断线故障的处理；
（3）培养安全意识、团队合作能力。

【相关知识】

一、选择组电路的作用

选择组电路的作用是确定进路的范围、进路的性质和运行方向，选出进路中道岔位置和信号点的位置，检查进路选排一致。同时，在控制台上给出选择组电路动作时的相应表示，包括记录电路、选岔电路、开始继电器电路。记录电路由方向继电器电路和按钮继电器电路组成，记录值班员的操作及进路的方向和性质。

二、方向继电器电路

（一）方向继电器的作用与设置

方向继电器的作用是记录所选进路的性质和方向。对应每一车站咽喉设置 4 个方向继电器：列车接车方向继电器 LJJ、列车发车方向继电器 LFJ、调车接车方向继电器 DJJ 和调车发车方向继电器 DFJ。这 4 个方向继电器设在方向组合 F 内，平时处在落下状态。

（二）对方向继电器电路的技术要求

方向继电器电路应满足以下技术要求：

（1）为了区别运行方向，用始端按钮的按钮继电器前接点接通对应的方向继电器的励磁电路，用吸起的方向继电器来确定所选进路的运行方向。

（2）为确定进路性质，列车进路要用列车进路始端按钮继电器前接点接通列车方向继电器励磁电路；调车进路要用调车进路始端按钮继电器前接点接通调车方向继电器励磁电路。用吸起的方向继电器来记录进路的性质。

（3）方向继电器在选路全过程中都要参与工作，在进路全部选出以前，方向继电器保持在吸起状态。4 个方向继电器同时只准许一个吸起，即同一时间只能选一条进路（同性质、同方向进路能同时选出的情况除外）。选路工作时间只包括记录进路始、终端的时间和选定进路上所有道岔位置的时间，不包括道岔转换时间。

（4）为了不影响选其他进路，在所要选的进路全部选出后，应及时使方向继电器自动复原；当进路因故不能选出时，能够使其手动复原。

（5）在办理取消进路和人工解锁进路时，不应使方向继电器动作；在重复开放信号时，不应使方向继电器动作。

（三）方向继电器电路分析

图 3-1-1 所示为举例站场的下行咽喉方向继电器电路。

1. 励磁电路

同一咽喉区的始端按钮按进路性质和运行方向分成 4 组。

（1）列车接车方向始端按钮：XLA、X_DLA、X_FLA。

（2）列车发车方向始端按钮：S_1LA、$S_{II}LA$、$S_{III}LA$、S_4LA、S_5LA。

（3）调车接车方向始端按钮：D_1A、D_3A、D_9A、$D_{11}A$、$D_{13}A$、$D_{15}A$。

（4）调车发车方向始端按钮：D_5A、D_7A、$D_{17}DA$、S_1DA、$S_{II}DA$、$S_{III}DA$、S_4DA、S_5DA。

例如，当办理 X 进站信号机 IG 的接车进路时，先按下 XLA，其按钮继电器 XLAJ 吸起，接通 LJJ 励磁电路。其励磁电路接通公式是：

$$KZ—XLAJ_{51-52}—LFJ_{21-23}—LJJ_{1-4}—DJJ_{13-11}—DFJ_{13-11}—ZQJ_{43-41}—KF$$

2. 自闭电路

方向继电器必须有经由终端按钮继电器前接点构成的自闭电路，保证在进路全部选出前，使方向继电器保持在吸起状态。

例如，当办理 X 进站信号机至 IG 的接车进路时，先按下 XLA，使 LJJ 励磁吸起；后按下 S_1LA，其按钮继电器 S_1LAJ 吸起，接通 LJJ 自闭电路。其自闭电路接通公式是：

$$KZ—S_1LAJ_{51-52}—LJJ_{21-22}—LFJ_{21-23}—LJJ_{1-4}DJJ_{13-11}—DFJ_{13-11}—ZQJ_{43-41}—KF$$

为了保证同一咽喉同时只准许 1 个方向继电器吸起，每个方向继电器的励磁电路和自闭电路均要检查其他 3 个方向继电器的后接点，即 4 个方向继电器相互之间存在"互切"关系。

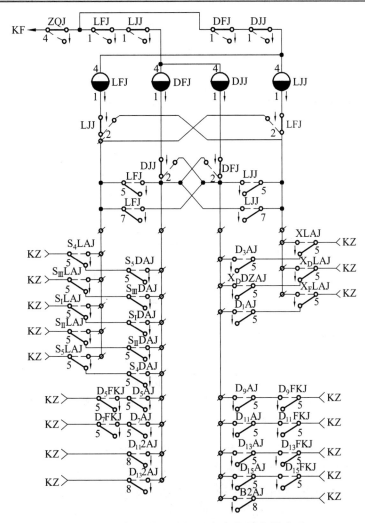

图 3-1-1　举例站场下行咽喉方向继电器电路

3. 自动复原和手动复原

6502 电气集中是用参与选路的所有按钮继电器都落下，切断方向继电器的励磁电路和自闭电路，使方向继电器自动复原。

若因故使进路不能选出，可按一下总取消按钮，使总取消继电器 ZQJ 吸起，用 ZQJ 第 4 组后接点断开方向继电器的 KF 电源，方向继电器便可复原。方向继电器可随时手动复原。

重复开放信号时，按下进路始端按钮，为了防止方向继电器误动，在接入 DJJ 和 DFJ 电路的所有能作始端的 DAJ 支路中串接有辅助开始继电器 FKJ 的后接点。对于列车或列车兼调车来说，因 FKJ 接点无空余，故未接 FKJ 后接点。

（四）方向电源

经由方向继电器接点控制的电源称为方向电源。在 6502 电气集中电路中，许多继电器要用到方向继电器的接点作为控制条件。用方向电源的方式设计电路，会简化电路，减少配线，节省方向继电器接点。各种方向电源如图 3-1-2 所示。

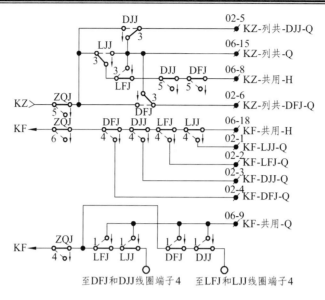

图 3-1-2　方向电源

方向电源共有 10 种，其名称如下：

（1）KF-共用-Q：经任一方向继电器的前接点所构成的负电源。

（2）KF-共用-H：经由 4 个方向继电器后接点供出的负电源。

（3）KZ-共用-H：经由 4 个方向继电器后接点供出的正电源。

（4）KZ-列共-Q：经 LJJ 或 LFJ 前接点供出的正电源。

（5）KZ-列共-DJJ-Q：经 LJJ、LFJ 或 DJJ 前接点构成的正电源。

（6）KZ-列共-DFJ-Q：经 LJJ、LFJ 或 DFJ 前接点构成的正电源。

（7）KF-LJJ-Q：经 LJJ 前接点供出的负电源。

（8）KF-LFJ-Q：经 LFJ 前接点供出的负电源。

（9）KF-DJJ-Q：经由 DJJ 前接点供出的负电源。

（10）KF-DFJ-Q：经由 DFJ 前接点供出的负电源。

（五）方向电器电路故障分析处理

1. 故障分析

（1）不能励磁。按压始端按钮，按钮闪光后，进路排列表示灯不亮，且在按压终端按钮后，进路也不能正常排列。

（2）不能自闭。不影响排列从右至左的进路，因为其励磁电路最先接通又最后断开。在排列从左至右的进路时，导致选岔电路不能动作完毕，且出现排列灯瞬间灭一下的现象。因为始端 AJ 落下后，方向继电器因不能自闭而缓放落下，在缓放时间内，能使一部分电路顺序动作，一旦其前接点断开，造成有关 JXJ 不能自闭，则后续电路无法动作；同时原先吸起的方向继电器落下后又与终端 AJ 的吸起条件相配合，动作了另一个相同性质的反方向的方向继电器，于是，就出现排列灯瞬间灭一下的现象。如先吸起的是 LJJ，当 LJJ 落下后，LFJ 经 LJJ 落下条件和终端 AJ 吸起条件而励磁。

（3）不能缓放。会出现 ZJ 或 FKJ 不能可靠吸起的现象。一般情况下，不影响电路正常动作。

2. 故障处理

在实训室利用实际 6502 电气集中联锁设备进行。

三、按钮继电器电路

（一）按钮继电器的作用

按钮继电器的作用：用来记录按下按钮的动作；在选路时接通方向继电器的励磁电路和自闭电路，并向选岔网路供电；当取消进路和人工解锁进路时，用始端按钮继电器与总取消继电器配合，完成进路的取消和人工解锁。

（二）尽头线调车按钮继电器电路

图 3-1-3 所示为尽头线调车信号按钮继电器电路。选排以 D_2 为始端的接车方向调车进路时按它，在选排以 D_2 为终端的发车方向调车进路时也要按它。为了记录按下按钮的动作，在 AJ 的励磁电路中接入了按钮的按下接通接点，作为电路的励磁条件。由于进路按钮采用二位自复式按钮，松开该按钮时会切断其励磁电路，为此，提供了经由其自身前接点的自闭电路，以满足记录电路在选路过程对工作时机的要求。

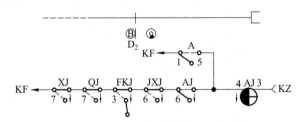

图 3-1-3　尽头线调车按钮继电器电路

（1）励磁电路：AJ 平时处于落下状态。

当按下 D_2A 按钮时，AJ 励磁电路接通公式：

$$KZ—AJ_{3-4}—A_{12-11}—KF$$

（2）闭电路：AJ 励磁吸起后，其自闭电路接通公式：

$$KZ—AJ_{3-4}—AJ_{62-61}—JXJ_{63-61}—FKJ_{33-31}—QJ_{73-71}—XJ_{73-71}—KF$$

（3）接点分析。

调车进路按钮 A：励磁电路的起始信号，按下 D_2A 按钮后，D_2AJ 励磁电路接通。

进路选择继电器 JXJ 后接点：选路结束后 AJ 自动复原的条件。6502 电气集中电路中，用进路选择继电器 JXJ 的吸起反映该信号点已被选出，因此，当信号点 D_2 选出时，其 JXJ 吸起后，断开其 AJ 自闭电路，使 AJ 自动复原到初始状态。

辅助开始继电器 FKJ 后接点：重复开放信号时 AJ 自动复原的条件。重复开放信号时，按下 D_2A 使得 D_2AJ 励磁并自闭，同时使辅助开始继电器 FKJ 吸起而重新开放信号。FKJ 吸起后断开 AJ 自闭电路，使 AJ 自动复原到初始状态。

取消继电器 QJ 后接点：AJ 人工复原的条件。选排进路时，因故进路选不出来，进路选择继电器 JXJ 不能吸起，AJ 将无法自动复原。这时，可以通过办理取消进路的方法使 QJ 吸起，人工使 AJ 复原。

信号继电器 XJ 后接点：信号开放过程中（XJ 前结点闭合）禁止 AJ 励磁自闭，因为 D_2 信号开放时，说明以 D_2 为始端的进路已经建立好。

按钮继电器 AJ 和进路选择继电器 JXJ 的时序逻辑关系是：AJ↑→JXJ↑，JXJ↑→AJ↓，为了使进路选择继电器 JXJ 可靠吸起，按钮继电器 AJ 必须采用缓放型继电器。

（三）出站兼调车按钮继电器电路

图 3-1-4 所示为出站兼调车信号机的按钮继电器电路图。由于出站兼调车信号机处可以作列车进路和调车进路的始、终端，故设置列车按钮 LA 和调车按钮 DA 时，与之对应要设置两个按钮继电器，即列车按钮继电器 LAJ 和调车按钮继电器 DAJ。由于这两个按钮继电器联锁条件相同，所以自闭电路共用。

在进站信号机内方设有无岔区段和同方向调车信号机时，对应此处也要设置不能在同一时间使用的列车按钮和调车按钮。例如，举例站场中的 XLA 和 D_3A，对应此处的 XLAJ 和 D_3DAJ 的电路和出站兼调车按钮继电器电路相同。

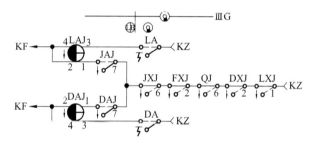

图 3-1-4　出站兼调车按钮继电器电路

（四）并置和差置调车按钮继电器电路

图 3-1-5 所示为并置调车按钮继电器电路。按钮继电器 3—4 线圈的电路同图 3-1-4 中的 AJ 电路原理一样。1—2 线圈用于选排列车变通进路。

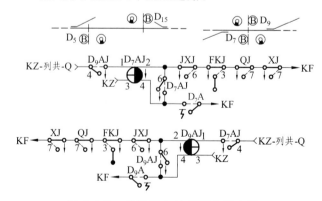

图 3-1-5　并置调车按钮继电器电路

并置和差置调车信号机的两个进路按钮，其中任何一个都可兼作列车进路变通按钮使用。

在选列车变通进路时，按压其中任何一个按钮时都要把另外一个 AJ 带动起来，以便使两个按钮继电器都吸起，参与选路工作。

例如，办理由ⅡG 向北京方面发车的变通进路（经 17/19 和 1/3 号道岔反位）时，先按下 S₁₁LA，使 S₁₁LAJ 和 SLFJ 相继吸起，方向电源"KZ-列共-Q"有电。接着按下变通按钮 D₇A，使 D₇AJ 吸起且自闭，这时经由方向电源"KZ-列共-Q"和 D₇AJ 前接点使 D₉AJ 吸起（若按下 D₉A，D₉AJ 吸起后也会把 D₇AJ 带动吸起）。最后按下 X_FLA，使 X_FLAJ 吸起。这样把一条列车变通进路分成两个基本进路段，即 S₁₁LAJ 和 D₉AJ 吸起构成ⅡG 至 D₉ 的基本进路段以及 D₇AJ 和 X_FLAJ 吸起构成 D7 至 X_F 处的基本进路段。差置调车按钮继电器电路与并置调车按钮继电器电路完全相同。

（五）单置调车按钮继电器电路

图 3-1-6 所示为单置调车按钮继电器电路。对应于单置调车信号机处设一个按钮，设 3 个按钮继电器。1AJ 是按钮接点的复示继电器，AJ 是进路始端按钮继电器，2AJ 是进路终端按钮继电器。AJ 设在 DX 组合里，1AJ、2AJ 设在 DXF 组合里。平时这 3 个按钮继电器均处于落下状态，当办理进路时，则互相配合，完成记录进路的始端、终端和变通的 3 种作用。

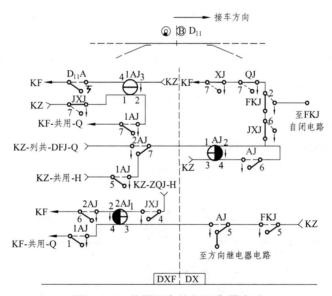

图 3-1-6　单置调车按钮继电器电路

1. 三个按钮继电器动作规律

作始端按钮使用时：1AJ↑、AJ↑；

作终端按钮使用时：1AJ↑、2AJ↑；

作变通按钮使用时：1AJ↑、AJ↑、2AJ↑。

2. 作始端按钮使用

作调车进路始端按钮先按下 D₁₁A 时，1AJ 经 3—4 线圈的励磁电路接通，1AJ 励磁吸起。条件电源"KF-共用-H"接通供出 KF，在 1AJ 励磁吸起之后，AJ 经 1—2 线圈的励磁电路接通公式：

KZ-共用-H—1AJ$_{51-52}$—2AJ$_{73-71}$—AJ$_{1-2}$—JXJ$_{63-61}$—FKJ$_{33-31}$—QJ$_{73-71}$—XJ$_{73-71}$—KF
AJ 励磁吸起，然后由 3—4 线圈自闭。

1AJ 自动复原时机是 D$_{11}$ 的 DXF 组合中的 JXJ 不吸起，当选路结束后，"KF-共用-Q" 断电，使 1AJ↓；AJ 自动复原时机是选路时 D$_{11}$ 的 DX 组合中的 JXJ 吸起，使 AJ↓。

在重复开放信号时，按压 D$_{11}$A 后，D$_{11}$FKJ 会随着 1AJ 吸起而励磁，AJ 不励磁。

3. 作终端按钮使用

作调车进路终端按钮后按下 D$_{11}$A 时，D$_{11}$2AJ 吸起后，由 1—2 线圈构成自闭电路。当选路结束后，D$_{11}$ 的 DXF 组合内 JXJ 会吸起，使 1AJ 和 2AJ 自动复原。

若进路不能选出，可按下总取消按钮 ZQA，使 2AJ 人工复原；1AJ 随着方向继电器落下而复原。

4. 作变通按钮使用

例如，办理 X 至ⅠG 接车的变通进路，经（5/7）和（13/15）；先按下 XLA 后按下 D$_{11}$A 时，D$_{11}$1AJ 先吸起且自闭，D$_{11}$2AJ 后吸起且自闭；然后是 D$_{11}$AJ 由 1—2 线圈吸起，由它的 3—4 线圈构成自闭；

最后按下 S$_1$LA。当进路选出时，D$_{11}$ 的 DX 组合和 DXF 组合的 JXJ 吸起后，使 1AJ、2AJ、AJ 自动复原。

对于调车进路而言，单置调车进路按钮只能作反向调车进路的变通按钮使用。

（六）变通与终端按钮继电器电路

1. 变通按钮继电器电路

图 3-1-7 所示为变通按钮继电器电路。

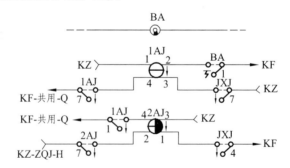

图 3-1-7　变通按钮继电器电路

在变通位置没有能作变通用的调车按钮时，要设置变通按钮 BA。设有两个按钮继电器：1AJ 和 2AJ，选用的是 DXF 组合。当选变通进路按压变通按钮时，1AJ 便吸起并自闭，然后 2AJ 吸起并自闭。当 DXF 内的 JXJ 吸起时，1AJ 和 2AJ 便自动复原。

2. 终端按钮继电器电路

图 3-1-8 所示为列车终端按钮继电器电路。

举例站场中，如果北京方面是双线单向区段，则在发车口处设一个上行列车终端按钮 SLZA，对应这个按钮设有一个 SLZAJ，放在零散组合内。

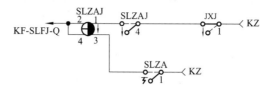

图 3-1-8　列车终端按钮继电器电路

电路中方向电源"KF-LFJ-Q"的用途是：用来防止把 SLZA 当作始端按钮使用；若进路因故不能选出，可按压 ZQA，使 LZAJ 人工复原。

3. 通过按钮继电器电路

凡是有通过进路的车站，都应在控制台对应进站信号机处增设一个通过按钮 TA，相应地要增设通过按钮继电器 TAJ。通过进路有一次办理和分段办理两种操作方法。图 3-1-9 所示

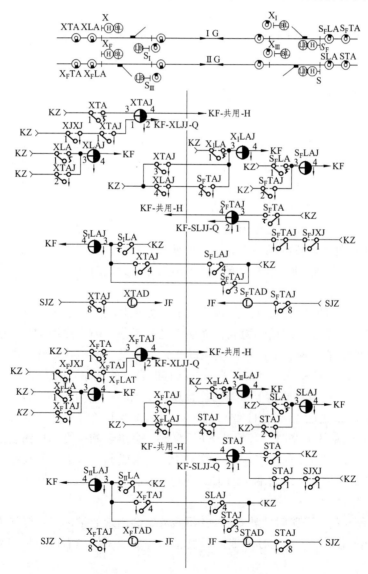

图 3-1-9　通过按钮继电器电路

为列车通过按钮继电器电路。现以下行正线通过进路 X 行 I G 通过的一次办理为例，分析通过按钮继电器电路工作原理。

按下 XTA 后，经上行咽喉方向电源"KF-共用-H"使 XTAJ 吸起。XTAJ 吸起后，使 XLAJ 和 X₁LAJ 励磁吸起并自闭。XLAJ 吸起后使下行咽喉 LJJ 吸起，方向电源"KF-LJJ-Q"有电，确定了下行接车进路的始端；X₁LAJ 吸起使上行咽喉的 LFJ 吸起，确定了下行发车进路的始端。当按下 S_FLA 使 S_FLAJ 吸起时，使 S₁LAJ 吸起并自闭。这时选出下行正线接车进路和下行正线发车进路。这两条进路都建立起来，便建立了下行正线通过进路。

在 XTAJ 的自闭电路中接入 X 的 JXJ 第 1 组后接点的作用是：当 X 进站信号点选出后，JXJ 吸起时使 TAJ 自动复原。其自闭电路接入方向电源"KF-LJJ-Q"的作用是：在进路因故不能选出时，可按下 ZQA，使 ZQJ 吸起，断开方向电源"KF-LJJ-Q"使 XTAJ 人工复原。若按下 X 后没有将 XLAJ 带动起来，则 XTAJ 也就不能自闭而自动取消记录。XLAJ 和 X₁LAJ 随着 XTAJ 的落下而自动复原，而 D₁₇LAJ 和 XLZAJ 是在进路选出后随着各自信号点的 JXJ 吸起而自动复原的。在 XTAJ 吸起过程中，其第 8 组前接点接通控制台上的下行通过按钮表示灯，使该表示灯闪绿色灯光。当 XTAJ 复原时，该表示灯灭灯。

（七）按钮继电器电路故障分析与处理

1. 故障分析

（1）AJ 不能励磁。按压按钮时，按钮表示灯不闪光且进路排列表示灯不亮。

（2）AJ 不能自闭。按压按钮，按钮表示灯闪光，但松开按钮后，闪光自动熄灭。

（3）AJ 不能缓放。使该信号点的 JXJ 不能可靠吸起，其接点只能在落下位置跳动一下。

当不缓放的 AJ 处于进路上的不同位置时，会发生如下现象：

① 排列从左至右的进路时，若始端 AJ 不缓放，会出现始端灭光、终端闪光的现象。因为始端 JXJ 只能在落下位置跳动一下，一方面使 AJ 复原，始端按钮闪光熄灭；另一方面因其前接点不能闭合，始端 FKJ 不能吸起，稳光不能点亮，同时 5、6 线也不能向右传递动作，终端就一直闪光。

② 排列从左至右的进路时，终端 AJ 不缓放，如果是以单置、差置、并置或尽头线信号点为终端的调车进路，会出现始端稳光，终端灭光的现象。因为终端 JXJ 不能可靠吸起，使 ZJ 不能吸起，7 线不能沟通，后续电路无法动作；如果是以股道或单线区段接车口处为终端的调车进路，则出现始端稳光、终端灭光、进路有白光带的现象。因为虽然 ZJ 不能吸起，但 7、8、9 线无论是 ZJ 在吸起或落下状态均能接通，使电路一直动作到进路锁闭；信号不能开放的原因是因为 DXJ 励磁需要从 11 线得到 KZ，而 ZJ 落下经后接点只能向 11 线供 KF。

③ 排列从右至左的进路时，若始端 AJ 不缓放，会出现始、终端按钮表示灯闪光后均熄灭的现象。因为进路终端（即网络左端）的 JXJ 能正常吸起，且能正常复原，终端按钮闪光熄灭；由于进路始端（即网络右端）的 JXJ 不能可靠吸起，FKJ 不能励磁，故按钮闪光后不能点亮稳光。

④ 排列从右至左的进路时，若终端 AJ 不缓放，会出现始端闪光、终端灭光的现象。因为进路终端（即网络左端）的 JXJ 不能可靠吸起，5、6 线不能向右顺序传递动作，始端就一直闪光。

⑤ 差置和并置 AJ 的连带电路故障：在办理变通进路过程中，会出现按压其中一个按钮时，该按钮闪光，但另一按钮不闪光且进路也不能正常排列的现象。

2. 故障处理

在实训室利用实际 6502 电气集中联锁设备进行。

任务二　选岔电路分析及故障处理

【知识目标】

（1）掌握选岔电路的网路结构组成；
（2）掌握 1、2 线的电路工作原理；
（3）掌握 3、4 线的电路工作原理
（4）掌握 5、6 线的电路工作原理；
（5）了解变通进路的电路特点及断线规律。

【能力目标】

（1）能正确使用工具、仪器、仪表；
（2）能正确识读网路线 1—6 线电路；
（3）能正确对网路线电路进行一般断线故障的处理；
（4）培养安全意识、团队合作能力。

【相关知识】

一、选岔电路

办理进路时当按下进路始端和终端按钮后，按照操作人员的意图自动选出进路上有关道岔位置的电路，称为选岔电路。选岔电路采用站场型网路，占用 1—6 网路线。

为了实现选岔，对进路上的每个单动道岔，设置了 2 个道岔操纵继电器：定位操纵继电器 DCJ 和反位操纵继电器 FCJ；对进路上的双动道岔，设置了 2 组道岔操纵继电器，即 1DCJ、1FCJ 和 2DCJ、2FCJ，规定岔尖朝左的道岔使用 1DCJ 和 1FCJ 选路，而岔尖朝右的道岔使用 2DCJ 和 2FCJ 选路。DCJ 和 FCJ 平时处于落下状态，选岔电路即为道岔定位操纵继电器 DCJ 和道岔反位操纵继电器 FCJ 的励磁电路。

为了选择进路中的信号点（对变通进路，包括变通按钮），对进路中的每个信号点设置一个进路选择继电器 JXJ，以明确该信号点是否参与进路。单置信号点设置了 2 个 JXJ，DX 组合和 DXF 组合内各设置 1 个。进路选择继电器 JXJ 平时处于落下状态，选信号点电路即为 JXJ 的励磁电路。

二、选岔电路的基本原理

（一）并联传递选岔电路

6502 电气集中选岔电路采用并联传递选岔电路，图 3-2-1 所示是并联传递选岔电路原理图。

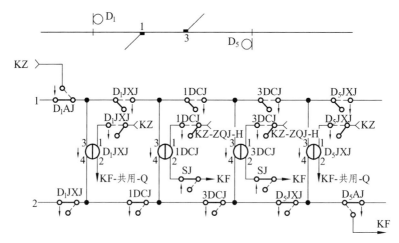

图 3-2-1　并联传递选岔电路原理

以选排 D_1 至 D_5 的调车进路为例。图 3-2-1 中各继电器 3—4 线圈都并接在 1、2 两条网路线上。1 线由左经 D_1AJ 前接点向右送 KZ 电源，只能送到左端第一个继电器的线圈 3 上；2 线由右经 D_5AJ 前接点向左送 KF 电源。KF 能由右向左一直送到最左端，送至每个继电器的线圈 4 端子上。

左端 D_1JXJ 吸起后，将 KZ 向右传递，使 lDCJ 励磁。lDCJ 励磁后，KZ 再向右传递，使 3DCJ 励磁。3DCCJ 励磁后，KZ 再向右传递，使最右端的 D_5JXJ 最后吸起。当最左端的 D_1JXJ 吸起后，它的后接点断开，断开 2 线，不再向左送出 KF 电源。当 lDCJ 吸起后，用 lDCJ 后接点断开向左方送出的 KF 电源，使 D_1JXJ 的 3—4 线圈断电，以后仅靠 1—2 线圈自闭电路保持吸起。同样，3DCJ 吸起后，断开 lDCJ 的 3—4 线圈励磁电路，此后只靠自闭电路保持吸起。当最右端的 D_5JXJ 吸起后，断开 3DCJ 励磁电路的 KF 电源。这样，1 线由左向右逐段送 KZ；2 线由右向左送 KF，然后又由左向右逐段断 KF。这样供电的目的是使同时由网路线供电的继电器数量最少。

（二）并联传递选岔电路的优点

（1）可以用最右端的一个 JXJ 的吸起条件，证明进路已经全部选出；

（2）DCJ 或 FCJ 励磁吸起后，将启动道岔转换到规定位置，而道岔启动时的瞬间电流峰值较大（与转辙机内部的电动机特性有关），道岔的顺序选出、顺序启动，对降低道岔电源的输出电流峰值有利；

（3）不论进路多长，不论并联多少个继电器，同时由网路线供电的只有 2 个继电器，这样可使继电器线圈端电压基本不变，不影响继电器动作时间，能保证电路稳定可靠地工作。

当进路中最右端信号点的进路选择继电器 JXJ 励磁吸起时，证明进路已经全部选出。其进路始端、终端的 AJ 落下。方向继电器落下复原，"KF-共用-Q" 断电，使 JXJ 复原。对道岔点来说，要等待道岔转换好、进路锁闭（道岔锁闭继电器 SJ 落下）后，才切断 DCJ 或 FCJ 的自闭电路，使其复原。

（三）1—6 网路线选路原则

（1）进路中包括有反位的双动道岔时，1—2 网路线或 3—4 网路线选出双动道岔反位的 1FCJ 和 2FCJ；5—6 网路线选出信号点的 JXJ、道岔定位的 DCJ 和单动道岔反位的 FCJ。

（2）不论是双动道岔反位，还是信号点及道岔定位（包括单动道岔反位），都是按照从左至右顺序选出，与进路方向无关。进路方向由方向继电器来确定。

三、选岔电路实例

（一）1、2 网路线

图 3-2-2 所示为 1、2 线上接有"八"字第一笔双动道岔反位操纵继电器 FCJ 的实例。因为双动道岔的 FCJ 接点不够用，故设 1FCJ 和 2FCJ；因为双动道岔分别连接在两条平行的线路上，每个道岔对应一个区段，故双动道岔设 1DCJ、2DCJ。它们的编号方法是：左边为"1"，右边为"2"。1DCJ、2DCJ 接在 5、6 网络线上。下面以排列 A—B 的进路为例来阐述 1、2 网路线的电路原理。

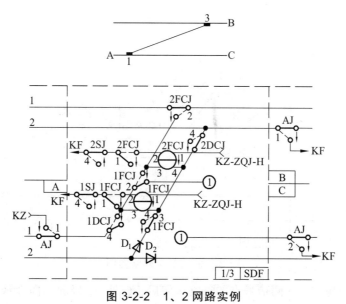

图 3-2-2　1、2 网路实例

选路时，顺序按压 A、B 两信号点的进路按钮后，A 处 AJ 吸起，向 1 线网路按入 KZ；B 处 AJ 吸起，向 2 线网路送入 KF 选岔电路工作，选 1/3 道岔反位，1/3 1FCJ 的励磁电路接通公式为：

$$KZ—（A）AJ_{12-11}—1DCJ_{41-43}—1FCJ_{3-4}—2DCJ_{43-41}—2 线—（B）AJ_{11-12}—KF$$

1FCJ$_{3-4}$ 线圈构成自闭电路。1FCJ 吸起后接通 2FCJ$_{3-4}$ 线圈，使 2FCJ 吸起并自闭，两个反位操纵继电器从左至右顺序励磁，用后吸起的 2FCJ 前接点接通道岔启动电路。

图中 1FCJ 第 2 组前接点和 2FCJ 第 2 组前接点是由左向右顺序传递 1 线 KZ 电源的条件；而 1FCJ 第 3 组后接点是当 1FCJ 吸起后断开由右向左送的 KF 电源的条件。

为了防止同时选出道岔定位和反位这样两条相互抵触的进路，同一组道岔的 DCJ 和 FCJ 应互相检查，即在 FCJ 的励磁电路中接入两个 DCJ 的第 4 组后接点，在 DCJ 的励磁电路中也接入 FCJ 的后接点。

道岔操纵继电器吸起说明道岔位置已被选出。从道岔位置选出到道岔转换完毕，直至进路锁闭这段时间里，由于信号点选出后 AJ 会很快复原而断开选岔电路的电源，为了保证道岔操纵继电器不提前落下，FCJ 和 DCJ 都设有经由 1—2 线圈的自闭电路。SJ 落下才断开道岔操纵继电器的自闭电路，使之自动复原。在自闭电路中接入条件电源 "KZ-ZQJ-H" 的作用是：当进路因故不能锁闭时，使道岔操纵继电器人工复原。

（二）3、4 网路线

图 3-2-3 所示为 3、4 线上接有 "八" 字第二笔双动道岔反位操纵继电器 FCJ 的电路实例。下面以排列 C—D 的进路为例来阐述 3、4 网路线的电路原理。

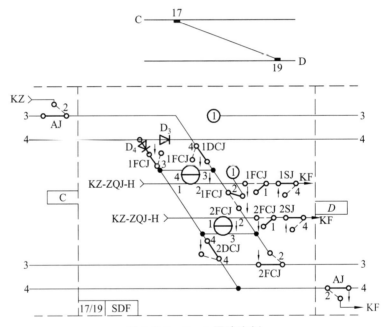

图 3-2-3　3、4 网路实例

选路时顺序按压 C、D 两信号点的进路按钮后，C 处 AJ 吸起，向 3 线网路按入 KZ；D 处 AJ 吸起，向 4 线网路送入 KF 选岔电路工作，选 17/19 道岔反位，17/19 道岔的 1FCJ、2FCJ 顺序吸起。

（三）1～4 线选岔电路分析及故障处理

1. 故障分析

（1）当两个 FCJ 有一个不能励磁时，该双动道岔不能转换，且 5、6 线不能沟通，排列进路时，出现始、终端按钮表示灯一直闪光的现象。

（2）1FCJ 不自闭。在排列以道岔左端处信号点为终端的调车进路，且进路上有道岔转换的情况下，造成 ZJ 不能自闭。

（3）2FCJ 不自闭。道岔可以正常转换，但不能接通 7 线，KJ 不励磁，出现始端稳光，终端灭光的现象。另外，排长进路时影响 5、6 线工作。

2．故障处理

在实训室利用实际 6502 电气集中联锁设备进行。

（四）5、6 网路线（道岔操纵继电器）

双动道岔的 1DCJ 和 2DCJ、单动道岔的 DCJ 和反位操纵继电器 FCJ 都接在 5、6 网路线上；信号点的进路选择继电器 JXJ 也接在 5、6 网路线上。图 3-2-4 所示为 5、6 网路线实例。下面以排列 A—D 的进路为例来阐述 5、6 网路线的电路原理，要求选 1/3 号道岔定位、17/19 号道岔反位、27 号道岔定位。

按下进路始端和终端按钮，A 处的 AJ 和 D 处的 AJ 吸起，先接通 3、4 线，使 17/19 的 1FCJ 和 2FCJ 吸起，经 17/19 号道岔的 1FCJ 和 2FCJ 的前接点接通 5、6 线，构成 1/3 号道岔的 2DCJ 和 27 号道岔的 DCJ 励磁电路。

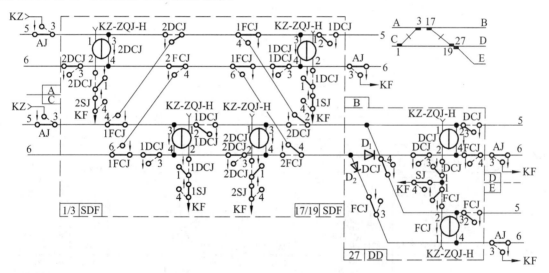

图 3-2-4　5、6 网路实例

（1）1/3 2DCJ 励磁电路接通公式：

$$KZ—（A）AJ_{32-31}—1/3\ 2DCJ_{3-4}—1/3\ 2FCJ_{43-41}—17/19\ 1FCJ_{61-62}—17/19\ 2FCJ_{42-41}—$$
$$D_1—27DCJ_{31-33}—27FCJ_{43-41}—（D）AJ_{31-32}—KF$$

（2）27DCJ 励磁电路接通公式：

$$KZ—（A）AJ_{32-31}—1/32\ DCJ_{22-21}—17/19\ 1FCJ_{41-42}—17/19\ 2DCJ_{23-21}—27DCJ_{3-4}—$$
$$27FCJ_{43-41}—（D）AJ_{31-32}—KF$$

操纵继电器吸起后由其 1—2 线圈构成自闭电路。当进路锁闭，SJ 落下或办理取消时，KZ-ZQJ-H 条件电源断电，道岔操纵继电器复原。5 线和 6 线上所有操纵继电器的第 4 组后接点都起到了互切作用，即反位选出后禁止再选定位，定位选出后禁止再选反位。

（3）六线制选岔电路的规律。

① 电路总是从左向右顺序传递励磁，与进路方向无关；

② 1、2线，3、4线优先于5、6线工作；

③ 在左端经 AJ↑ 条件向 1、3、5 线送 KZ，随着电路的动作逐步向右传递；在右端经 AJ↑ 条件向 2、4、6 线送 KF 至全网络线，随电路的动作逐步切断（左端送 KZ，右端送 KF）；

④ 进路最右端 JXJ↑ 可证明选岔电路工作完毕正常。

（五）5、6 网路线（进路选择继电器）

JXJ 励磁电路选岔网路的第 5、6 线合用，其电路动作与选岔电路相似。

对应每一架信号机处（包括不设信号机，只设变通按钮或终端按钮处）的信号组合内均设一个 JXJ，对应单置调车信号机处设两个 JXJ（DX 组合和 DXF 组合）。

JXJ 吸起后，使辅助开始继电器 FKJ 和终端继电器 ZJ 吸起，确定了进路的始端和终端。办理长调车进路时，可以只按下进路始端和终端两个按钮。选岔网路从左至右顺序传递动作并带起中间信号点的 JXJ，使长调车进路中同方向信号机由远及近顺序开放。用 JXJ 前接点断开相应按钮继电器 AJ 的自闭电路，使记录电路及时复原。

1. 列车兼调车信号机处进路选择继电器电路

图 3-2-5 所示为进站内方带调车信号机 X 与 D_3 合用的 JXJ 电路。

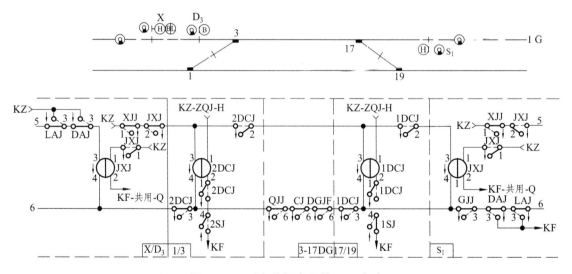

图 3-2-5　列车兼调车处的 JXJ 电路

X/D_3 JXJ 和 S_1 JXJ 都并接在 5、6 网路线上。3—4 线圈接入作为励磁电路，1—2 线圈为自闭电路。JXJ 随着方向继电器释放而自动复原。

2. 差置、并置调车信号机处进路选择继电器电路

图 3-2-6 所示为差置调车信号机处的 JXJ 电路（并置调车信号机处的 JXJ 电路与此相同），由于差置调车信号机 D_5 和 D_{15} 所防护的进路方向不同，其电路结构也略有差异。

在办理 D_1 至 D_{15} 的调车进路时，进路的终端是 D_{15} 信号机，但进路终端按钮却是 D_5A。

D_5JXJ 最后吸起证明进路已经选出。若办理 D_5 向 D_1 调车进路，虽然运行方向改变，但 D_5 信号机仍处于进路右端，其工作情况与上述相同。

若办理列车进路或长调车进路，D_5 信号机是进路的中间信号点，虽然不按下 D_5A，但 D_5JXJ 可以从 5、6 线网路得到电源而吸起，使其右边接在 5、6 线上的继电器顺序动作。

当办理 D_{15} 至 Ⅱ 股道的调车进路时，D_{15} 信号机处于进路的左端，$D_{15}JXJ$ 吸起，并且将 5 线 KZ 电源从左向右顺序传递。若从 Ⅱ G 至 D_5 办理调车进路，是以 $D_{15}A$ 为进路终端按钮，D_{15} 信号机仍处于进路左端，其动作原理与上述相同。对于差置（并置）调车信号机，无论是作调车进路始端、终端，还是作为列车进路或长调车进路的中间信号点，也不管运行方向如何，它的 JXJ 总能够从 5、6 网路线得到电源而吸起，并且将 5 线的 KZ 电源从左向右传递。

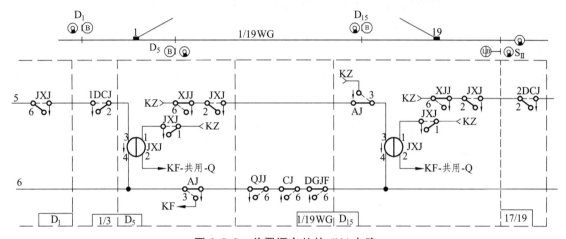

图 3-2-6　差置调车处的 JXJ 电路

3. 单置调车信号机处进路选择继电器电路

单置调车信号机既能作调车进路始端，又能作调车进路终端，设有两个 JXJ，一个设在 DX 组合内，另一个设在 DXF 组合内；与 1AJ、2AJ 和 AJ 相互配合，从电路上才能区分其进路始端和终端。现以图 3-2-7 中的 D_{13} 单置调车信号机为例，分析其两个 JXJ 的动作原理。

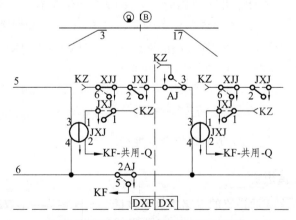

图 3-2-7　单置调车处的 JXJ 电路

（1）作进路始端。

当以 D_{13} 信号机作为调车进路始端时，当按下进路始端按钮 $D_{13}A$ 后，DAJ 吸起，D_{13} 信号机 DX 组合内的 JXJ 吸起；DXF 组合内的 JXJ 因得不到 KZ 电源而不能吸起。

（2）作进路终端。

当以 D_{13} 信号机作调车进路终端时，$D_{13}A$ 作为进路终端是后按压的，DXF 组合的 D_{13}JXJ 吸起。它的吸起证明进路已全部选出。由于 DX 组合内 JXJ 得不到 KF 电源而不能励磁。

（3）作进路中间信号点。

当经由 D_{13} 信号点办理列车进路或长调车进路时，因为不按 $D_{13}A$，所以 $D_{13}AJ$ 和 $D_{13}2AJ$ 均不励磁。D_{13} 信号机的 DXF 和 DX 组合内的两个 JXJ 可以从 5、6 网路线得到电源而顺序吸起，并将 5 线 KZ 电源继续由左向右传递。

（4）作变通按钮使用。

当以 D_{13} 作调车进路或列车进路的变通按钮使用时，它的 1AJ、AJ 和 2AJ 3 个按钮继电器均应吸起。DXF 组合内的 JXJ 吸起，DX 组合内的 JXJ 也吸起。当 DX 组合内 JXJ 吸起后，将 5 线网路 KZ 电源继续由左向右传递。

JXJ 的 1—2 线圈为自闭电路，当方向继电器复原后，因"KF-共用-Q"断电，JXJ 自闭电路被断开而自动复原。

（六）5-6 线选岔网路电路故障分析处理

1. 故障分析

（1）进路最左端的 JXJ 不能励磁。无论排何种进路，均出现始、终端按钮表示灯一直闪光、PLBD 一直点红灯的现象。

（2）进路最右端的 JXJ 不能励磁。出现终端按钮表示灯一直闪光、PLBD 一直点红灯的现象。

（3）中间信号点的 JXJ 不能励磁。出现中间信号点的按钮灯不闪光、终端按钮表示灯一直闪光、PLBD 一直点红灯的现象。

（4）1/3 道岔 1DCJ 不励磁。当 1/3 道岔在反位时，不能用进路操纵的方式操纵到定位，且 5、6 线不能工作完毕。

（5）1/3 道岔 1DCJ 不自闭。排列进路时，5、6 线能动作完毕，但 7 线不能沟通。

（6）D_5DXF 组合 JXJ 不励磁。D5 按钮不闪光，且 5、6 线不能顺序动作完毕。D_5DX 组合 JXJ 不励磁，按钮能闪光，但 5、6 线不能动作完毕。DXF 组合 JXJ 不自闭，不影响该进路正常排列。DX 组合 JXJ 不自闭，使 $5^{\#}$DCJ 不能可靠吸起。

（7）S_{II} 的 JXJ 不能励磁。无论以该点作始端还是作终端，该点的按钮表示灯一直闪光。

2. 故障处理

在实训室利用实际 6502 电气集中联锁设备进行。

（七）选八字变通进路

图 3-2-8 所示为八字变通进路的电路实例，包括"八"字第一笔双动道岔和"八"字第二笔双动道岔的所有操纵继电器以及始、终端和变通按钮继电器，共有 6 条网路线。图中省略了操纵继电器的自闭电路。

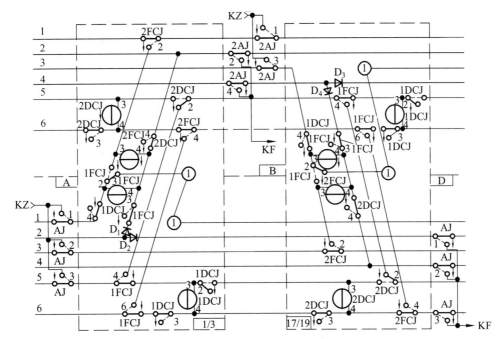

图 3-2-8　选 "八" 字变通进路的电路实例

1. 选 A、D 两点之间的基本进路

按下 A、D 处信号点进路按钮后，始、终端 AJ 吸起，接通 5、6 网路线，这时 1/3 号道岔 1DCJ 和 17/19 号道岔 2DCJ 吸起，选出经由 1/3 和 17/19 号道岔定位的基本进路。

2. 选 A、D 两点间的变通进路

当按下 A、B 和 D 处信号点进路按钮后，始端、变通和终端按钮继电器均吸起。在 B 处变通按钮的 BAJ 吸起，由其 2、4 两组前接点分别将 KF 电源接入 2、4 线；由其 1、3 两组前接点分别将 KZ 电源接入 1、3 线。这样，就由 B 点的变通按钮将 A、D 两点间的变通进路分为两个进路段。对于 "八" 字第一笔双动道岔 1/3 来说，由 A 点 1 线供 KZ，B 点 2 线供 KF，使 1/3 1FCJ、2FCJ 首先吸起；对于 "八" 字第二笔双动道岔 17/19 来说，由 B 点 3 线供 KZ，D 点 4 线供 KF，使 17/19 1FCJ、2FCJ 随后吸起，选出了经由 1/3 和 17/19 号道岔反位的 "八" 字变通进路。

为了防止选变通进路时，错误地选出基本进路，用 1/3 道岔的 1FCJ 第 4 组后接点断开 5 线，用 17/19 道岔的 2FCJ 第 4 组后接点断开 6 线。如果 1/3 1FCJ 或 17/19 2FCJ 其中一个继电器因故不能吸起，则变通进路选不出来；而只要有一个反位操纵继电器吸起，仍能断开选基本进路的电源，也就不会自动改选基本进路。

选八字基本进路与变通进路时采用不同网路线的选路方法，称为分线法。

(八) 选平行变通进路

在比较复杂的站场上，会出现由两组或两组以上同类型双动道岔反位构成的平行进路。用断线法选平行变通进路的电路实例如图 3-2-9 所示。在 D_1 至 D_5 之间有两条平行进路：第一条经由 1/3、(5/7)、第二条经由 (1/3)、5/7。当要选其中一条进路为基本进路时，6502 电气集中在选岔电路采用了断线法。

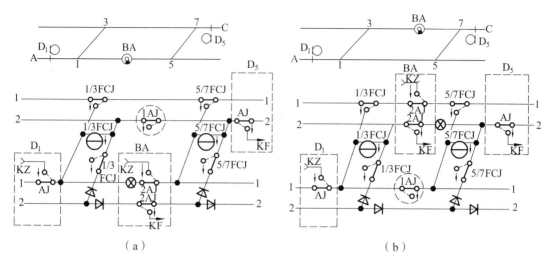

图 3-2-9　用断线法选平行变通进路的电路实例 1

1. 断线法原理

（1）以 1/3 号道岔反位为基本进路，5/7 号道岔反位为变通进路。

按照图 3-2-9（a）所示，办理 D_1 至 D_5 之间的进路，按下 D_{1A} 和 D_{5A} 后，使 1/3FCJ 吸起，优先选出 1/3 号道岔反位的基本进路。为了防止 5/7FCJ 吸起而错误选出变通进路，在 1 号道岔的岔后画"⊗"处断开 1 线的 KZ 电源。当选 5/7 号道岔反位的变通进路时，要按下 D_{1A}、BA 和 D_{3A} 3 个按钮。为了防止选出 1/3 号道岔反位的基本进路，在 3 号与 7 号道岔之间的 2 线处接入 B/1AJ 的后接点，利用 B/1AJ 的吸起断开 1/3FCJ 的 KF 电源，使其不能吸起。为了选出变通进路，在 5 号道岔的岔前 1 线处由 B/2AJ 前接点接入 KZ 电源并送给 5/7FCJ，使 5/7FCJ 吸起而选出变通进路。

（2）以 5/7 号道岔反位为基本进路，以 1/3 号道岔反位为变通进路。

按照图 3-2-9（b）所示，办理 D_1 至 D_5 之间的进路，按下 D_1A 和 D_5A 后，5/7FCJ 吸起，优先选出 5/7 号反位的基本进路。为了防止 1/3FCJ 吸起而错误选出变通进路，在 7 号道岔的岔"⊗"后处断开 2 线的 KF 电源。当选 1/3 号道岔反位的变通进路时，要按下 D1A、BA 和 D5A 3 个按钮，为了防止选出 5/7 道岔反位的基不进路，要在 1 号和 5 号道岔之间的 1 线上接入 B/1AJ 后接点，利用其吸起断开 5/7FCJ 的 KZ 电源，防止 5/7FCJ 错误吸起。为了选出变通进路，在 3 号道岔的岔前 2 线上由 B/2AJ 前接点接入 KF 电源，送至 1/3FCJ，使 1/3FCJ 吸起而选出变通进路。

（3）在图 3-2-10 中，由两组"八"字第二笔双动道岔反位构成的平行进路。因为"八"字第二笔双动道岔反位是用 3、4 线选的，所以 KZ 要断 3 线，KF 要断 4 线。

（4）根据断线法原理，总结其规律如下：

① 对于由两组"八"字第一笔双动道岔构成的平行进路，其断线规律是"左 1 右 2"。"左 1"即规定左边双动道岔为基本进路时，在左边双动道岔岔后直股部位断开 1 线；"右 2"即规定右边双动道岔为基本进路时，在右边双动道岔岔后直股部位断开 2 线。

② 对于由两组"八"字第二笔双动道岔构成的平行进路，其断线规律是"左 3 右 4"。

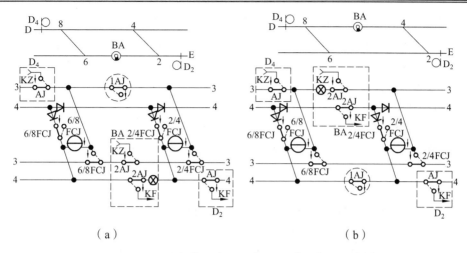

（a）   （b）

图 3-2-10 用断线法选平行变通进路的电路实例 2

③ 选变通进路时，除上述断线部位无条件断开外，与此同时，应在以下部位有条件地接通电路：对于两组"八"字第一笔双动道岔构成的平行进路，右边为变通进路时，应在两组双动道岔之间的 2 线接入 B/1AJ 的后接点，在断开的 1 线处由 B/2AJ 前接点接入 KZ 电源；左边为变通进路时，应在两组双动道岔之间的 1 线接入 B/1AJ 的后接点，在断开的 2 线处由 B/2AJ 前接点接入 KF 电源。对于两组"八"字第二笔双动道岔构成的平行进路，右边为变通进路时，在两组双动道岔之间的 4 线接入 B/1AJ 的后接点，在断开的 3 线处由 B/2AJ 前接点接入 KZ 电源；左边为变通进路时，在两组双动道岔之间的 3 线接入 B/2AJ 的后接点，在断开的 4 线处由 B/2AJ 前接点接入 KF 电源。

2. **断线处理方法电路实例 1**

如图 3-2-11 所示为由两组"八"字第一笔双动道岔所构成的平行进路的电路实例，在道

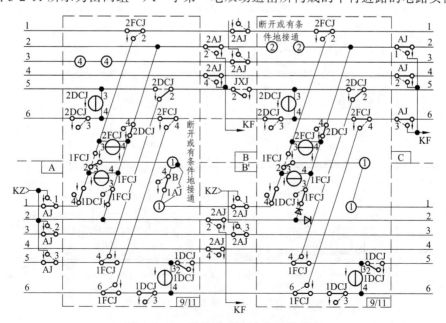

图 3-2-11 断线处理方法电路实例 1

岔点仅画出道岔操纵继电器电路，在信号点仅画出与向网路线送电有关的按钮继电器接点。与道岔选岔过程无关的组合及其电路均未画出。若规定以 9/11 号道岔反位为基本进路时，则在图中①与①断开，②与②之间有条件地接通；若规定以 23/25 号道岔反位为基本进路时，则在图中②与②断开，①与①之间有条件地接通。接通的条件是指变通按钮的 1AJ 后接点。

以 23/25 号道岔反位为 A→C 基本进路。

① 选基本进路。

选基本进路时，顺序按下 A、C 处两处进路按钮，23/25 1FCJ 和 23/25 2FCJ 吸起，9/11 1DCJ 吸起。

② 选变通进路。

顺序按下 A、B 和 C 处进路按钮，9/11 1FCJ 和 2FCJ 吸起，23/25 2DCJ 吸起。23/25 2DC/ 励磁电路是由 B 处经变通按钮的进路选择继电器 JXJ 传递接通 KZ 电源，由 C 处的 AJ 前接点接通 KF 电源。电路如图 3-2-11 所示。由此可见，选路时，首先由 1、2 线使 9/11 1FCJ 和 9/11 2FCJ 吸起而选出 9/11 号道岔反位，然后接通 5、6 线，使 23/25 2DCJ 吸起而选出 23/25 号道岔定位。

在 23/25 1FCJ 励磁电路中，由于①与①之间接入了 B/1AJ 的第 4 组后接点，当选变通进路时，利用 B/1AJ 的吸起断开 23/25 FCJ 的 KZ 电源，这样即使变通进路因故选不出来，也不会错误选出基本进路。

3. 断线处理方法电路实例 2

图 3-2-12 所示为由两组"八"字第二笔双动道岔构成的平行进路的电路实例。其原理与图 3-2-11 基本相同，只不过是断线位置和接入的 B/AJ 接点的位置是在 3、4 网路线上。

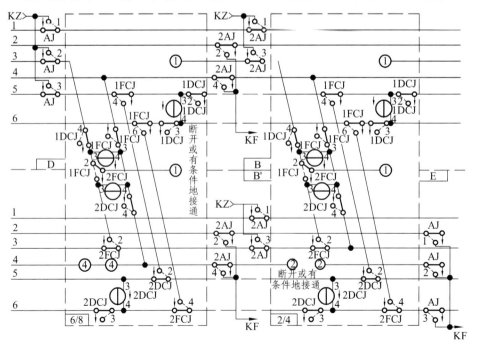

图 3-2-12　断线处理方法电路实例 2

对于由双动道岔和单动道岔构成的平行进路，或由两组单动道岔构成的平行进路，也采用断线法。

任务三　FKJ、ZJ、KJ 电路分析及故障处理

【知识目标】

（1）掌握 FKJ、ZJ、KJ 等继电器的设置方法及作用；

（2）掌握其相关的技术条件；

（3）掌握其电路的工作原理及 7 网路线的结构组成；

（4）了解 LZJ 的设置、作用及工作原理。

【能力目标】

（1）能正确使用工具、仪器、仪表；

（2）能正确对 FKJ、ZJ、KJ 等电路一般断线故障进行分析处理；

（3）培养安全意识、团队合作能力。

【相关知识】

一、辅助开始继电器 FKJ

当进路选出后，记录电路会立即复原，但这时道岔还没有转完，进路还未锁闭，信号未开放，必须继续记录进路始端和终端。在记录电路复原以前，在进路始端要用辅助开始继电器 FKJ 和开始继电器 KJ、在进路终端要用终端继电器 ZJ 继续记录电路而工作，它们将在整个执行组电路中起作用。

在 LXZ 和 DX 组合内各设有一个辅助开始继电器 FKJ。当作进路始端时，FKJ 参与工作。

FKJ 的作用：在始端信号点被选出后至信号开放前这段时间内继续记录进路的始端，防止自动重复开放信号。所谓防止自动重复开放信号，是指办理进路信号开放后，因故而自动关闭，当故障排除后，未经再次办理不得自动重复开放。

FKJ 电路的技术条件：

（1）为了继续记录进路始端，必须使 FKJ 在进路始端的进路选择继电器和与所选进路的性质及方向相符合的方向继电器吸起后接通励磁电路，以便反映所选进路的始端。

（2）为了防止信号自动重复开放，必须用 FKJ 的前接点作为开放信号的必要条件，在信号未开放前它应保持吸起，在信号开放后它应及时自动复原。若信号因故不能开放，应能使它手动复原。

（3）重复开放信号时，只要进路处于锁闭状态，按下进路始端按钮，就应使 FKJ 吸起。

（一）列车和调车共用的 FKJ 电路

出站兼调车信号机和进站信号机内方带调车，列车和调车可以共用一个 FKJ，设在 LXZ 组合内。图 3-3-1 所示为列车和调车共用的 FKJ 电路，3—4 线圈的是 FKJ 励磁电路，1—2 线圈的是 FKJ 自闭电路。

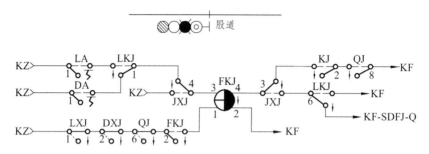

图 3-3-1　列车和调车共用的 FKJ 电路

平时 FKJ 处于落下状态。当建立以 S_{II} 为始端的发车进路，在 S_{II} 信号点选出，其 JXJ 和 LKJ 励磁吸起后，经由 JXJ 第 3 组和第 4 组前接点使得 FKJ 经由 3—4 线圈的励磁电路接通：

$$KZ—JXJ_{42-41}—FKJ_{3-4}—JXJ_{31-32}—LKJ_{61-62}—KF$$

FKJ 吸起后，接通其经由 1—2 线圈的自闭电路。LKJ 的第 6 组前接点在这里是作为电路区分条件，用来区分进路的性质。信号开放后，用列车信号继电器 LXJ 的第 1 组后接点或调车信号继电器 DXJ 的第 2 组后接点断开 FKJ 自闭电路，使 FKJ 自动复原。如果 FKJ 吸起后，信号因故不能开放，可按下总取消按钮和进路始端按钮，使取消继电器 QJ 吸起，用 QJ 的第 6 组后接点断开 FKJ 自闭电路，以达到手动复原的目的。

当信号开放后因故关闭，进路在锁闭状态，需要办理重复开放信号时，只需按下进路始端按钮，FKJ 可由 3—4 线圈重新励磁，使信号重复开放。办理重复开放信号时，进路锁闭状态，KJ 吸起，虽然按下始端按钮，但不是选路，JXJ 也不会重新励磁。此时电路是经由 JXJ 第 3 组和第 4 组后接点，KJ 第 2 组前接点接通励磁电路的。电路中的 LKJ 第 1 组接点作为电路的区分条件。重复开放信号时松开始端按钮后 FKJ 的励磁电路即被断开，靠其 1—2 线圈自闭，直到信号开放后复原。QJ 第 8 组后接点在电路中的作用是：防止办理取消进路或人工解锁时，因按下进路始端按钮而使 FKJ 通过上述励磁电路错误吸起。

（二）调车专用的 FKJ 电路

对应于尽头线、单置、并置和差置调车信号机都要设置一个 FKJ。上述电路中有关列车进路所用的继电器接点，如 LKJ、LA 和 LXJ，在该电路中就不需要了。图 3-3-2 所示为尽头线、并置和差置调车信号机 FKJ 电路。

图 3-3-3 所示为单置调车信号机 FKJ 电路。在单置调车信号机的 FKJ 电路中，用 1AJ 第 2 组前接点代替了按钮接点，这是因为采用单组接点按钮，其按钮接点不够用。经由 1AJ 第 2 组前接点接入的是方向电源"KF-共用-H"，而不是普通的 KF 电源。这是因为在分段办理经本信号点的长调车进路时，要防止单置调车的 FKJ 错误动作。例如，当分段办理经由 D_{13} 的

长调车进路时，先办理以 D_{13} 为始端的进路，后办理以 D_{13} 为终端的进路。如果不接入方向电源"KF-共用-H"，当后办理的进路 D_{13} 作终端按钮时，D_{13} 的 1AJ 吸起，此时因先办理以 D_{13} 为始端的进路时，D_{13} 信号机已经开放，开始继电器 KJ 在吸起状态，FKJ 将会错误吸起。后办理以 D_{13} 为终端的进路，D_{13}FKJ 是不应该吸起的。因为 D_{13}FKJ 一旦吸起，D_{13} 2AJ 就不能励磁，后办理以 D_{13} 为终端的进路将排不出来。接入了"KF-共用-H"方向电源后，由于后办理以 D_{13} 为终端的进路时，D_{13}A 是后按下的，"KF-共用-H"早已无电，就防止了上述情况下 FKJ 的错误励磁。

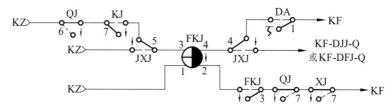

图 3-3-2　尽头线、并置和差置调车信号机 FKJ 电路

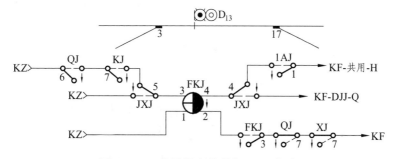

图 3-3-3　单置调车信号机 FKJ 电路

　　FKJ 和信号继电器 XJ 存在着以下时序逻辑关系：FKJ↑→XJ↑→FKJ↓，为使信号继电器能可靠励磁，FKJ 必须采用缓放型继电器。

（三）辅助开始 FKJ 电路故障分析处理

1. 故障分析

（1）不能励磁。排列进路时，始端闪光后熄灭，不能点稳光，且进路也不能锁闭。

（2）重复开放信号时的励磁电路故障。办理重复开放信号时，始端闪光后熄灭，稳光不点亮，信号也不能开放。

（3）不能自闭。进路有道岔转换时，先出现始端稳光、终端灭光的现象，接着始端稳光自动熄灭，进路也没有白光带。因为等道岔转换完毕，FKJ 早已落下，7 线不能沟通，KJ 吸不起，进路也就无法锁闭。当进路无道岔转换时，FKJ 的缓放时间一般都能保证电路动作到进路锁闭，信号能不能开放与 FKJ 缓放特性有关：缓放时间稍短一点，稳光熄灭后，信号就不能开放，缓放时间长一点信号就能开放。

（4）不能缓放。对于调车信号来说，由于 DXJ 励磁要检查 FKJ 的吸起条件，而 DXJ 的后接点一离开，就切断 FKJ 的自闭电路，使 FKJ 落下，一旦 FKJ 后接点断开切断 DXJ 的励磁电路，在 DXJ 后接点离开前接点尚未接触的一瞬间，DXJ 失磁落下。因此，会出现信号不能开放的现象。对列车信号影响不大，因为 LXJ 缓放支路是由电阻、电容串联起来组成的，故当 LXJ 的励磁电路接通后，并不是立即使之励磁，而是先向缓放支路充电，待充满电后 LXJ 才励磁，虽然 FKJ 因不能缓放，随 LXJ 后接点断开而立即落下并切断了 LXJ 的励磁电路，但 LXJ 能利用缓放支路给线圈放电保持到前接点可靠接通并构成自闭，于是信号可正常开放。

2．故障处理

在实训室利用实际 6502 电气集中联锁设备进行。

二、列车开始继电器 LKJ 电路

（一）列车开始继电器 LKJ 电路分析

当列车与调车共用一个 FKJ 电路时，应增设一个列车开始继电器 LKJ，用来作为电路区分条件，以便区分列车进路和调车进路。LKJ 平时处于落下状态，当选排列车进路时，要求 LKJ 励磁吸起；选调车进路时，要求 LKJ 仍处于落下状态。由于 LKJ 要一直参与执行组电路的工作，故在该进路解锁之前，要求 LKJ 要一直保持在吸起状态。图 3-3-4 所示为 LKJ 电路，3—4 线圈是 LKJ 励磁电路，1—2 线圈是 LKJ 自闭电路。

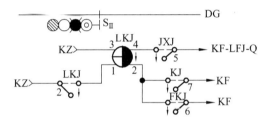

图 3-3-4　LKJ 电路

排列以 S_{II} 为始端的发车进路时，在 S_{II}JXJ 励磁吸起后，LKJ 经由 3—4 线圈的励磁电路接通。该励磁电路中，方向电源"KF-LFJ-Q"在方向继电器 LFJ 吸起后即供出 KZ。如果是进站信号机，如 X/D_3 处，由于是接车进路，则 X/D_3 LKJ 中接入的方向电源应为"KF-LJJ-Q"。如果排列的是以 S_{II} 为始端的调车进路，则吸起的方向继电器为 DFJ，方向电源"KF-LFJ-Q"不通，S_{II}LKJ 将无法励磁。

当记录电路复原后，3—4 线圈励磁电路断开，由 FKJ 和 KJ 前接点构成两条经由 1—2 线圈的自闭电路。FKJ 吸起，KJ 前接点尚未闭合前，先经由 FKJ 前接点接通短时间自闭电路。

信号开放后，FKJ 落下，再由 KJ 前接点构成长时间自闭电路保持到进路解锁。LKJ 随着 KJ 落下而自动复原，即当进路中第一个道岔区段解锁后，KJ↓→LKJ 复原↓。

在电源切换时，为保证 LKJ 不↓（列车信号不关闭），采用缓放型继电器。

（二）列车开始 LKJ 电路故障分析处理

1．故障分析

（1）不能励磁。排列列车进路时，出现始、终端闪光后均熄灭的现象。因 LKJ 不能励磁使 FKJ 也不能吸起，始端不能点稳光。

（2）第一条自闭电路不能沟通。当进路没有道岔转换时，可以保证信号正常开放，因为在其励磁电路断开后，能靠缓放作用保持到 KJ 吸起，即能保持到第二条自闭电路接通；当进路有道岔转换时，由于 KJ 励磁要求各道岔转换完毕，而道岔的转换时间大于 LKJ 缓放时间，因此 LKJ 在励磁电路断开后无法保持到 KJ 吸起而中途落下，虽然 KJ 吸起后，电路能一直动作到进路锁闭，但 11 线检查 LKJ 的前接点，因而 XJ 不能吸起，所以，会出现进路有白光带但信号不能开放且始端亮稳光后自动熄灭的现象；当列车与调车进路共用始端时，原先是列车进路按钮亮稳光，后来自动改点调车进路按钮的稳光。

（3）第二条自闭电路不能接通。排列列车进路时，会出现信号开放后自动关闭的现象，因为 LKJ 经 FKJ 前接点接通的第一条自闭电路能保持到信号开放，一旦 LXJ 吸起，使 FKJ 复原，切断 LKJ 的第一条自闭电路并使之落下，这样，LKJ 又用前接点切断 11 线，使 LXJ 落下，信号便自动关闭。

（4）LKJ 完全不能自闭。会出现与"第一条自闭电路不能接通且在有道岔转换"的情况下所出现的故障现象，参看前述。

（5）LKJ 不能缓放。电源自动倒换时，使信号自动关闭，不能重复开放，进路能正常取消。

2. 故障处理

在实训室利用实际 6502 电气集中联锁设备进行。

三、终端继电器 ZJ 电路

为了记录调车进路的终端，对应每条调车进路的终端处应设一个终端继电器 ZJ。由于列车进路的终端是固定在咽喉区的两端，故对于列车进路一般不必设终端继电器；但是对于双线单方向运行区段，应在车站的发车口处设一个列车终端继电器 LZJ。

（一）终端继电器的作用

继续记录调车进路的终端，一直保持到进路解锁为止；在执行组网路中，起区分电路的作用。

（二）终端继电器 ZJ 的技术要求

（1）要能够接续记录电路的工作，即接续终端信号点 JXJ 和方向继电器的工作；
（2）要检查进路必须在解锁状态，否则禁止 ZJ 吸起；
（3）ZJ 一旦励磁吸起后，必须使它保持到进路解锁为止。

（三）尽头线、并置和单置调车信号机的终端继电器电路

图 3-3-5 所示为尽头线、并置和单置调车信号机的终端继电器电路。图中，3—4 线圈是励磁电路，1—2 线圈是自闭电路。

当办理以该信号点为终端的进路时，ZJ 所在 DX 组合内 JXJ 吸起，方向电源"KF-DFJ-Q"（或"KF-DJJ-Q"）有电，则 ZJ 由 3—4 线圈吸起，由其 1—2 线圈构成自闭电路，一直保持到进路解锁。在进路选出，方向电源断电至 SJ 落下，在 SJ 后接点没有接通前，先由 DCJ 或

FCJ 前接点接通 ZJ 自闭电路。进路锁闭后，SJ 落下，使 DCJ 或 FCJ 也随着落下，ZJ 是靠 SJ 第 4 组后接点构成的自闭电路保持吸起，一直到进路解锁 SJ 吸起后使 ZJ 复原。

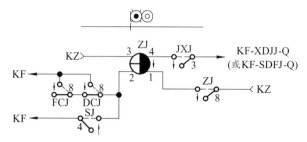

图 3-3-5　尽头线、并置和单置调车信号机的 ZJ 电路

锁闭继电器 SJ 的前接点断开，即切断了 ZJ 经 DCJ 或 FCJ 前接点的自闭电路。为了保证道岔锁闭继电器 SJ 前接点断开到后接点闭合的瞬间（此时 ZJ 自闭电路的两条支路均不通），ZJ 不至于落下，ZJ 必须采用缓放型继电器。

（四）差置调车信号机的 ZJ 电路

为了禁止由两个方向同时向差置调车信号机之间的无岔区段调车，同时为了防止调车追尾列车事故，在差置调车信号机的终端继电器 ZJ 励磁电路中增加了需检查的联锁条件。以图 1-2-1 中的 D_5 和 D_{15} 为例，差置调车信号机的 ZJ 电路如图 3-3-6 所示。

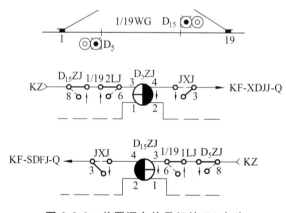

图 3-3-6　差置调车信号机的 ZJ 电路

在 ZJ 经 3—4 线圈的励磁电路的 KZ 电源侧，要用另一个差置信号机的 ZJ 后接点实行互切，同时只允许 D_5 和 D_{15} 中的一个 ZJ 吸起，从而防止由两个方向同时向两差置调车信号机之间的无岔区段进行调车作业的可能性。即当已经向无岔区段建立了调车进路时，就不能向该无岔区段再建立其他调车进路了。

为防止列车追尾事故，在 ZJ 励磁电路中接有进路继电器 1LJ 或 2LJ 的前接点。在 1/19WG 上有列车通过时，可能存在追尾的情况。例如，建立好ⅡG 往北京方向经 17/19 定位的发车进路后，列车进入进路并前行，完全进入 1/19WG 时，值班员为了快速将 4G 上机车调入ⅡG，建立了 S_4D 至 D_5 的调车进路，司机根据 S_4D 的白灯前往 1/19WG 进行调车作业，此时，该机车可能会追尾前方还在 1/19WG 上运行的列车，出现调车追尾列车事故。

为防止调车追尾列车，在 ZJ 电路中接有 1/19WG 区段空闲的条件。在 D_5ZJ 电路中，用 1/19WG 2LJ 前接点证明进站列车已经全部越过 1/19WG 区段，而在 $D_{15}ZJ$ 电路中，用 1/19WG 1LJ 前接点证明出站列车已经全部出清 1/19WG 区段。注意：不能用 1/19WG DGJ 代替上述的 1LJ 和 2LJ，因为在 1/19WG 占用（DGJ 落下）的情况下是可以往该无岔区段建立调车进路、进行调车作业的。

（五）列车终端继电器电路

在双线单方向运行区段的发车口设有列车终端继电器 LZJ。向区间办理发车进路时，LZJ 要吸起，给执行组有关网络接通电源。

图 3-3-7 所示为列车终端继电器 LZJ 电路。3—4 线圈构成励磁电路，1—2 线圈构成自闭电路。当按下列车终端按钮后，列车终端按钮继电器 LZAJ 吸起，使 LZJ 吸起。列车终端继电器的自闭电路与调车终端继电器的自闭电路结构原理相同。当进路解锁后，用 SJ 前接点断开 LZJ 自闭电路，使其自动复原。LZJ 采用缓放型继电器，其原因同 ZJ。

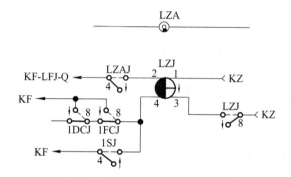

图 3-3-7　列车终端继电器 LZJ 电路

（六）终端继电器 ZJ 电路故障分析处理

1. 故障分析

（1）不能励磁。当办理以尽头线、单置、差置、并置调车信号机为终端的调车进路时，始端能亮稳光，终端灭光，但进路无白光带。这是因为始端 KJ 励磁需要 ZJ 吸起，向 7 线提供 KZ 电源，由于 ZJ 不励磁，KJ 也就不能吸起，进路无法锁闭。

当办理以股道或单线区段接车口处为终端的调车进路时，进路有白光带出现，但信号不能开放，因为这种情况下，即使 ZJ 不吸起，7、8、9 线也能正常动作，使进路能锁闭；信号不能开放的原因是 11 线实行了极性防护。

（2）第一条自闭电路不能沟通。进路无道岔转换时，一般情况下信号能正常开放。因为当方向继电器复原后，虽然断开了 ZJ 励磁电路，但 ZJ 有缓放作用，能将其保持到进路锁闭，SJ 使用后接点接通第二条自闭电路，使之一直保持吸起。当 ZJ 缓放时间稍短时，有时不能开放信号。进路有道岔转换时，因为道岔转换时间较长，ZJ 励磁电路接通的时间加上缓放时间不能保持到进路锁闭，所以会出现与不能励磁时相同的现象。

（3）第二条自闭电路不能沟通。排列进路时出现信号开放后自动关闭的现象。办理重复开放信号时，始端能亮稳光，但信号不能开放。当排列以股道或单线区段接车口为终端的进路时，进路能正常取消；当排列以单置、差置、并置和尽头线调车信号机为终端的进路时，进路不能正常取消，因为 ZJ 落下后，同时切断了 11、12、13 线。

（4）完全不能自闭。进路上无道岔转换时，可能出现信号开放自动关闭的现象（取决于 ZJ 缓放时间的长短）；进路上有道岔转换时，则出现与"不能励磁"时相同的现象。

（5）不能缓放。由于 ZJ 由第一条自闭电路转换第二条自闭电路时有瞬间断电的过程，即 SJ 前接点断开→DCJ 或 FCJ 落下→切断第二条自闭电路，就在 DCJ 或 FCJ 前接点断开、SJ 的后接点尚未接通的一瞬间，ZJ 两条自闭电路均被断开，ZJ 因无缓放作用而落下，将会出现始端稳光、终端灭光、进路有白光带但信号不能开放的现象。

2. 故障处理

在实训室利用实际 6502 电气集中联锁设备进行。

四、开始继电器 KJ 电路

（一）KJ 设置

在每条列车或调车进路的始端都要设置一个开始继电器 KJ，进路性质不同而始端相同的列车进路和调车进路可共设一个 KJ，如出站兼调车信号机、进站内方带调车信号机。KJ 放在 LXZ 或 DX 组合内，平时处于落下状态。

（二）KJ 技术条件

（1）接续 FKJ 的工作，记录进路的始端。

信号开放，XJ 吸起，使 FKJ 会自动复原，而进路始端的记录条件必须保持到进路解锁，所以在信号开放后至进路解锁这段时间由 KJ 接续 FKJ，继续记录进路始端。

（2）检查进路选排一致性。

办理进路时，选岔网路所选出的道岔位置必须与进路上道岔实际开通位置一致，即进路上每组道岔的 DCJ 与 DBJ 或 FCJ 与 FBJ 一一对应在吸起状态，称为进路选排一致。只有检查进路选排一致，才允许锁闭进路开放信号。用 KJ 吸起反映进路的选排一致性。

（3）作为电路的区分条件。

在执行组电路中，利用 KJ 的接点作为网路线的电路区分条件。站场型网路结构中，为了使与所排进路有关的继电器正常工作，而与进路无关的继电器不错误动作，应在进路始、终端处将网路线断开。在执行组电路中，进路始端就是利用 KJ 的接点作为电路区分条件的。

（4）要检查进路必须在解锁状态，否则禁止 KJ 励磁吸起。

（5）KJ 一旦励磁吸起后，必须使它保持到这条进路解锁为止。

（三）7 线网路线的结构和检查的联锁条件

同一个咽喉所有的 KJ 都由各自的 FKJ 前接点接到 7 线网路上。进路始端的电路区分条件是 FKJ 前接点，进路终端的区分条件是 ZJ 接点，KJ 及 7 线网路如图 3-3-8 所示。

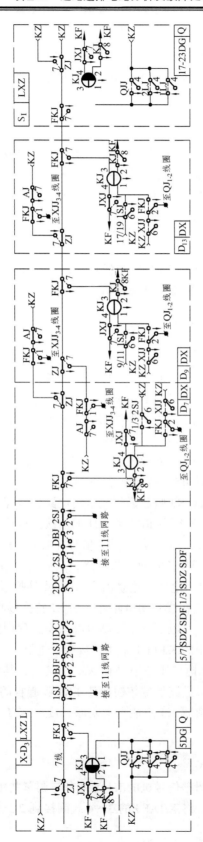

图 3-3-8　7 线网路结构和开始继电器电路

1. 检查进路选排一致性

用 7 网路线串联进路上每组道岔的 DCJ 前接点和 DBJ 前接点（或 FCJ 前接点和 FBJ 前接点）来证明。即定位操纵继电器 DCJ 励磁吸起时，道岔必须转换到定位，定位表示继电器 DBJ 也必须励磁吸起。

2. 检查进路在解锁状态

用 7 线网路接入每组道岔的 SJ 前接点，SJ 励磁吸起反映道岔在解锁状态。由于 7 网路线上由 DBJ 和 SJ 所构成的电路环节也是信号继电器 XJ 励磁网路线（第 11 网路线）的一部分，为了区分电路，采用了两组 SJ 的接点。SJ 吸起接通 7 线网路，反映进路在解锁状态；SJ 落下接通 11 线网路，反映进路在锁闭状态。

3. 继续记录进路始端

选路结束时，用进路始端的 FKJ 记录进路的始端，而 KJ 是经由 FKJ 前接点接到 7 线上的，所以 KJ 的吸起能接续 FKJ 继续记录进路始端。

（四）开始继电器电路原理

1. 调车专用的开始继电器电路

在进路始端仅有调车信号机的情况下，相应的开始继电器 KJ 是调车专用的。由 3—4 线圈经 7 线网路构成励磁电路，由 1—2 线圈构成两条并联的自闭电路。励磁电路从本组合得到 KF 电源，从调车进路终端处接在 7 线网路的 ZJ 前接点得到 KZ 电源；自闭电路接入相并联的 FKJ 和 XJJ 前接点串接支路与 SJ 后接点支路。

在举例站场中，如办理 D_{13} 至 IG 的调车进路，当 D_{13}FKJ 吸起后，将 D_{13}KJ 的 3—4 线圈接至 7 线网路上，从进路的终端处经 S_1ZJ 前接点得 KZ 电源，通过 7 线检查进路选排一致性和证明进路在解锁状态，使 D_{13}KJ 吸起后构成自闭电路，以保证在进路锁闭后至进路解锁前这段时间内使 KJ 可靠吸起。先经由 FKJ 和 XJJ 的前接点构成一条短时间自闭电路，当进路锁闭 SJ 落下时，又构成一条长时间自闭电路。信号开放后，FKJ 落下，断开短时间自闭电路，待进路解锁，SJ 吸起后断开其长时间自闭电路，从而使 D_{13}KJ 自动复原。

KJ 的 1—2 线圈设有 2 条自闭电路，这是因为 SJ 接点转换过程中 KJ 出现瞬间断电，为使 KJ 可靠吸起，除由 SJ 后接点构成自闭电路外，在 SJ 转换过程中又由 FKJ 和 XJJ 的前接点构成短时间自闭电路。另外，在电源屏主、副电源切换过程中虽有瞬间断电，但不要求调车信号机不关闭，因此调车专用的 KJ 可不采用缓放型继电器。

在调车专用的 KJ 短时自闭电路中还串接有 XJJ 前接点，其作用是防止车列驶入调车信号机内方，进路还未解锁时误碰进路始端按钮便使 FKJ 吸起自闭，从而使 KJ 重新经由 FKJ 前接点构成自闭，造成进路解锁后 KJ 不能自动复原，接入 XJJ 前接点后则可防止这种情况的发生。

2. 列车与调车共用的 KJ 电路

进站内方带调车或出站兼调车信号机的 KJ 为列车与调车共用。例如，办理下行至 IG 接车进路时，当 X/D_3FKJ 吸起后，将 X/D_3KJ 的 3—4 线圈接到 7 线网路上，从进路终端的 7 线网路得到 KF 电源，若 7 线网路所检查的联锁条件满足要求，便使 X/D$_3$KJ 吸起。1—2 线圈用 QJJ 前接点和 1LJ、2LJ 后接点并联电路构成自闭电路。

为保证 SJ 与 1LJ、2LJ 的接点转换过程中，KJ 不会落下，KJ 采用缓放型继电器。从进路锁闭到进路解锁这段时间内，KJ 一直由 1—2 线圈保持在吸起状态。进路解锁时，首先是 QJJ 落下，然后 1LJ 和 2LJ 吸起，使 KJ 自动复原。

为了保证电源屏的主、副电源转换过程中，不使 KJ 落下而将已开放的列车信号关闭，列车与调车共用的 KJ 必须采用缓放型继电器。

（五）长调车进路中信号机由远及近顺序开放的措施

为了保证行车安全，提高调车作业效率，在办理长调车进路时，要求调车进路中与始端信号机同方向的各架调车信号机要按车列的运行方向由远及近顺序开放。如果因故某一架信号机不能正常开放，则距它近的前一架信号机也不准开放。

排列长调车进路时，如果让离司机最近的那架信号机先开放，而离司机较远的第二架或第三架调车信号机因故未能开放，当司机已驶近因故未开放的那架调车信号机时，必然要停车，这种中途停车势必影响作业效率。另一种情况是第一架和第三架信号机均已正常开放，而处于弯道上的第二架信号机因故未开放，当机车车辆越过第一架调车信号机后，又把第三架信号机误认为是其运行前方的一架（即未开放的第二架），则可能冒进第二架信号机而造成挤岔或脱轨行车事故。

在 6502 电气集中电路里，为了保证长调车进路由远及近顺序开放的要求，在 KJ 励磁电路中设置了一些联锁条件，如图 3-3-9 所示。

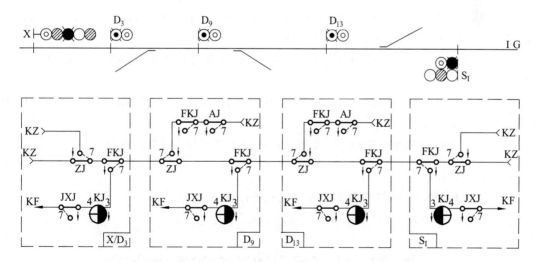

图 3-3-9　长调车进路由远及近顺序开放信号的措施

（1）每架调车信号机 KJ 的 3—4 线圈励磁电路中经由本架信号机的 JXJ 第 7 组后接点接入 KF 电源。在长调车进路未全部选出之前，JXJ 不会落下，KJ 也不会吸起，因而能控制调车信号不开放。

（2）在每架调车信号机 KJ 的 3—4 线圈励磁电路中接入前一架调车信号机的 FKJ 后接点，通过 FKJ 后接点再接通 KZ 电源。例如，当办理 D$_3$ 至 IG 长调车进路时，进路全部选出后 JXJ 落下，接通每个 KJ 的 3—4 线圈的 KZ 电源。由于此时各架信号机的 FKJ 和 ZJ 已经吸起，KJ 的 3—4 线圈 KZ 电源被前一架信号机的 FKJ 后接点断开，所以此时 KJ 仍不能励磁。只有当长调车进路中最远的 D_{13} 信号机开放后，D_{13}FKJ 才会落下，于是经 D_{13}FKJ 的后接点给 D_9KJ 供 KZ 电源，使 D_9KJ 吸起。同理，D_9 开放后，D_9FKJ 落下，又给 D_3KJ 供 KZ 电源，使 D_3KJ 吸起，最后开放 D_3 信号机。

在这些措施中，用前一架的 FKJ 的落下（即后接点）来反映前一架信号机已开放，这是不严密的，如果长调车进路中间某架信号机的 FKJ 因故不能励磁，则会造成漏开信号，达不到信号机由远及近顺序开放的目的。

（六）开始继电器 KJ 电路故障分析处理

1. 故障分析

（1）不能励磁。排列进路时，出现始端稳光，终端灭光且进路无白光带的现象。因为 FKJ 吸起点稳光，而 KJ 不能励磁，进路不能锁闭，也就无白光带出现。

（2）LXZ 组合 KJ 不能自闭。排列进路时，信号开放后自动关闭，不能重复开放，且按压始端按钮，始端按钮只能闪光，不亮稳光，进路也不能正常取消。因为 KJ 的励磁电路能保持到进路锁闭，且又有缓放作用，所以 KJ 吸起，可以保持到信号开放，由于 KJ 中途落下后，同时切断 11 线、12 线、13 线以及 FKJ 重复开放信号的励磁电路，因此就出现了上述现象。

（3）LXZ 组合 KJ 不能缓放。由于 KJ 由励磁转入自闭时有瞬间断电现象，故需要 KJ 缓放保证其可靠自闭，一旦 KJ 不能缓放，则其自闭电路不能构成，只要励磁电路一断开，它就马上落下，将会出现始端稳光、进路有白光带，但信号不能开放、进路也不能正常取消的现象。因为 KJ 励磁电路能维持到进路锁闭，因而进路有白光带，但只要 SJ 落下就断开了 KJ 的励磁电路，KJ 立即落下，使 11 线不能沟通。

（4）DX 组合 KJ 第一条自闭电路不能沟通。排列进路时，出现与 LXZ 组合 KJ 不能缓放时相同的现象。

（5）第二条自闭电路不能沟通。排列进路时，出现与 LXZ 组合 KJ 不能自闭时相同的现象。

（6）DX 组合 KJ 完全不能自闭。出现进路能锁闭、信号不开放的现象。

2. 故障处理

在实训室利用实际 6502 电气集中联锁设备进行。

任务四　选择组电路动作时序表达式

【知识目标】

（1）掌握各种进路的排列方法；

（2）掌握选择组电路表示灯的点亮时机；

（3）掌握选择组电路继电器的动作时机；

（4）理解网路线的送电规律；

（5）掌握选择组电路动作时序的书写方法。

【能力目标】

（1）能正确写出选择组电路动作时序；

（2）能根据选择组电路动作时序正确判断电路动作层次；

（3）培养安全意识、团队合作能力。

【相关知识】

一、选择组表示灯电路

选择组表示灯电路包括排列进路表示灯电路和进路按钮表示灯电路。用选择组表示灯的显示及变化来反映和监督选择组电路动作是否正常，并可分析判断选择组电路的故障范围。

（一）排列进路表示灯电路

排列进路表示灯对应每个咽喉区设一个 XPLBD、SPLBD，平时灭灯，装设在控制台相应咽喉区上方。排列进路表示灯用来反映方向继电器工作是否正常，进路是否全部选出。

图 3-4-1 所示为排列进路表示灯电路。由一个咽喉的 4 个方向继电器前接点并联后控制排列进路表示灯。在选路过程中，任何一个方向继电器吸起，排列进路表示灯即点亮红灯。当进路全部选出后，随方向继电器的自动复原，排列进路表示灯熄灭。因为规定在同一咽喉区同时只准许选一条进路，所以在选路的过程中，即排列进路表示灯亮灯期间不准许再选其他进路。

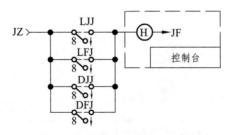

图 3-4-1　排列进路表示灯电路

（二）进路按钮表示灯电路

进路按钮分为列车进路按钮、调车进路按钮和变通按钮。在控制台盘面上，每个进路按钮内设一个进路按钮表示灯。为了区分进路性质，防止错误按压按钮，列车进路按钮（包括变通按钮）的表示灯为绿色，用 L 表示；调车进路按钮表示灯为白色，用 B 表示。

进路按钮表示灯的作用主要是反映车站值班员在办理进路时的操纵情况及操纵手续是否完成，并反映 AJ、JXJ、FKJ、LKJ 及选岔电路工作是否正常。

1. 列车与调车共用的进路按钮表示灯电路

图 3-4-2 所示为列车与调车共用的按钮表示灯电路。排列进路时，当按下 LA 或 DA 后，LAJ 或 DAJ 就励磁吸起。列车按钮或调车按钮表示灯 L 或 B 便经由 LAJ 或 DAJ 的前接点接通闪光电源 SJZ，即灯绿闪或白闪，说明该按钮被操作过且工作正常。

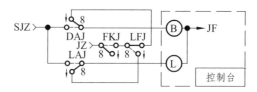

图 3-4-2　列车与调车共用的按钮表示灯电路

如该按钮作始端用而被按下时，当该信号点被选出后，JXJ、FKJ 和 LKJ 相继励磁吸起，LAJ 失磁落下。这时经由 LAJ 后接点、FKJ 的前接点以及 LKJ 的接点（区分点绿还是点白灯用）接通 JZ 电源，使表示灯点亮稳定绿光或者稳定白光，说明该信号点已被选定。该灯直至信号开放，XJ 吸起，FKJ 落下时才熄灭。

如该信号点作进路终端使用时，当 JXJ 吸起后，切断了 LAJ 的自闭电路，LAJ 落下，该按钮表示灯就由绿闪或白闪变为灭灯。

如该按钮作进路始端用时，其表示灯将经历由闪、稳到灭 3 种点灯状态；作进路终端使用时，表示灯将经历由闪到灭灯 2 个点灯状态。根据按钮表示灯的点灯状态就可判定该按钮被按下的顺序。不能作进路始端用的按钮，没有稳定灯光的表示。

2. 单置调车进路按钮表示灯电路

图 3-4-3 所示为单置调车的按钮表示灯电路。

（1）作始端按钮使用。

按压 DA，AJ 吸起，接通 SJZ 电源，按钮表示灯闪白灯；当进路选出后，FKJ 吸起，AJ 和 JXJ 落下时，改点稳定白灯，表示进路全部选出；当信号开放后，由于 FKJ 落下，因此该按钮表示灯由亮稳定白灯变熄灭。

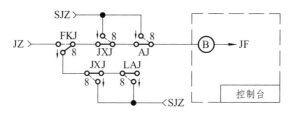

图 3-4-3　单置调车进路按钮表示灯电路

（2）作终端按钮使用。

1AJ 和 2AJ 励磁吸起，经由 1AJ 前接点接通按钮表示灯闪光电源 SJZ，使表示灯闪白灯。进路全部选出后，DXF 组合内的 1AJ、2AJ 和 JXJ 都落下后，按钮表示灯熄灭。

（3）作变通按钮用。

作变通按钮用时，1AJ、AJ 和 2AJ 都吸起，经 1AJ 或 AJ 的前接点接通闪光电源，使该按钮表示灯闪白灯。由于 FKJ 不励磁，按钮表示灯不会显示稳定白灯。当进路选出后，由于 1AJ、2AJ、AJ 和 JXJ 均落下，则按钮表示灯由闪白灯变为熄灭。

（4）作中间单置信号点。

AJ 和 1AJ 的前接点并联有 JXJ 的前接点，用 JXJ 的前接点带动中间信号点的按钮表示灯，使之闪白灯。进路选出后，JXJ 落下时灭灯。在选岔电路故障时，便于维修人员判明故障的出处。

3. 其他进路按钮表示灯电路（见图 3-4-4、图 3-4-5）

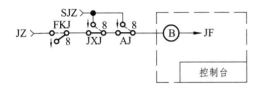

图 3-4-4　尽头、并置与差置调车进路按钮表示灯电路

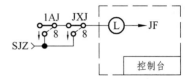

图 3-4-5　变通按钮表示灯电路

办理任何一条进路时，始终端按钮（包括进路上所经由的调车按钮和变通按钮）表示灯闪光，说明已将值班员排列进路的命令记录在相应的电路中，另一方面说明选岔电路正在按着命令的要求工作。当进路终端按钮表示灯熄灭，而始端按钮表示灯点稳光时，则说明选岔电路动作正常，进路已全部选出。信号开放后，始端按钮表示灯熄灭。

二、选择组电路时序逻辑表达式

选择组电路主要由记录电路、1 至 6 线选岔网路电路组成。

（一）选择组电路继电器作用及动作时机

1. 记录电路

记录电路由按钮继电器、方向继电器和 FKJ、ZJ 电路组成，其作用是用来记录按压按钮的动作和进路的性质与方向，并且确定进路的始端和终端。

（1）按钮继电器电路。

按钮继电器平时落下。按下按钮，使按钮继电器励磁并自闭；松开按钮，则断开按钮继电器励磁电路。当该信号点的 JXJ 吸起时，JXJ 的后接点断开按钮继电器自闭电路，使按钮继电器缓放落下。

对于并置和差置调车信号机的按钮继电器，在它们的 1—2 线圈设有一条互为带动的励磁电路，当以并置或差置信号机的进路按钮作为列车进路的变通按钮使用时，只要按下其中的任一个按钮，就将另一个按钮继电器带起来，参与选岔电路的工作。

单置调车信号机设有三个按钮继电器，分别是 1AJ、2AJ 和 AJ，它们平时都处于落下状态。作进路始端时，1AJ 和 AJ 参与选路；作进路终端时，1AJ 和 2AJ 参与选路；作变通按钮使用时，1AJ、2AJ 和 AJ 都参与选路；作进路始端时，按下按钮，1AJ 励磁并接通 AJ 励磁电路，使 AJ 励磁并自闭。当方向继电器吸起时，"KF-共用-Q"有电，1AJ 构成自闭。松开按钮，断开 1AJ 励磁电路。当始端 DX 组合内的 JXJ 吸起时，用 JXJ 后接点断开 AJ 的励磁和自闭电路，使 AJ 缓放落下。当方向继电器复原后，"KF-共用-Q"断电，使 1AJ 落下。作进进终端时，按下按钮，1AJ 励磁并自闭，用其前接点接通 2AJ 的励磁电路，使 2AJ 励磁并自闭。松开按钮，断开 1AJ 励磁电路，1AJ 落下并断开 2AJ 励磁电路。当终端 DXF 组合的 JXJ 吸起时，同时切断 1AJ 和 2AJ 的自闭电路，使 1AJ、2AJ 自动复原。作变通按钮时，按下该按钮，1AJ 励磁并自闭，2AJ 随之励磁并自闭，用 2AJ 前接点接通 AJ 励磁电路，使 AJ 励磁并自闭。松开按钮，断开 1AJ 励磁电路，AJ 吸起时用其后接点断开 2AJ 励磁电路。DXF 组合 JXJ 吸起，断开 1AJ 和 2AJ 自闭电路，使它们复原；DX 组合 JXJ 吸起，断开 AJ 的励磁电路和自闭电路，使其复原。

（2）方向继电器电路。

每个咽喉设置有 LJJ、LFJ、DJJ、DFJ 4 个方向继电器，它们平时均落下。

当办理进路时，始端 AJ 吸起，用其前接点接通方向继电器励磁电路，终端 AJ 吸起，用其前接点接通方向继电器自闭电路。

当办理由左向右的进路时，由于始端 AJ 先落下，终端 AJ 后落下，所以先断开方向继电器励磁电路，后断开方向继电器自闭电路，使方向继电器缓放落下。当办理由右向左的进路时，由于终端 AJ 先落下，始端 AJ 后落下，因此先断开方向继电器自闭电路，后断开励磁电路，使方向继电器缓放落下，此时方向继电器自闭电路无用。

当办理变通进路时，变通 AJ 吸起，给方向继电器再增加一条自闭电路。

（3）辅助开始继电器电路。

辅助开始继电器 FKJ 平时落下。办理进路时，始端 JXJ 吸起后，使 FKJ 励磁并自闭，重复开放信号时，按下进路始端钮，也使其励磁并自闭。

正常办理进路时，始端 JXJ 复原，断开 FKJ 励磁电路；重复开放信号时，只要松开始端按钮，就断开励磁电路。当信号开放后，XJ 吸起，断开 FKJ 自闭电路，使其缓放落下。

（4）终端继电器电路。

终端继电器 ZJ 平时落下。当办理调车进路时，终端的 JXJ 吸起，使 ZJ 励磁，方向继电器释放，断开 ZJ 的励磁电路。

进路最末端的道岔区段锁闭后，因 SJ 落下，断开 DCJ 或 FCJ 的自闭电路，使 DCJ 或 FCJ 落下，从而切断 ZJ 的第一条自闭电路，但 SJ 又用其后接点接通了 ZJ 第二条自闭电路。路最末道岔区段解锁后，SJ 吸起，断开 ZJ 的第二条自闭电路，使 ZJ 缓放落下。

2. 选岔电路

选岔电路由接在 1—6 网路线上的 FCJ、DCJ 及 JXJ 组成，其作用是按照操纵人员的意图自动选出进路上各道岔的位置和各信号点的位置。

（1）双动道岔的反位操纵继电器电路。

每组双动道岔设有两个 FCJ，分别为 1FCJ 和 2FCJ。"八"字第一笔双动道岔的 1FCJ 和 2FCJ 并接在 1、2 网路线上，"八"字第二笔双动道岔的 1FCJ 和 2FCJ 并接在 3、4 网路线上。

按下进路始、终端按钮后，始、终端 AJ 吸起，1FCJ 随终端 AJ 吸起而励磁并自闭，2FCJ 随 1FCJ 吸起而励磁并自闭。当进路左端的 AJ 落下后，同时断开 1FCJ 和 2FCJ 励磁电路。当进路锁闭后，有关 SJ 落下，断开其自闭电路，使 1FCJ 和 2FCJ 复原。

（2）JXJ 和双动道岔的 1DCJ、2DCJ 及单动道岔的 DCJ 和 FCJ 电路。

各信号点的 JXJ、双动道岔的 1DCJ 和 2DCJ 以及单动道岔的 DCJ 和 FCJ 都并接在 5、6

网路线上，它们平时均落下。

办理进路时，如果进路中有双动道岔反位，由该道岔 2FCJ 前接点最后接通 5、6 网路线，使选岔电路最左端的 JXJ 励磁并自闭。如果进路中没有双动道岔反位，只要进路终端 AJ 吸起就直接接通 5、6 网路线，使接在 5、6 网路线的上述继电器由左向右顺序吸起并自闭。

进路上所有 JXJ 在方向继电器复原，"KF-共用-Q"因无电而落下。进路上所有 DCJ 和 FCJ 是由有关的 SJ 落下而使其复原。

对于单置调车信号机，在 5、6 网路线并接有两个 JXJ，一个在 DX 组合内，另一个在 DXF 组合内。当单置信号机作调车进路终端时，DXF 组合里的 JXJ 参与选路。当作调车进路始端时，DX 组合里的 JXJ 参与选路。当作长调车进路或列车进路的中间信号点时，两个 JXJ 都要参与选路。

3. 开始继电器电路

开始继电器 KJ 接在 7 线网路上，其作用是检查进路选排一致性；继续记录进路始端；同时起到承上启下作用，使执行组电路开始工作。

开始继电器平时落下。当进路上无道岔转换时，利用始端 JXJ 后接点接通 KJ 励磁电路；当进路上有道岔转换时，则用最后转换到位的道岔 DBJ 或 FBJ 前接点接通其励磁电路。进路锁闭后，因 SJ 落下，断开 KJ 的励磁电路。

在 LXZ 组合内的 KJ 为 JWXC-H340 型继电器，进路内方第一个道岔区段的 QJJ 吸起后，接通 KJ 第一条自闭电路；当 1LJ 和 2LJ 都落下后，接通另外两条自闭电路。当列车进入第一个道岔区段时，因 QJJ 落下而断开第一条自闭电路；同时由于其中的一个 LJ 吸起，又断开了一条自闭电路；列车出清该区段时，另一个 LJ 吸起，断开了最后一条自闭电路，使 KJ 缓放落下。

在 DX 组合内的 KJ 为 JWXC-1700 型继电器，当 XJJ 吸起时，接通 KJ 的第一条自闭电路；进路内方第一个道岔的 SJ 落下时，接通 KJ 的第二条自闭电路。在防护进路的信号机开放后，FKJ 复原，切断了 KJ 第一条自闭电路；进路内方第一个道岔区段解锁后，该道岔的 SJ 吸起，断开 KJ 的第二条自闭电路，使 KJ 自动复原。

(二) 选择组网路线供电规律

当 6502 电气集中室内电路发生故障，特别是涉及网路线发生断线、混线故障时，总是要通过对网路线的测试进行分析判断，以缩小故障范围，尽快排除故障。掌握网路线供电规律，对于分析处理故障是十分有益的。

选择组电路涉及 1—7 线网路，其中，1—6 线为选岔网路，7 线为 KJ 网路。

选岔网路供电的规律：无论选排进路的性质和方向如何，总是由进路左端经 AJ 的吸起向 1、3、5 线供 KZ，从左向右顺序传递直至进路右端；由进路右端经 AJ 吸起向 2、4、6 线供 KF，一直送至进路最左端。

随着进路由左向右逐段选出，1、3、5 线 KZ 电源由左向右逐段传递，而 2、4、6 线 KF 电源由左向右逐段断开。

7 线网路供电的规律：当进路始端 FKJ 和进路终端 ZJ 均吸起（列车进路 ZJ 落下）时，在检查进路选排一致后，由进路终端向 7 线供 KZ。7 线 KZ 电源是由进路终端一直送至进路始端，构成 KJ 励磁电路。

（三）选择组电路动作时序实例

选路时，涉及选择组电路中各个继电器的相互动作，这些继电器的动作必须满足一定的时序。下面以办理 4 条进路选择组中继电器的动作时序情况进行说明。

1. 办理 X 经道岔 5/7 反位至 S_{III} 的列车基本进路

先按下进路始端按钮 X/D_3LA，XLAJ 励磁吸起且自闭，通过 XLAJ 前接点接通列车接车方向继电器 LJJ 励磁电路，LJJ 吸起。后按下进路终端按钮 S_{III}LA，使 S_{III}LAJ 励磁吸起并自闭，同时接通 LJJ 自闭电路。随后开始 1—6 网路线的选路。

选路时，由于进路中包含"撇"形双动道岔 5/7 反位。所以，首先经 XLAJ 前接点和 S_{III}LAJ 前接点接通 1—2 网路线，使进路中 5/7 号"撇"形双动道岔的 FCJ 按从左向右顺序吸起并自闭。其动作顺序是：5/7 1FCJ↑→5/7 2FCJ↑。5/7 1FCJ 和 5/7 2FCJ 吸起且自闭后，经由它们的前接点接通 5—6 网路线，使进路上的 JXJ 和双动道岔的 DCJ 从左向右顺序吸起且自闭。它们的动作顺序是：X/D_3 JXJ↑→D_{11}JXJ↑（DXF）→D_{11}JXJ↑（DX）→9/11 2DCJ↑→13/15 1DCJ↑→S_{III}JXJ↑。其中，各个进路选择继电器 JXJ 由方向电源"KF-共用-Q"提供自闭电路的电源（该方向电源在 LJJ 吸起后已经接通）。X/D_3 JXJ 吸起后，先后接通 X/D_3 LKJ 和 X/D_3 ГKJ 的励磁电路并自闭，同时断开 XLAJ 自闭电路，XLAJ 落下。XLAJ 的落下断开了 LJJ 的励磁电路。进路最右端 S_{III} 的进路选择继电器 S_{III}JXJ 吸起证明进路全部选出，断开 S_{III}LAJ 自闭电路，S_{III}LAJ 落下。S_{III}LAJ 的落下断开了 LJJ 的自闭电路，LJJ 自动复原。LJJ 落下后，方向电源"KF-共用-Q"断电，使得 X/D_3 JXJ、D_{11}JXJ（DXF）、D_{11}JXJ（DX）和 S_{III}JXJ 自动复原。

2. 办理 D_1 至 D_{13} 长调车进路

办理手续：按压 D_1A 和 D_{13}A。

按压 D_1A→D_1AJ↑自闭 —————————→ DJJ 吸起并自闭，"KF-共用-Q"有电
按压 D_{13}A→D_{13}AJ↑自闭（2AJ↑自闭）→ 1/3 1FCJ↑自闭→1/3 2FCJ↑自闭
接通 1/3 道岔定位启动电路
D_1JXJ↑→ D_7JXJ↑→D_9JXJ↑→ 13/15 2DCJ↑→
接通 13/15 道岔定位启动电路
9/11 1DCJ↑→接通 9/11 道岔定位启动电路
D_{13}JXJ↑（DXF）

3. 办理 X→5 G 基本接车进路

按压 XLA→XLAJ↑自闭→ | LJJ↑自闭
按压 S_5LA→S_5LAJ↑自闭→ | 5/7 1FCJ↑自闭→5/7 2FCJ↑自闭→
XJXJ↑自闭→ | XLAJ 缓放↓→断 LJJ 励磁电路
D_{11}JXJ↑自闭（DXF）→D_{11}JXJ↑自闭（DX）→9/112DCJ↑自闭→13/15 1DCJ↑自闭→BJXJ↑自闭→21 FCJ↑自闭→S_5JXJ↑自闭→S_5LAJ 缓放↓→LJJ 缓放↓→XJXJ↓ D_{11}JXJ（两个）↓BJXJ↓S_5JXJ↓

4. $S_4 \rightarrow$东郊发车基本进路

按压 S_4LA$\rightarrow S_4$LAJ↑自闭$\rightarrow$LFJ↑自闭

按压 XDLA$\rightarrow$XDLAJ↑自闭$\rightarrow$13/15 1FCJ↑自闭$\rightarrow$13/15 2FCJ↑自闭$\rightarrow$17/19 1FCJ↑自闭$\rightarrow$
　　　　　　　17/19 2FCJ↑自闭$\rightarrow$XDJXJ↑自闭$\rightarrow$ XDLAJ 缓放↓$\rightarrow$断
　　　　　　　LFJ 自闭电路$\rightarrow$

　│ XDLAJ 缓放↓$\rightarrow$断 LFJ 自闭

　│ 5/7 2DCJ↑自闭$\rightarrow$D$_{11}$JXJ↑自闭（DXF）$\rightarrow$D$_{11}$JXJ↑自闭（DX）$\rightarrow$9/11 2DCJ↑自闭
$\rightarrow$9/11 1DCJ↑自闭$\rightarrow$D$_{13}$JXJ↑自（DXF）$\rightarrow$D$_{13}$JXJ↑自闭（DX）$\rightarrow$27FCJ↑自闭$\rightarrow S_4$JXJ↑自
闭$\rightarrow$ S_4LAJ 缓↓$\rightarrow$LFJ 缓↓

　$\rightarrow$│ XDJXJ↓
　　　│ D$_{11}$JXJ（两个）↓
　　　│ D$_{13}$JXJ（两个）
　　　│ S_4JXJ↓

项目四　直流道岔控制电路分析及故障处理

【项目导引】

　　进路建立到解锁可以划分成若干阶段，从按压进路按钮到选出进路中的道岔位置为止由选择组完成，随后还要经历从道岔转换到进路解锁的过程，具体包括：转换道岔阶段，进路选排一致检查阶段，锁闭进路阶段，开放信号阶段和解锁阶段。实现进路建立到进路解锁的电路称为执行组电路，而执行组电路首先要完成的就是道岔的转换和控制过程。因此，道岔转换和锁闭的设备是直接关系到行车安全的关键设备，其控制和表示电路应该满足故障-安全原则。

　　道岔控制电路由道岔启动电路和道岔表示电路两部分组成。启动电路是动作电动转辙机、转换道岔的电路，而表示电路是反映道岔位置的电路。目前广泛采用四线制道岔控制电路，该电路的特点是采用直流电源，易于维护。在提速区段推广使用五线制交流转辙机控制电路，该电路采用 380V 交流电源，具有动作效率高、牵引力大等优势。

　　本项目的设计重点是对直流道岔控制电路的原理和维护进行学习，力求使学生通过理论学习和实训操作熟练掌握直流道岔控制设备的结构组成、控制原理以及典型故障的处理方法，从而培养车站信号设备维护信号岗位应具备的岗位能力。

任务一　直流道岔启动电路分析及故障处理

【知识目标】

　　（1）理解直流道岔启动电路室内外实现道岔转换启动控制的原理；
　　（2）掌握直流道岔启动电路实现过程中使用的关键继电器的特性；
　　（3）掌握直流道岔启动电路关键继电器的励磁、自闭电路的构成原理。

【能力目标】

　　（1）能够按照标准化作业程序正确进行电气测试，具备根据控制台故障现象完成直流道岔启动电路部分故障分析的能力；
　　（2）熟练掌握直流道岔启动电路室内故障处理能力；
　　（3）熟练掌握直流道岔启动电路室外故障处理能力。

【相关知识】

一、道岔启动电路的技术条件

基于保证列车运行安全的基本要求考虑，结合大量运营实践的不断修正和完善，最终确认了道岔启动电路必须保证实现以下技术条件：

（1）道岔区段有车占用，或道岔区段轨道电路发生故障时，该区段内道岔不能转换。对道岔的此种锁闭称为区段锁闭。

（2）进路在锁闭状态时，进路上的道岔不能再转换。对道岔的此种锁闭称为进路锁闭。

（3）道岔一经启动，就应转换到底，不受车辆进入影响，也不受车站值班员的控制。否则，在车辆进入道岔区段时，若道岔停转或受车站值班员控制而回转，都可能造成脱轨或挤岔事故。

（4）道岔启动电路接通后，由于电路故障（如自动开闭器接点、电动机炭刷接触不良）使道岔未转动，应能自动断开启动电路，以免由于邻线列车震动等原因使故障消除后造成道岔自行转换。

（5）道岔转换途中受阻（如尖轨与基本轨的轨缝夹有道碴等）使道岔不能转换到底时，应保证经车站值班员操纵能使道岔转回原位。

（6）道岔转换完毕应能自动切断启动电路。

二、道岔启动电路的操纵方式

对道岔有两种操纵方式，一种是对道岔进行进路方式操纵，另一种是对道岔进行单独操纵。进路方式操纵是指选路过程中使进路内各个道岔的 DCJ 或 FCJ 励磁吸起并自闭，利用 DCJ 或 FCJ 吸起接通道岔启动电路。道岔单独操纵是指值班员人工直接操纵道岔到定位或反位。

为了实现对道岔的单独操纵，在控制台上方、下行咽喉区各设置一组道岔操纵按钮，包括道岔总定位按钮 ZDA 和道岔总反位按钮 ZFA。另外，对应每一组单动或双动道岔专门设置一个道岔按钮 CA，道岔按钮 CA 是一个三位式按钮，拉出时不自复。单独操纵道岔到定位（或反位）时，需同时按下总定位按钮 ZDA（或总反位按钮 ZFA）和道岔按钮 CA。其中，按压的 ZDA（或 ZFA）用于确定道岔向定位（或反位）转换，按下的 CA 用于确定需单独转换的具体道岔。例如，单独操纵双动道岔 1/3 到反位时，需同时按下总反位按钮 ZFA 和 1/3CA 按钮；如果要单独操纵双动道岔 1/3 到定位，则只需同时按下总定位按钮 ZDA 和 1/3CA 按钮。

如图 4-1-1 所示，每个道岔按钮 CA 对应一个道岔按钮继电器 CAJ，按下某道岔的 CA 按钮后，该按钮所对应的 CAJ 励磁吸起。道岔总定位按钮 ZDA 和总反位按钮 ZFA 分别对应总定位操纵继电器 ZDJ 和总反位操纵继电器 ZFJ，按下总定位按钮后 ZDA 后，总定位操纵继电器 ZDJ 将励磁吸起，ZDJ 励磁吸起后供出条件电源 KF-ZDJ。同理，如果按下的是 ZFA，则 ZFJ 励磁吸起，供出条件电源 KF-ZFJ。图 4-1-1 中，ZDJ 电路中接有 ZFJ 的后接点，用于实现 ZDJ 和 ZFJ 的互切，即总定位操纵继电器 ZDJ 和总反位操纵继电器 ZFJ 同时只能有一个励磁吸起，当一个励磁吸起后，另一个就不能再吸起。此外，电路中还接有 ZRJ 的第 2 组后接点，以防止办理人工解锁手续时单独操纵道岔。

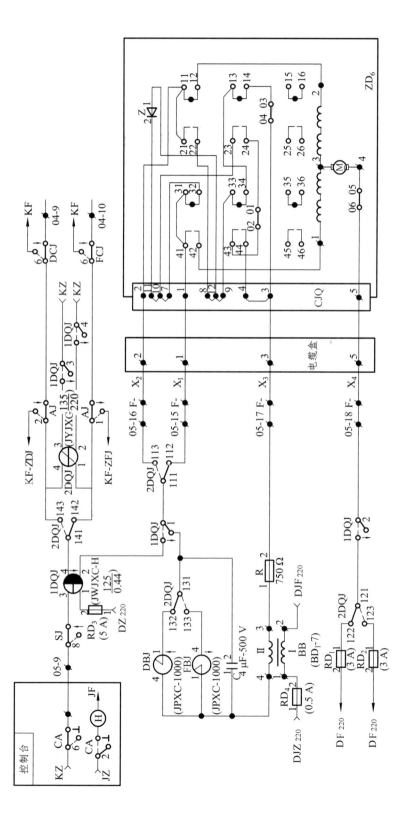

图 4-1-1　四线制单动道岔控制电路

三、道岔启动电路的基本原理

(一) 四线制单动道岔启动电路

四线制单动道岔控制电路如图 4-1-1 所示。道岔启动电路采用分级控制方式：首先由第一道岔启动继电器 1DQJ 检查联锁条件，然后由第二道岔启动继电器 2DQJ 控制电动机旋转方向，最后由直流电动机转换道岔。这些继电器动作，除需要满足一定联锁条件外，还需要满足一定的时序逻辑。

图 4-1-2 所示为办理由 X 至 I G 的接车进路时，从道岔转换到开放信号过程中电路的时序逻辑关系。

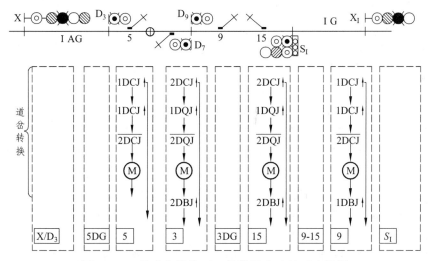

图 4-1-2　从道岔转换到开放信号电路的时序逻辑

X 至 I G 的下行接车进路选路结束后，进路中各个道岔的道岔操纵继电器 DCJ（或 FCJ）励磁吸起。在道岔转换阶段，对进路中需要转换的道岔，利用其 DCJ 吸起（或 FCJ 吸起）作为道岔启动条件，依次使道岔启动电路工作：第一道岔启动继电器 1DQJ 励磁→第二道岔启动继电器 2DQJ 转极→电机电路工作，电机电路工作后带动道岔转换。道岔转换到规定位置后，道岔启动电路停止工作，同时接通道岔表示电路，使反映该道岔位置的道岔表示继电器 DBJ 或 FBJ 励磁吸起，至此道岔转换阶段结束。

单动道岔控制电路由室内电路和室外电路构成。室内和室外部分有 4 根连线，其中 X_1 作为道岔定位时启动电路和表示电路的共用线，X_2 作为道岔反位时启动电路和表示电路的共用线，而 X_3 作为道岔表示电路的专用回线，X_4 作为道岔启动电路的专用回线。室外部分包括电缆盒和转辙机内部电路。

转辙机内部有 4 列自动开闭器的动作接点和表示接点，其中，11—12 和 13—14 为反位动作接点，21—22 和 23—24 为反位表示接点，31—32 和 33—34 为定位表示接点，41—42 和 43—44 为定位动作接点。平时，道岔在定位时，定位表示接点 31—32 和 33—34 接通，反位动作接点 11—12 和 13—14 接通，反位表示接点 21—22 和 23—24 断开，定位动作接点 11—12 和 13—14 断开。

道岔控制电路室内部分包括 1DQJ、2DQJ、DBJ 和 FBJ。为避免 1DQJ 励磁带动 2DQJ

转极后立即断开 1DQJ 励磁电路，使得 1DQJ 不能可靠地通过自闭电路接通电机转换电路，因此 1DQJ 采用缓放型继电器。2DQJ 采用带加强接点的极性保持继电器，用以保证 2DQJ 转极后在断电情况下 2DQJ 接点依旧停留在当前所需要的位置。

四线制道岔启动电路一般采用三级电路：

$CAJ\uparrow$（$DCJ\uparrow$ 或 $FCJ\uparrow$）$\rightarrow 1DQJ\uparrow \rightarrow 2DQJ\rightarrow$ⓂM

图 4-1-1 所示为道岔在定位状态的电路。当按进路操纵使道岔由定位向反位转换时，道岔启动电路的 1DQJ 励磁电路为：

$KZ-CA_{61-62}-SJ_{81-82}-1DQJ_{3-4}-2DQJ_{141-142}-AJ_{11-13}-FCJ_{61-62}-KF$

1DQDJ 励磁后，其前接点接通 2DQJ 的转极电路，2DQDJ 的转极电路为：

$KZ-1DQJ_{41-42}-2DQJ_{2-1}-AJ_{11-13}-FCJ_{61-62}-KF$

上述 2DQJ 励磁电路接通后，2DQJ 开始转极。

当 2DQJ 转极完成后，2DQJ 的第 4 组接点 141—142 断开、141—143 闭合，2DQJ 接点 141—142 的断开使得 $1DQJ_{3-4}$ 线圈励磁电路断开，1DQJ 缓放。当 2DQJ 转换完毕后，2DQJ 的第 1 组接点 111—112 断开且 111—113 接通，第 2 组接点 121—122 断开且 121—123 接通，这样，在 2DQJ 转换完成、1DQJ 缓放期间，1DQJ 经由其 1—2 线圈的自闭电路接通，其电路为：

$DZ220-RD_3-1DQJ_{1-2}-1DQJ_{12-11}-2DQJ_{111-113}-$自动开闭器$_{11-12}-$电动机定子绕组（2—3）—电动机转子绕组（3—4）—遮断接点 05—06—$1DQJ_{21-22}-2DQJ_{121-123}-RD_2-DF220$

1DQJ 的 1—2 线圈和电动机绕组串接在自闭电路中，1DQJ 的自闭电路即是电动机电路。上述经由 $1DQJ_{1-2}$ 线圈的自闭电路接通后，使处于缓放的 1DQJ 继续保持吸起。由于上述 $1DQJ_{1-2}$ 线圈的自闭电路同时又是电机的工作电路，这样，电机电路接通，带动道岔向反位转换。当道岔转至反位后，自动开闭器 11—12 接点断开，使电动机停转。同时断开 1DQJ 的 1—2 线圈自闭电路，使 1DQJ 经缓放落下，接通道岔表示电路。1DQJ 落下后，一方面使 $2DQJ_{1-2}$ 线圈的励磁电路断开，由于 2DQJ 采用极性保持继电器，所以其各组接点的后接点仍处于闭合状态，如 111—113、121—123 等均处于闭合状态；另一方面，1DQJ 的落下接通道岔反位表示电路（详细在道岔表示电路中介绍），使道岔反位表示继电器 FBJ 励磁吸起。很明显，如果电机电路由于故障而不能接通，则在 2DQJ 转换完成、1DQJ 缓放期间，由于 $1DQJ_{1-2}$ 线圈因无法接通而落下，使道岔启动电路无法工作，同时，1DQJ 的落下也使 2DQJ 停止工作。若要再将道岔转回定位，办理进路后 DCJ 吸起，重新接通道岔启动电路。

单独操纵道岔时，假如使道岔由定位向反位转换，按下道岔按钮 CA 和道岔总反位按钮 ZFA，道岔按钮继电器 C/AJ 和道岔总反位继电器 ZFJ 吸起，条件电源 KF-ZFJ 有电，接通 $1DQJ_{3-4}$ 线圈的励磁电路。其电路为：

$KZ-CA_{61-63}-SJ_{81-82}-1DQJ_{3-4}-2DQJ_{141-142}-AJ_{11-12}-KF\text{-}ZFJ$

1DQJ 吸起后，使 2DQJ 转极，接通 $1DQJ_{1-2}$ 线圈的自闭电路，使电动机转动。单独操纵道岔时，启动电路动作与进路操纵动作基本相同，只不过负电源是条件电源 KF-ZDJ 或 KF-ZFJ，并由 C/AJ 将其接入 1DQJ 和 2DQJ 的电路中。

在 $1DQJ_{3-4}$ 线圈励磁电路中接有以下联锁条件：

（1）单独操纵道岔按钮 CA_{61-62}。在 $1DQJ_{3-4}$ 线圈中接有道岔单独操纵按钮 CA 的定位闭合接点，在维修电动转辙机和清扫道岔时，可将该 CA 拉出，将道岔单锁，于是该道岔就脱离了进路式操纵和单独操纵对它的控制，无法转换，从而防止了人身伤亡事故。

（2）锁闭继电器 SJ 第 8 组前接点用来检查道岔区段是否空闲，进路是否在解锁状态。道岔区段有车或办理了经该道岔的进路时，则 SJ 落下，用 SJ 前接点断开 1DQJ 的励磁电路，1DQJ 就不能吸起，道岔就不会转换。

（3）道岔按钮继电器 C/AJ 前接点和条件电源 KF-ZDJ 或 KF-ZFJ 反映对道岔单独操纵的操作手续。只有按下道岔按钮，道岔按钮继电器 C/AJ 吸起，同时按下道岔总定位按钮 ZDA 或道岔总反位按钮 ZFA，使 ZDJ 或 ZFJ 吸起，条件电源 KF-ZDJ 或 KF-ZFJ 有电，接通单独操纵时道岔启动电路。

（4）道岔定位操纵继电器 DCJ 和道岔反位操纵继电器 FCJ 第 6 组前接点实现对道岔的进路操纵。当办理进路时，选岔网路中的 FCJ 或 DCJ 吸起，自动接通进路操纵的道岔启动电路。

（5）第二道岔启动继电器 2DQJ 第 4 组接点是 $1DQJ_{3-4}$ 线圈励磁电路的电路区分条件，用来区分道岔由定位向反位转换，还是由反位向定位转换，用其极性接点分别接通 $1DQJ_{3-4}$ 线圈向反位转换或定位转换的励磁电路。

如果是以进路方式操纵道岔到反位，则道岔启动电路工作原理与道岔单独操纵时启动电路的工作原理类似。其不同处在于：$1DQJ_{3-4}$ 线圈和 2DQJ 中接入的电源均为 KF 电源，而不是 KF-ZFJ（或 KF-ZDJ）。例如，进路方式下操纵道岔到反位时，由于 FCJ 励磁吸起，则通过 FCJ 第 6 组前接点和 CAJ 第 1 组后接点为 1DQJ 和 2DQJ 提供 KF 电源，使 1DQJ 和 2DQJ 相继工作。由于 CAJ 后接点和 DCJ 或 FCJ 前接点相连，就说明单独操纵优先于进路操纵。这样做的好处是：当进路式操纵无效或道岔因故不能正常转到底时，可用单独操纵方式使道岔往回转或向规定方向转，以免烧毁电机。注意，要使道岔往回转时，须先按下总取消按钮 ZQA 使总消继电器 ZQJ 吸起，以取消原进路操作命令且使 DCJ 和 FCJ 复原，否则道岔转回到原位后又会自动以原进路操纵命令再次将道岔转向原操纵位置。

（二）四线制双动道岔启动电路

四线制道岔控制电路根据所选用的电动转辙机的相关特性而有所不同，启动电路通过控制用继电器类型、电路结构进行调整，以满足具体道岔对启动电路的不同技术要求。

（1）对于采用 ZD6 型电动转辙机的电气集中车站，转辙机用电动机采用直流串激电机，电动机采用激磁线圈（定子线圈）分开使用，在结构上采用线圈双线并绕的措施。四线制道岔控制电路室内外四根走线，X_1 线和 X_2 线为道岔启动电路和道岔表示电路共用线，X_3 线为电路专用线，X_4 线为启动电路专用线。为了方便维修、减少故障，电动转辙机进行了配线定型化连接插销化。

（2）采用特殊结构的继电器。第一道岔启动继电器 1DQJ 选择 JWJXC-H 125/0.44 型，其 3—4 线圈电阻值较大，属电压型继电器，用于检查联锁条件。通过 SJ 第八组前接点，证明道岔既未受区段锁闭又未受进路锁闭，以实现上述技术要求。其 1—2 线圈电阻值很小，属电流型继电器，它与电动机串联，监督电动机的动作。有道岔启动使电动机转动，有较大电流流经 1DQJ 的 1—2 线圈才能保持自闭吸起，若启动后电路某处接触不良使电流减小，1DQJ 会落下，断开电动机电路，实现技术要求（4）。另外，在 1DQJ 从励磁电路转换为自闭电路过程中，2DQJ 接点转换时 1DQJ 线圈瞬间断电，为保证 1DQJ 可靠自闭而使用 1DQJ 缓放型。

第二道岔启动继电器 2DQJ 选用 JYJXC135/220 型有极继电器，属极性保持型，其两线圈分开使用，有利于构成接受道岔转换的两种控制命令。3—4 线圈通正向电流，接受向定位转换的命令。1—2 线圈通反向电流，接受向反位转换的命令。电路中电流较大，2DQJ 接在电动机电路中的两组接点采用带有灭弧装置的加强接点。接通或断开电路时，防止产生电弧和火花。

（3）在 1DQJ 的 3—4 线圈励磁电路和 2DQJ 转极电路中，道岔按钮继电器 CAJ 后接点在 DCJ 或 FCJ 接点的前面，这样当进路式操纵遇到道岔不能转换到底时，可及时采取单独操纵方式使道岔转回原位。这种结构表明对道岔的单独操纵优先于进路式操纵。但操纵时应注意，首先按压 ZQA，使"KZ-ZQJ-H"无电，将进路上道岔操纵继电器复原，然后再单独操纵道岔，使道岔转回原位，实现技术要求（5）。

（4）1DQJ 1—2 线圈与电动机线圈串联构成电动机电路，使道岔启动后不受进路锁闭和区段锁闭，并使电机转动时脱离 SI 和 CA 的控制条件，以保证道岔启动后能转换到底，实现技术要求（3）。

（5）在 DF220 电源处分别设有定位熔丝 RD_1 和反位熔丝 RD_2，一旦道岔转换中途受阻，则电动机摩擦空转，烧断熔丝，仍能保证电动机转回原位。

（6）以自动开闭器接点作为电动机电路控制条件。当道岔转换完毕（如由定位向反位转换），道岔尖轨与基本轨密贴后，自动开闭器 11—12 接点断开，自动切断电动机电路，使电动机停转，同时使 1DQJ 的 1—2 线圈断电，1DQJ 落下，接通道岔表示电路，实现技术要求（6）。

自动开闭器的两组动接点动作时机受表示杆密贴检查缺口的控制。当道岔由定位向反位转换，电机启动时，自动开阔器第 2 组动接点就接通反转电路（自动开闭器 41—42 闭合），准备好随时单独操纵道岔。使道岔返回原位的条件：道岔转换到底后，自动开闭器第 1 组动接点使自动开闭器 11—12 接点断开，切断电动机电路。

（7）在电动机电路中接入遮断器接点（安全接点），有利于维修人员的安全。当维修人员打开电动转辙机机盖时，遮断器接点 05—06 切断电动机电路，防止维修、清扫电动转辙机时使电动机转动。

对于计算机联锁系统，道岔控制电路与 6502 电气集中用的道岔控制电路基本一致，无论是采用什么操纵方式操纵道岔，一般都是 DCJ 或 FCJ 吸起，接通道岔启动电路，转换道岔至规定位置。在 1DQJ 励磁电路中，除了用到 DCJ 或 FCJ 的接点条件外，还串接 SJ（或 YCJ）的前接点段 DGJ 的前接点。SJ 的前接点和 6502 电气集中用的道岔控制电路中的 SJ 前接点的作用不一样，只是在操纵道岔时，SJ（或 YCJ）才吸起，表明联锁条件构成，允许操纵道岔，DQJ 的前接点用来检查该道岔区段在调整状态有无车占用。

四线制双动道岔的两个道岔位置必须是一致的，当其中一个道岔在定位时，另一个道岔也应在定位：其中一个道岔转换至反位时，另一个道岔也必须转换至反位。当道岔启动电路控制电动转辙机转换两个道岔时，两个道岔必须是按规定的顺序动作，先动作的道岔称为第一动道岔，后动作的道岔称为第二动道岔。规定双动道岔中距离信号楼近的为第一动道岔，距离信号楼远的为第二动道岔。这是为了节省室外电缆芯线，避免迂回走线。

由于双动道岔的两个道岔位置总是一致的，动作也应一致，因此，双动道岔可共用一套道岔控制电路。图 4-1-3 所示为四线制双动道岔控制电路。

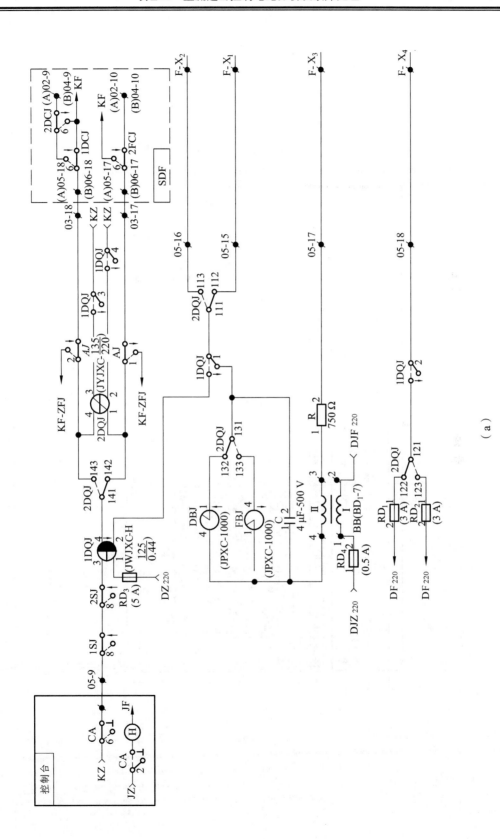

（a）

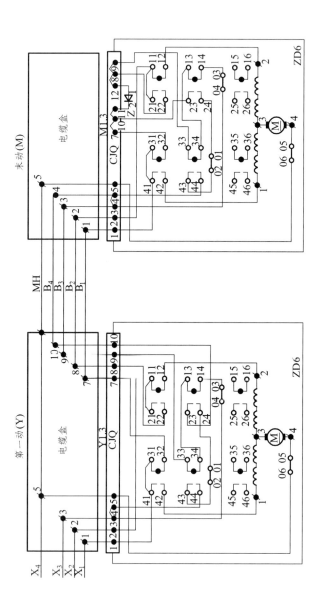

图 4-1-3　四线制双动道岔控制电路

（b）

双动道岔控制电路与单动道岔控制电路原理基本相同。双动道岔控制电路的控制对象是两个道岔，其启动电路和表示电路与单动道岔的不同之处有以下几方面：

（1）在道岔启动电路的室内部分，$1DQJ_{3-4}$ 线圈励磁电路上串接有 1SJ 和 2SJ 两个锁闭继电器的第 8 组前接点。这是因为双动道岔设有两个 SJ，而且 1SJ 和 2SJ 分属于不同的道岔区段，当任意一个道岔处于区段锁闭或进路锁闭状态时，1SJ 或 2SJ 落下，$1DQJ_{3-4}$ 线圈励磁电路被切断，该双动道岔不得转换。

（2）在进路操纵的电路条件中，将单动道岔的 DCJ 接点换成双动道岔的 1DCJ 和 2DCJ 的第 6 组接点并联，将单动道岔的 FCJ 接点用双动道岔的 2FCJ 第 6 组接点代替。这是因为选双动道岔定位时，双动道岔的 1DCJ 和 2DCJ 分别在上、下两条平行网络中，它们不一定同时被选出，所以应将两个 DCJ 接点并联起来，而选双动道岔反位时，双动道岔的 1FCJ 和 2FCJ 动作一致，而且 2FCJ 总是后吸起，所以只需用 2FCJ 接点即可。

（3）在启动电路室外部分，由于两个道岔顺序动作，当第一动道岔转换完毕后，才能接通第二动道岔电动机电路。例如，双动道岔由定位向反位转换时，第一动道岔转到反位后，第一动道岔的自动开闭器第一排接点 11—12 断开，切断第一动电动机电路，同时接通 21—22 接点，经第一动道岔与第二动道岔之间的连线，将 DZ220 电源经第二动道岔的自动开闭器第一排接点 11—12 送至第二动道岔的电动机定子绕组 2 端子。电源 DF220 经 X_4 及第一动道岔与第二动道岔之间的连线送至第二动道岔电动机转子绕组 4 端子，构成第二动道岔的电动机电路。当第二动道岔转换至反位后，其自动开闭器第一排接点 11—12 断开，于是第二动道岔电机停转，1DQJ 落下，断开双动道岔启动电路，由 1DQJ 第 1 组后接点接通双动道岔表示电路。

带动道岔的处理：在实际的站场中，经常有带动道岔的情况。例如，举例站场中，经 17/19 反位建立进路时，为不影响经 23/25 定位建立进路，应将 23/25 带到定位；但这时 23/25 的 DCJ 并未吸起，因此，用 17/19 的 2FCJ 第 7 组前接点接通 23/25 道岔的定位启动电路。这样，在 17/19 向反位转换的同时，23/25 道岔可转换到定位，从而达到增加平行进路、提高作业效率的目的。

（三）六线制单动道岔启动电路（直流双动转辙机控制电路）

由于单台 ZD6 型直流电动转辙机无法满足部分道岔转动的牵引力，因此需要两台或者多台转辙机同时动作以保证道岔可靠地转换和密贴表示。例如，采用 12 号 60 kg/mAT 型道岔时，需要两台 ZD6 型转辙机同时动作以完成相应转换，此时两台转辙机的控制线由之前的四线制增加到六线制。

在道岔双机牵引方式中，以 ZD6—E 电动转辙机作为第一牵引点动力，而以 ZD6—J 型电动转辙机作为第二牵引点动力，且具有监督尖轨位移、挤岔断表示等功能。图 4-1-4 所示为六线制单动道岔直流双电动转辙机控制电路。该电路与直流单动转辙机控制电路原理基本相同，但有以下特点：

（1）设在第一牵引点的转辙机，称为主机；设在第二牵引点的电动转辙机，称为副机。在控制电路中，主机和副机并联运行，同步动作，但主机与副机动程不同，当尖轨与基本轨密贴后，两机同时锁闭道岔。

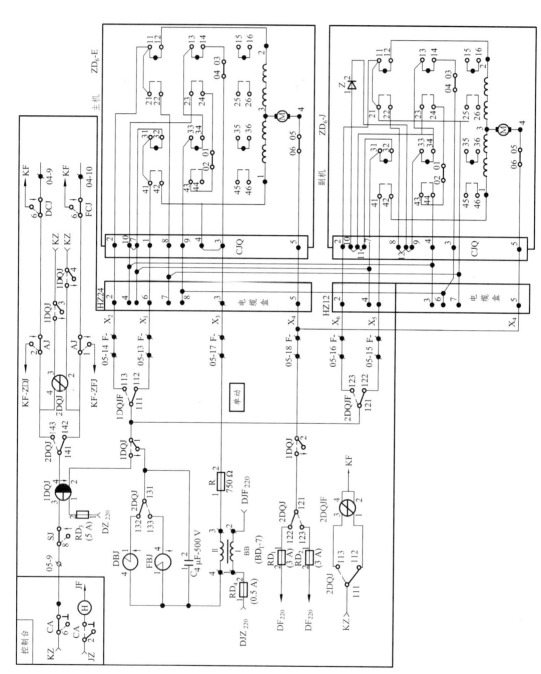

图 4-1-4　六线制单动道岔直流双动转辙机控制电路

（2）由于 2DQJ 接点不够用，并且为使主机和副机同步动作，增加第二道岔启动继电器复示继电器 2DQJF，其型号与 2DQJ 相同。将 2DQJF 的第一组和第二组极性接点并联后从室内经分线盘引向室外电动转辙机，作为主机和副机的启动电路和表示电路的公用线。

（3）直流双电动转辙机表示电路室内部分共用，室外部分经主机和副机的自动开闭器表示接点串联，检查两台电动转辙机同步动作，并经过设在副机内的二极管 Z 整流后，使 DBJ 或 FBJ 励磁，给出道岔位置的正确表示。

四、实践操作

（一）道岔启动电路典型故障分析与处理

（1）区分道岔启动电路的室内外故障。

道岔控制电路发生故障时，最关键的就是要确切区分故障点在室内还是室外，避免来回跑动，耽误处理故障的时间。道岔启动电路的区分方法如下：

（1）道岔不能启动时，应首先看清控制台现象，必要时还应在分线盘处测回路电阻，以确切区分故障在室内还是在室外。

（2）当道岔启动电路故障时，可单独操纵道岔，道岔原来位置表示灯不灭，说明 1DQJ 未励磁；道岔原来位置表示灯熄灭，但是松开单操按钮时，道岔原来位置表示灯又点亮，说明 2DQJ 不转极。上述两种故障现象，可判断故障在室内。

当道岔定、反位表示灯均无表示，且发生挤岔报警时，不能单独操纵道岔，应在分线盘有关端子上测启动电路回路电阻，以区分室内、外故障。

对于四线制道岔来说，X_1 为定位的启动和表示公用线，X_2 为反位的启动和表示公用线，X_3 为定、反位表示公用线，X_4 为定、反位启动公用线。因此，道岔在定位时，X_2 与 X_4 之间应该是通的；道岔在反位时，X_1 与 X_4 之间应该是通的。以道岔在定位为例，X_2 与 X_4 之间不通，说明故障在室外，如果 X_2 与 X_4 之间有电阻，一般可确定为室内电路开路。为可靠起见，可单独操纵道岔，用万用表直流 250 V 电压挡在分线盘处测 X_2 和 X_4 有无直流电压，如果无电压，则可确定故障在室内；如果有电压，则可确定故障在室外。当判断故障在室内时，应首先查看室内道岔启动电路的熔断器，如果熔丝熔断，应换上熔丝后试验一次，如果再熔断，则为混线故障。为区分混线故障在室内还是在室外，应再次在分线盘处测试：拆下分线盘处故障道岔的 X_2 或 X_4 的电缆芯线，测启动电路室内侧的电阻，如果电阻无穷大（开路），则为室外故障；如果有电阻，则为室内故障。对于双动道岔，单独操纵后，电流表指针摆动一次则为室外故障。

（二）道岔空转故障分析

ZD6 型电动转辙机对道岔尖轨的锁闭采用内锁闭。当道岔转换完后，为防止车通过道岔时，将尖轨震开缝隙，在电动转辙机内由带有锁闭圆弧的锁闭齿轮和齿条块将尖轨锁在密贴的位置上。ZD6 型电动转辙机在转换道岔过程中，其主轴共旋转 324°，其中，解锁用 32.9°，转换尖轨用 258.2°，锁闭用 32.9°。电动转辙机的转换锁闭装置，在将电动机的旋转运动变为尖轨的直线往复运动过程中，在尖轨动作前必须先解锁，尖轨动作后对它进行锁闭。在这个动作过程中，电动转辙机会发生空转故障。

电动转辙机转换道岔的空转故障基本是机械故障，常见现象有 3 种：不解锁空转、解锁空转与密贴空转。

1. 不解锁空转

不解锁空转最明显的特点是齿条块不动。道岔有 32.9° 的锁闭量，即锁闭齿轮要转动 32.9° 才能带动齿条块动作。锁闭齿轮转动小于这个数值而发生的空转称为不解锁空转。不解锁空转的原因有：摩擦电流偏小，动接点轴锈蚀，检查柱与表示杆缺口卡阻，锁闭圆弧与齿条块缺油等。

2. 解锁空转

解锁空转是指锁闭齿轮转动 32.9° 后发生的空转。解锁空转有以下几种现象：

（1）齿条块不动。原因可能是锁闭齿轮与齿条块不啮合，或它们之间有异物卡阻。

（2）齿条块能动，但密贴杆空动距离小于 5 mm。其原因是道岔不方正，密贴杆轴套的中心线与挡架中心线不在一条直线上而被卡住，或是异物卡阻。

（3）齿条块带动密贴杆能完成空动距离，但尖轨不动。其原因一般为密贴压力过大或基本轨有"肥边"。

（4）摩擦阻力大。其中摩擦阻力过大一般是因为滑床板不干净，尖轨尾部轨端无缝及接头螺栓过紧等。

解锁空转的原因一般都存在异物卡阻，当不能直观发现存在异物卡阻时，要区分是电动转辙机内部还是外部卡阻，其方法是：手摇道岔至空转，突然松开手摇把，如果手摇把有明显的反转，则外部卡阻的可能性大，因为尖轨卡阻后受力变形，松开摇把，尖轨有复原的过程而带动摇把反转；如果摇把无明显的反转，则尖轨尖端部位或转辙机内卡阻的可能性大，而尖轨尖端部位卡阻比较容易发现，因此，原因可能是尖轨与基本轨之间有异物。转辙机内卡阻的原因主要有：齿条块上部有异物，挤切销盖松动后顶锁闭齿轮或表示杆调整不当而与后盖相抵触等。

3. 密贴空转

密贴空转有锁闭空转与不锁闭空转两种情况：锁闭空转说明道岔能锁闭，但是道岔启动电路未能断开，一般是启动电路混线所造成；不锁闭空转是因为道岔密贴杆带动道岔的动程大于尖轨走行的动程而造成的，经重新调整后即可恢复正常。

（三）道岔启动电路典型故障分析实例

四线制道岔控制电路在全路乃至地方铁路应用相当广泛，由于该电路使用频繁，故障时有发生，下面针对该电路的特点及极易发生的故障加以分析。

（1）判断故障的基本方法。

对于四线制道岔控制电路，要快速处理故障，首先必须知道正常情况下的表示电压。道岔的正常表示电压为：在分线盘上或电缆盒处对应的端子上进行测试，交流为 70 V 左右，直流为 60 V 左右。若二极管接反，则交直流电压正常，道岔无定反位表示。

① 在分线盘上进行测试，可以确定道岔的故障范围：

a. 若测得约 2 V 交流电压，无直流电压，则可能是二极管击穿。

b. 若测得交流接近 0 V，无直流电压，则可能是室外发生了短路故障。

c. 若测得交流 110 V 左右，无直流电压，则说明室外发生了断线故障。

d. 若测得的交流和直流均为 0 V，则说明室内断线。

e. 若测得直流 150 V 左右、交流 160 V 左右的电压，则说明表示继电器或有关联线断开。

f. 若测得交流 10 V 左右、直流 8 V 左右的电压，则说明电容器断线。

g. 若测得交流 55 V 左右、直流 45 V 左右电压，则说明电容器短路。

② 若启动电路发生故障，不能操纵道岔，则在分线盘可直接区分室内外故障，步骤如下：

a. 将表置于 R×1 挡。

b. 将故障道岔实行单独锁闭。

c. 定位向反位转换时不启动，在分线盘上测 X_2、X_4；反位向定位转换时不启动，在分线盘上测 X_1、X_4。

根据测量结果可做如下判断：

a. 若电阻为 20 Ω 左右〔此值为电缆回线电阻、电动机的定子和转子电阻之和，电机单定子线圈阻值为 $(2.85 \pm 0.14) \times 2$ Ω，两个碳刷之间的总电阻为 (4.9 ± 0.245) Ω〕，则说明室外正常，室内有故障。

b. 若电阻为无穷大，则说明室外断线。

（2）区分道岔控制电路室内外故障范围。

处理故障时，一般本着先表示后启动的原则进行。若根据现象看出表示电路无故障，则开始着手分析道岔启动电路的故障。

启动电路故障：

当操纵道岔由定位向反位转换时，测量 X_2、X_4；当道岔由反位向定位转换时，测量 X_1、X_4。若表针有较大摆动幅度，则说明道岔室外启动电路故障，否则为室内控制电路故障或室外短路故障。为了进一步确认道岔控制电路的故障范围，具体方法如下（假定道岔在定位，向反位单独操纵）：

a. 若道岔表示灯绿灯不灭，则说明 1DQJ 未吸起。

b. 若道岔定位表示绿灯熄灭，但松开按钮后恢复定位表示，则说明 1DQJ 吸起，2DQJ 未转极。

c. 若定位表示灯绿灯熄灭，松开按钮后不恢复定位表示，但控制台电流表不动作，说明 1DQJ 吸起，2DQJ 转极，启动电路断开。

d. 若定位表示灯熄灭，松开按钮后不恢复定位表示，但控制台电流表的读数由 3 A 左右下降为 1 A 左右，而后又上升为 2.8 A 左右，说明道岔启动电路正常，但道岔卡阻。

（3）启动电路断路故障处理方法（设道岔处于定位，1、3 闭合）。

将万用表置于直流 250 V 挡位上，在室内操纵道岔，在 1DQJ 吸起，2DQJ 转极的瞬间，在电缆盒 2、5 端子上测量。若有电压，说明电缆盒以后的电路有故障；若无电压，说明室内启动电压未送出（短路后，熔断器熔断除外）。当发现室外有断线故障时，可采用下列方法进行查找：

① 反位电压法。

所谓反位电压法是指当启动电路发生故障时，人为地将室内的 2DQJ 的位置置于与室外道岔实际相反的位置上，借用表示电源查找启动电路故障的一种方法。

确定为室外故障时，采用借电源的方法逐一查找断线的位置。1DQJ 吸起，2DQJ 转极后，若电机不转或中途停转，因原表示电路已断，新的表示电路尚未形成，可借用表示电源用交流 250 V 挡，一表笔固定插在 CJQ 的端子 3 上（X_3），另一表笔从 CJQ 的 1 或 2 沿启动电路逐一测电压，直至测到端子 5，可找到断线位置，此种方法称为反位电压法。

电缆盒至转辙机内部启动电路断线查找方法如下：

a. 将道岔操纵到并保留在反位位置。

b. 将万用表置于交流 250 V 挡位上，一表笔固定在 X_3，另一表笔沿启动电路逐点测量。

c. 电压从有到无的临界点即为故障点。

② 电阻法。

确定为室外故障时，可将遮断器打开，将表置于 R×1 挡位，顺着电机启动电路进行断线点的查找。查找时，最好是把住一侧进行。注意，不要混入其他电源，否则将损坏仪表。

任务二　直流道岔表示电路分析及故障处理

【知识目标】

（1）理解直流道岔表示电路工作原理；

（2）掌握直流道岔表示电路实现过程中使用的关键继电器的特性；

（3）掌握直流道岔表示电路关键继电器的励磁、自闭电路的构成原理。

【能力目标】

（1）能够依照铁路现场制度要求和标准化作业程序正确进行电气测试，具有根据故障现象完成直流道岔表示电路部分一般断线故障分析的能力；

（2）熟练掌握正确处理直流道表示电路室内一般断线故障的方法；

（3）熟练掌握正确处理直流道表示电路室外一般断线故障的方法。

【相关知识】

一、道岔表示电路技术要求

在道岔控制电路中，当道岔启动电路动作完毕时，应接通道岔表示电路，将道岔的实际位置反映到信号楼内，以便车站值班员对信号设备进行控制和监督。道岔表示电路由电动转辙机内部自动开闭器接点接通：用定位表示接点接通道岔定位表示继电器 DBJ 电路，用反位表示接点接通道岔反位表示继电器 FBJ 电路。DBJ 和 FBJ 采用偏极继电器。DBJ 和 FBJ 不仅是道岔位置表示灯的控制条件，而且是执行组电路的重要联锁条件。因此道岔表示电路必须是故障-安全电路，应满足以下技术要求：

（1）必须使继电器的励磁状态与道岔的工作状态（危险侧）相对应，继电器的失磁状态与道岔的非工作状态（安全侧）相对应。因此，对每一组单动或双动道岔要设置 2 个表示继电器，即道岔定位表示继电器 DBJ 和道岔反位表示继电器 FBJ。

（2）采用混线防护措施，当室外联系电路发生混线或混入其他电源时，必须保证不致使 DBJ 和 FBJ 错误吸起。

（3）当道岔在转换或发生挤岔事故、停电或断线等故障时，必须保证 DBJ 和 FBJ 失磁落下，使道岔处于无表示状态。

（4）对于单动、联动和多点牵引道岔，必须确保各牵引点的道岔转换设备均在规定位置时，才能给出定位或反位表示。

二、道岔表示电路工作原理

根据室外道岔是单动道岔还是双动道岔，直流道岔表示电路的构成有所不同，前面介绍的以 ZD6 为例的四线制单动道岔控制电路，其表示的电路叫作四线制单动道岔表示电路。除此以外，当道岔控制电路控制的室外道岔不止一组时，表示电路将有所改进，比较典型的是四线制双动道岔表示电路和六线制单动道岔表示电路。

（一）四线制单动道岔表示电路

单动道岔表示电路如图 4-2-1 所示。为实现上述技术要求（1），分别采用两个继电器 DBJ 和 FBJ 来反映道岔的不同位置；为实现上述技术要求（2），道岔表示电路采用交流电源，定位表示继电器 DBJ 和反位表示继电器 FBJ 都采用 JPXC-1000 型直流偏极继电器，以防交流混线使表示继电器错误励磁。道岔表示电路所用电源由变压比为 2∶1 的 BD_1-7 型道岔表示变压器 BB 供给，BB 的初级输入电压为交流 220 V，次级输出电压为 110 V。DBJ 和 FBJ 线圈并联有 4 μF 500 V 的电容器 C。此外，该表示电路在转辙机内部还串接有二极管 Z、自动开闭器的动作和表示接点。

平时，道岔处于定位时，其定位动作接点 41—42 和 43—44 断开、反位动作接点 11—12 和 13—14 接通，定位表示接点 31—32 和 33—34 接通、反位表示接点 21—22 和 23—24 断开。此时，道岔定位表示电路接通：

BB_3—R_{1-2}—移动接触器（04—03）—自动开闭器（14—13）—自动开闭器（34—33）—二极管 Z_{1-2}—自动开闭器（32—31）—$2DQJ_{112-111}$—$1DQJ_{11-13}$—$2DQJ_{131-132}$—DBJ_{1-4}—BB_4

从上述单动道岔表示电路中可以看出，通过电动转辙机自动开闭器的定位表示接点接通电路，经二极管 Z 将交流电进行半波整流，整流后的正向电流方向正好与 DBJ 的励磁方向一致，使 DBJ 吸起，同时给电容 C 充电。在交流电负半周，通过电容器 C 的放电作用能使 DBJ 保持可靠吸起。

当道岔由定位向反位开始转换（或挤岔）时，定位表示接点 31—32 和 33—34 均断开，切断上述 DBJ 励磁电路，由于反位表示接点 21—22 和 23—24 也处于断开状态，FBJ 励磁电路也不通，DBJ 和 FBJ 均失磁落下，此时道岔处于四开状态，实现了上述第（3）条技术要求。

当道岔转换到反位时，其定位动作接点 41—42 和 43—44 接通、反位动作接点 11—12 和 13—14 断开，反位表示接点 21—22 和 23—24 接通。此时，道岔反位表示电路接通：

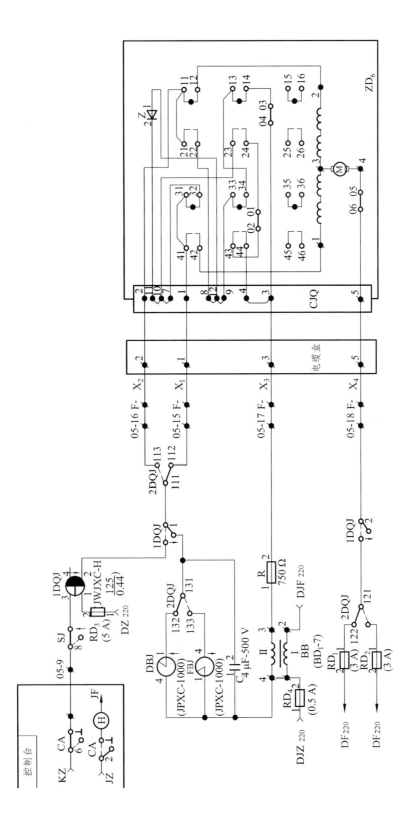

图 4-2-1　四线制单动道岔表示电路

BB_4—FBJ_{4-1}—$2DQJ_{133-131}$—$1DQJ_{13-11}$—$2DQJ_{111-113}$—自动开闭器 21-22—二极管 Z_{1-2}—自动开闭器 23—24 一移动接触器 01—02—自动开闭器 43—44—R_{2-1}—BB_3。

上述电路接通后，道岔反位表示继电器 FBJ 励磁吸起，道岔处于反位状态。

（二）四线制双动道岔表示电路

四线制双动道岔要求两道岔位置必须一致时才能给出相应表示。当道岔按规定顺序相继动作完成以后，道岔表示电路将第一动和第二动两组自动开闭器的表示接点串联起来，以此保证双动道两组道岔均动作完毕再给出正确的表示。

图 4-2-2 所示为四线制双动道岔表示电路，此时为道岔开通定位的状态，DBJ 吸起需检查两组道岔都在定位，将第一动（Y）和第二动（M）的定位表示接点 31—32、33—34 和 13—14 均串联到 DBJ 的励磁电路里，完成表示电路的检查。其接通公式为：

BB_3—R_{1-2}—第一动（Y）移动接触器（04—03）—第一动（Y）自动开闭器（14—13）—第一动（Y）自动开闭器（34—33）—第二动（M）移动接触器（04—03）—第二动（M）自动开闭器（14—13）—第二动（M）自动开闭器（34—33）—第二动（M）自动开闭器（32—31）—第一动（Y）自动开闭器（32—31）—$2DQJ_{112-111}$—$1DQJ_{11-13}$—$2DQJ_{131-132}$—DBJ_{1-4}—BB_4。

道岔表示电路是由两个道岔自动开闭器的表示接点串联起来组成，二极管 Z 设于第二动道岔处。当启动电路控制第一动道岔和第二动道岔转换完毕后，接通道岔表示电路。检查两个道岔都在定位或反位后，使双动道岔的 DBJ 或 FBJ 吸起。

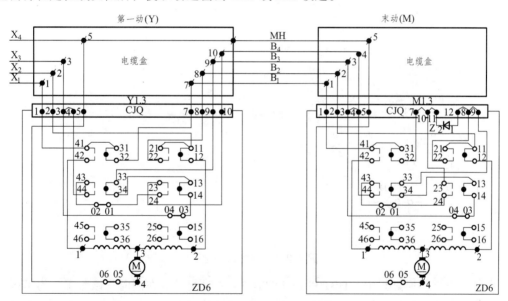

图 4-2-2　双动道岔表示电路

（三）六线制单动道岔表示电路

为保证在两台 ZD6 型电动转辙机在控制道岔转换时的同步性以及道岔转换完毕以后表示电路的唯一性，两台以上的单动道岔共同作用的表示电路与四线制双动道岔原理基本相同。道岔表示电路是由两台转辙机自动开闭器的表示接点串联起来组成，其控制电路如图 4-2-2 所示。

室外部分经主机和副机的自动开闭器表示接点串联，用以检查两台电动转辙机是否同步动作，同时确保两台电动转辙机都动作完成以后才接通表示继电器的励磁电路。表示电路中二极管 Z 设于副机内，完成整流单向导电的作用。

（四）挤岔报警电路工作原理

当道岔发生挤岔或因尖轨与基本轨之间有障碍物而使道岔转换途中受阻时，为了方便车站值班员和信号维修人员能及时发现，全站设置一套挤岔报警电路。

挤岔报警电路如图 4-2-3 所示。全站设一个挤岔继电器，将全站各组道岔的 DBJ 和 FBJ 的第 8 组后接点串联后并联起来，接入挤岔继电器 JCJ1 电路中。平时每组道岔的 DBJ 和 FBJ 总有一个吸起，JCJ1 电路不通；当某一道岔被挤后，该道岔的 DBJ 和 FBJ 都落下，接通 JCJ1 电路，使其吸起。

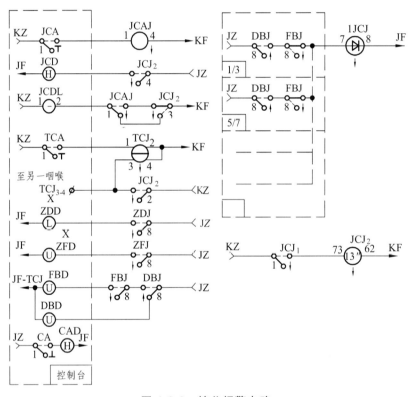

图 4-2-3　挤岔报警电路

道岔在正常转换过程中，DBJ 和 FBJ 约有 3 s 的时间是处在同时失磁状态。为了区别道岔是在正常转换还是发生挤岔，又增设一个挤岔继电器 JCJ2，它采用 JSBXC-850 型半导体时间继电器。挤岔时，JCJ1 吸起，接通 JCJ2 电路，13 s 后，JCJ2 吸起。JCJ2 吸起后，用其第 4 组前接点接通挤岔表示灯，又用 JCJ2 第 3 组前接点接通挤岔电铃，使其鸣响，以引起车站值班员的注意。车站值班员按下切断挤岔电铃按钮 JCA，使切断挤岔电铃按钮继电器 JCAJ 励磁，用其第 1 组后接点切断电铃电路，使电铃停响。待被挤道岔修复后，由于 DBJ 或 FBJ 有一个吸起，使挤岔继电器 JCJ1 和 JCJ2 都复原，所以又接通电铃电路，挤岔电铃再次鸣响，通知车站值班员道岔已修复。当拉出 JCA 后，电铃停止鸣响，至此挤岔报警电路复原。

当道岔尖轨与基本轨间有障碍物（如夹有道碴）时，会使道岔转换途中受阻而不能转换到底。此时，由于电动机空转，1DQJ 吸起，使 DBJ 和 FBJ 都落下，超过 13 s 后，挤岔电铃也会报警鸣响。在这种情况下，由于控制台电流表指针摆动，车站值班员确认后，可单独操纵道岔，使之转回原位，以免因长时间空转而烧坏电动机。

三、实践操作

（一）道岔表示电路典型故障分析与处理

上一任务介绍了道岔启动电路中如何判断室内外故障，对于道岔表示电路的故障处理首先也应该完成故障的室内外区分。

1. 道岔表示电路室内外故障的区分方法

对于四线制道岔控制电路，定位无表示时，在分线盘处测 X_1 与 X_3 的交流电压；反位无表示时，在分线盘处测 X_2 与 X_3 的交流电压。若测得交流电压有 110 V 左右，说明室外开路；若测得电压为 0 V，则应断开 X_3 电缆芯线再测电压，有 110 V 左右则为室外短路；仍为 0 V 则为室内开路。

当道岔表示电路故障时，一般是应该吸起的 DBJ 或 FBJ 落下，控制台道岔位置表示灯不亮。首先应判断是室内故障还是室外故障，以道岔定位无表示为例，应在分线盘处测 X_1 与 X_3 间是否有交流电压。若无交流电压，则应断开 X_3 端子后再测 X_1 与 X_3 间是否有交流电压，若还是无交流电压，则故障在室内，应检查室内熔断器是否良好，或有关配线及接点是否开路；若有交流 110 V 电压，说明室外有开路故障。

查找室外开路故障，应从主机电缆盒开始，测 1、2 号端子无交流电压，说明是电缆断线；有交流 110 V，说明是转辙机或密贴检查器开路。查找室外转辙机或密贴检查器开路故障时，应先检查是否卡缺口，如果没有卡缺口，应采用电阻法逐步测量，直至找到故障，并进行相应处理。卡缺口故障一般是由连接杆螺母松动和调整不当造成，紧固螺母并重新调整即可恢复。

2. 混线故障分析

四线制道岔发生电缆混线的故障较为常见，下面对可能发生的混线故障进行分析。

（1）X_1 与 X_2 相混。

道岔原在定位，向反位操纵时，道岔启动后熔断反位熔断器 RD_2，不能转换到底，无位置表示。

当道岔向反位启动后，接通了自动开闭器第 2、4 排接点，由于 X_1 与 X_2 相混，使反位启动的 DZ 电源从室内经 X_2 送出后又串入 X_1，经自动开闭器 41—42 接点送到定子线圈的 1 端子上，使道岔又有往回转的趋势。这样，两定子线圈的自感电势相互抵消，导致回路电流过大，熔断反位的熔断器，使道岔停止转换。

道岔原在反位，向定位操纵时，道岔启动后熔断定位的熔断器 RD_1，使道岔不能转换到底，无位置表示。原因分析同上。

（2）X_1 与 X_3 相混。

道岔原在定位，无位置表示，向反位操纵后，道岔能转换到底，但在反位密贴处来回窜动，控制台上电流表指针往返摆动，一直无位置表示。

由于 X_1 与 X_3 相混，当道岔向反位转换完毕后，断开自动开闭器第 1 排接点，接通第 2 排接点，虽然反位启动电路被断开，但因 1DQJ 有缓放作用，在接点转换过程中能一直保持吸起，启动电源没有断开。于是 DZ 经自动开闭器（11—21—22）—Z_{1-2}—自动开闭器（23—24）—移位接触器（01—02）—自动开闭器（43—44）—X_3—X_1—自动开闭器（41—42）—电动机 $_{1-3}$—电动机 $_{3-4}$—遮断开关（05—06）—X_4—DF，接通定位启动电路，使道岔向定位转换。但只要道岔向定位启动，自动开闭器接点立即变位，断开第 2 排接点，又接通第 1 排接点，即断开刚接通的定位启动电路，重新接通了反位启动电路，又使道岔向反位转换。反位刚转换完毕，自动开闭器动接点又迅速打向第 2 排静接点，于是定位启动电路又被接通。就这样循环往复，出现道岔在定位密贴处来回窜动的现象。

道岔原在反位，有反位表示；操纵至定位，能转换完毕，但无定位表示；再操反位，出现道岔在反位密贴处来回窜动的现象。原因分析同上。

（3）X_2 与 X_3 相混。

道岔原在定位，有定位表示；操纵至反位，道岔能转换到底，无反位表示。因为 X_2 与 X_3 混线，将反位表示电源短路，造成道岔无反位表示。

道岔原在反位，反位无表示，操纵至定位后，有定位表示，系 X_2 与 X_3 混线所致。

（4）X_1 与 X_4 相混。

道岔原在定位，有定位表示，操纵至反位时，先后熔断定位、反位的熔断器 RD_1 和 RD_2，道岔不能转换到底，一直无位置表示。

由于 X_1 与 X_4 混线，道岔由定位操至反位时，在 1DQJ 刚一吸起、2DQJ 未转极的瞬间，直接将 DZ、DF 电源短路，熔断定位的熔断器 RD_1；当 2DQJ 转极后，DZ 和反位 DF 可正常供出，使道岔启动，但当自动开闭器动接点变位接通第 4 排静接点时，X_4 的 DF 经 X_1 和自动开闭器 41-42 接点，直接接到定子绕组 1 端子上，将转子线圈短路，导致熔断反位的熔断器 RD_2，道岔将停止转换，定位和反位均无表示。同理可分析道岔从定位操向反位时的故障现象。

（5）X_2 与 X_4 相混。

道岔原在定位，操纵至反位时，只要 2DQJ 转极，直接熔断反位的熔断器 RD_2，道岔不能启动，无道岔位置表示。

道岔原在反位，操纵至定位时，1DQJ 吸起，直接熔断反位的熔断器 RD_2，2DQJ 转极后，道岔刚一启动，烧断定位的熔断器 RD_1，无道岔位置表示。

（6）X_3 与 X_4 相混。

道岔原在定位，操纵至反位时，道岔能转换到底，且有反位表示，但反位的熔断器 RD_2 熔断。

由于 X_3 与 X_4 混线，当道岔向反位转换完毕时，虽然反位启动电路被断开，但 1DQJ 有缓放作用，缓放过程还可能送出 DZ 和 DF 电源，于是 X_2 上的 DZ—自动开闭器（11—21—22）—Z_{1-2}—自动开闭器（23—24—43—44）—X_4—DF，从而将 DZ 与 DF 短路，熔断反位熔断器 RD_2。

道岔原在反位，能正常转换至定位，当再次向反位操纵时，也会出现上述现象。操纵至定位时，不会熔断定位熔断器 RD_1，这是因为 DZ 与 DF 被二极管反向阻隔了。

以上所分析的混线是在两条电缆芯线完全相混的情况下出现的。当不完全混线或因电缆芯线较长混线点距信号楼较远，回路中有一定线路电阻时，可能不会熔断室内熔断器，但控制台电流表的读数比较大。

（二）道岔表示电路典型故障分析实例

1. 判断表示电路故障基本方法

控制台现象：道岔位置表示灯熄灭，控制台挤岔表示灯点亮，挤岔电铃鸣响。

分析：当道岔失去表示时，在分线盘测量（定位测量 X_1、X_3；反位测量 X_3、X_2），若有交流 110 V 电压，则为室外开路故障；若无交流 110 V 电压，则为室外短路或室内故障。

2. 道岔表示电路故障实例

（1）断路故障分析（以道岔在定位，电源已经送出室外为例）。

在电缆盒 1、3 端子进行测量：

① 若有交流 110 V 电压，说明电缆盒至电动转辙机内部断线。

查找方法如下：

a. 在室内操纵道岔，并将道岔放在无表示的位置上。

b. 将万用表置于交流 250 V 挡位，一表笔放在 X_3 上，另一表笔从 X_1 开始，沿表示电路逐点测量，电压从有到无的临界点即为故障点。

注意：测试点在 X_1 至二极管之间，测得的电压是 110 V，测量点越过二极管后，电压有所降低。

② 若无交流 110 V 电压，则应断开 CJQ。

a. 若出现 110 V 电压，说明电动转辙机内部短路。

b. 若不出现 110 V 电压，说明室内或电缆故障（短路或断路）。

（2）短路故障分析（假定电缆盒至转辙机内部有短路）。

在电缆盒 1、3 端子上测量，并将万用表置于交流 250 V 挡位固定不动。

① 断开 CJQ。

a. 若出现 110 V 电压，说明转辙机内部短路。

b. 若不出现 110 V 电压，说明电缆或电缆盒至 CJQ 的导线或 CJQ 的 1、3 端子之间短路，可用甩线分别判断之。

② 插好 CJQ，断开自动开闭器 41。

a. 若出现 110 V 电压，说明 X_1 至 41 间与 X_3 无短路。

b. 若不出现 110 V 电压，说明 X_1 至 41 间与 X_3 存在短路。

③ 断开 31—32 接点。

a. 若出现 110 V 电压，说明 X_1 至 31 间与 X_3 之间无短路。

b. 若不出现 110 V 电压，说明 X_1 至 31 间与 X_3 存在短路。

④ 断开移位接触器 03—04。

a. 若出现 110 V 电压，说明 X_1 至 04 间与 X_1 间无短路。

b. 若不出现 110 V 电压，说明 X_1 至 04 间与 X_1 间存在短路。

⑤ 断开 33—34 接点。

a. 若出现 110 V 电压，说明 13 至 34 间与 X_1 无短路。

b. 若不出现 110 V 电压，说明 13 至 34 间与 X_1 存在短路。

经上述判断后，若现象为①中 a.与⑤中 a.的情况，则说明定反位表示电路的共用部分出现了短路，应用下列方法判断：

① 断开 CJQ。

② 将表置于 R×1 k 或 R×10 k。

分别测量 CJQ 插头的 7 与 8、CJQ 插座的 8 与 10、7 与 9、7 与 8、9 与 10，判断是否接通，接通的两点即为短路点。

（三）典型道岔控制电路故障处理程序

结合上述两个任务的方法，对于一般情况，道岔故障的处理程序可以按图 4-2-4 所示思路进行。当道岔控制电路出现故障以后，根据故障现象及图示的一套处理程序进行检查，将大大减少故障处理的时间，增加故障处理的准确性。

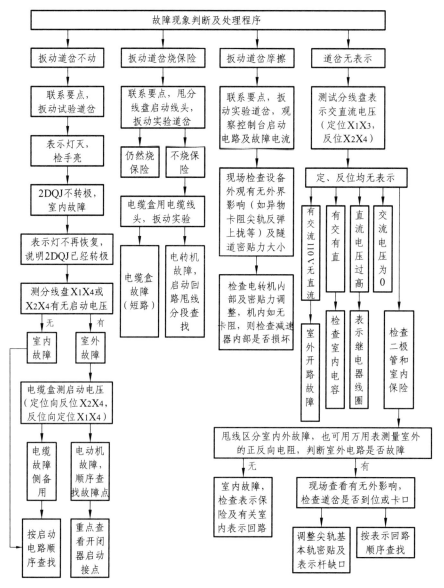

图 4-2-4 典型道岔控制电路故障处理程序

项目五　交流道岔控制电路分析及故障处理

【项目导引】

为满足列车提速后对行车安全的要求，在车站正线改换为提速道岔后，道岔转换采用 S700K 型交流电动转辙机或 ZYJ7 型电动液压转辙机。该类型转辙机采用三相交流电作为电源，在转辙机的设计和维护上与直流转辙机均有一定区别。为了系统地实现各类型转辙机的检测与维护工作，要求学生专门针对交流道岔控制电路进行学习，熟练掌握各种交流道岔控制设备的基本组成及工作原理，能够按照信号维修工作计划，做好交流道岔控制设备的日常维护与故障处理工作。

任务一　交流道岔启动电路分析及故障处理

【知识目标】

（1）理解交流道岔启动电路室内外实现道岔转换启动控制的原理；
（2）掌握交流道岔启动电路实现过程中使用的关键继电器的特性；
（3）掌握交流道岔启动电路关键继电器的励磁、自闭电路的构成原理。

【能力目标】

（1）能够按照标准化作业程序正确进行电气测试，具有根据控制台故障现象完成交流道岔启动电路部分故障分析的能力；
（2）熟练掌握交流道岔启动电路室内故障处理方法；
（3）熟练掌握交流道岔启动电路室外故障处理方法。

【相关知识】

一、提速道岔组合及其应用

提速道岔控制电路与 ZD6 型电动转辙机所用四线制控制电路有较大差别，需设置专用的道岔组合。原双动道岔联动均改为单独动作，尖轨和心轨也可单独动作。表示电路单独动作，然后由总的 DBJ、FBJ 检查各 DBJ、FBJ 后给出道岔表示。

　　6502 电路中单动道岔组合 DD 改用 TDD 组合（也可继续采用 DD，称为 JDD，增加组合侧面端子），双动道岔主组合（SDZ）改用 TSD 组合（也可继续采用 SDZ，称为 JSDZ，增加组合侧面端子），双动道岔辅助组合不变。每台转辙机增设一个提速道岔辅助组合 TDF。

　　TDD、TSD 依照 DD、SDZ 组合的排列方法在 6502 电路中排列。TDF 组合不要求靠近主组合，但要便于查找。集中排列 TDF 组合时，要考虑组合架相应断路器的容量。

　　当采用钩型外锁闭装置、S700K 型电动转辙机时，每个牵引点设置一台 S700K 型电动转辙机，对每台转辙机设置一个 TDF 组合。各种类型单动道岔所需设置的 TDF 组合情况见表5-1-1。对双动道岔，如果其一动道岔和二动道岔均采用 S700K 型转辙机，则所需 S700K 型转辙机台数（或 TDF 组合数）要增加一倍。

　　当采用钩型外锁闭装置、ZYJ 型电液转辙机时，要区分双点牵引、三点牵引和单点牵引的不同情况。双点牵引即一台 ZY7 型电液转辙机和一台 SH6 型转换锁闭器各牵引一个牵引点，三点牵引即一台 ZY7 型电液转辙机和两台 SH6 型转换锁闭器各牵引一个牵引点。这时，两个牵引点和三个牵引点均只需一个 TDF 组合。单点牵引即一台 ZY7 型电液转辙机牵引一个牵引点，不需 SH6 型锁闭转换器，这时每个牵引点需设一个 TDF 组合。不同类型的单动道岔需设置 ZY7 型转辙机台数（或 TDF 组合数）的情况见表5-1-1。对双动道岔，如果其一动和二动均采用 ZY7 型转辙机，则所需 ZY7 型转辙机台数（或 TDF 组合数）要增加一倍。

表 5-1-1　各种类型道岔所需 TDF 组合

道岔类型	道岔号码（60 kg）		牵引点数	S700K 型台数（TDF 组合数）	ZY7＋SH6（TDF 组合数）
单动道岔	9#提速道岔		2（尖轨）	2（尖轨）	1（尖轨）
	12#提速道岔	固定辙叉	2（尖轨）	2（尖轨）	1（尖轨）
		可动心轨	2（尖轨）＋2（心轨）	2（尖轨）＋2（心轨）	1（尖轨）＋1（心轨）
	18#提速道岔		3（尖轨）＋2（心轨）	3（尖轨）＋2（心轨）	1（尖轨）＋1（心轨）
	30#提速道岔		6（尖轨）＋3（心轨）	6（尖轨）＋3（心轨）	6（尖轨）＋3（心轨）

二、道岔断相保护器

　　三相交流转辙机采用五线制道岔控制电路，S700K 型电动转辙机和 ZYJ7 型电动液压转辙机的室内电路相同，仅室外电路略有差别。这两种三相交流转辙机设备在控制原理和结构上有以下共同特点：

　　（1）道岔机械锁闭采用外锁闭装置，尖轨及心轨动态安全由外锁闭装置保证，不再需要密贴力，也减少对转换设备转换力的要求，储存在外锁闭上的反弹能量相应减少，外锁闭装置动作灵活、可靠；消除了转换设备的危险空间，使列车过岔安全得到充分保证；转换设备不再受冲击，提高了可靠性和寿命。

　　（2）尖轨分动。两根尖轨由连动改为分动，转换设备不再是把一个框架弹性弯曲到一定开口，而是只保证尖轨本身弹性变形，减少了转换力。

　　（3）尖轨和可动心轨采用多点牵引，可实现全程密贴和全程夹物检查，确保了行车安全。

（4）以三相交流电动机作为动力，克服了直流电动机维修量大、故障多、寿命短的缺陷，单芯电缆控制距离大大延长。

上述五线制道岔控制电路由启动电路和表示电路构成。道岔动作电源为三相 380/220 V 电源，为了对三相电源进行监督，设置了断相保护器和保护继电器。

交流转辙机采用三相交流电源，供电电压为 380 V。为防止在三相交流电源断相情况下烧坏电动机，在交流转辙机控制电路中设有道岔断相保护器 DBQ，道岔断相保护器电路如图 5-1-1 所示。DBQ 由 3 个电流互感器、桥式整流器和保护继电器 BHJ 3 部分组成。3 个电流互感器的一次侧线圈分别串联在三相交流电路中，二次侧线圈首尾相连，经桥式整流后，输出端接保护继电器 BHJ。

当三相交流电源正常供电时，电动机定子绕组中有三相电流流过，电流互感器工作在磁饱和状态，二次侧感应电流中的三次谐波经桥式整流后输出直流电，BHJ 由于得到直流电而吸起，用 BHJ 的前接点作为道岔控制电路条件。当道岔转换到底后，由于三相负载断开，BHJ 复原落下，断开道岔启动电路使电动机不转。

三相交流电源出现断相故障时，如图 5-1-2 所示，若 B 相断电，则为 A、C 两相供电，其线电压加至电流互感器一次侧，而二次侧两电流互感器电压反向串联，互相抵消，桥式整流器无输出，使 BHJ 落下，从而断开 1DQJ 电路和三相交流电动机电路，防止因断相运行而烧坏电动机。

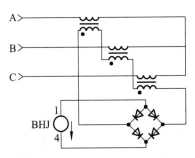

图 5-1-1　道岔断相保护器电路

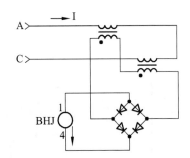

图 5-1-2　一相断电时 DBQ 示意图

断相保护器在使用中会发生整流二极管击穿，造成未断相时 BHJ 落下的故障，这是电路启动时过电压所致。经改进后的断相保护器 DBQ 电路如图 5-1-3 所示。电路中采用了耐压高的二极管，加大输入滤波电容 C_1 的容量（3 μF/160 V），并在输出端接有滤波电容 C_2（1 μF/160 V），使断相保护器工作稳定可靠。

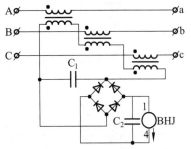

图 5-1-3　改进型 DBQ 电路

在多机牵引情况下，应设总断相保护器 ZBHJ，对道岔的尖轨和可动心轨应分别设 ZBHJ，用来监督各牵引点转辙机的同步工作。图 5-1-4 所示为双机牵引尖轨时的 ZBHJ 电路，将两牵引点转辙机 BHJ 前接点接入 ZBHJ 的励磁和自闭电路中，再将 ZBHJ 前接点串接在 1DQJ 的 1—2 线圈电路中，实现对各牵引点转辙机电源的断相保护。

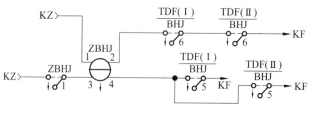

图 5-1-4　ZBHJ 电路

三、S700K 型交流转辙机道岔启动电路

1. 启动电路

图 5-1-5 所示为 S700K 型交流转辙机道岔控制电路，采用钩式外锁闭装置，不带密贴检查器。S700K 型交流转辙机道岔启动电路包括：1DQJ 励磁电路、1DQJF 励磁电路、2DQJ 转极电路和电机电路。

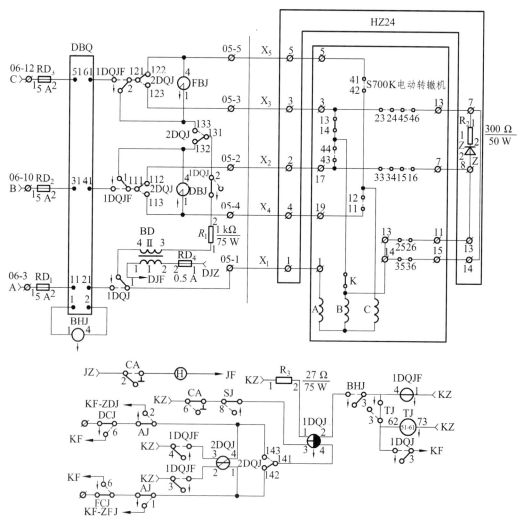

图 5-1-5　S700K 型交流转辙机控制电路

当进路方式操纵道岔由定位向反位转换时，使 1DQJ 经 3—4 线圈励磁吸起，其电路为：

KZ—CA$_{61-63}$—SJ$_{81-82}$—1DQJ$_{3-4}$—2DQJ$_{141-142}$—AJ$_{11-13}$—FCJ$_{61-62}$—KF

1DQJ 吸起后，1DQJF 随之吸起，其电路为：

KZ—1DQJF$_{1-4}$—TJ$_{33-31}$—1DQJ$_{32-31}$—KF

1DQJF 吸起后，接通 2DQJ 转极电路，其电路为：

KZ—1DQJF$_{31-32}$—2DQJ$_{2-1}$—AJ$_{11-13}$—FCJ$_{61-62}$—KF

上述 1DQJF 励磁电路中接入了时间继电器 TJ 第 3 组后接点。时间继电器 TJ 在 1DQJ 吸起后开始计时，延时 13 s 吸起，即当电动转辙机启动 13 s 时，TJ 吸起，断开 1DQJ 自闭电路和 1DQJF 励磁电路。由于 1DQJ 前接点、1DQJF 前接点和 2DQJ 前接点是接通电动机动作电路并使道岔转换的条件，因而，当延时时间到 13 s 时，TJ 励磁吸起，断开电动机动作电路，使电动机不至于长时间空转而被烧毁。如果道岔在启动后 13 s 之内就转换到位，则 1DQJ 复原，TJ 就不会吸起。需说明的是，当采用具有限时功能的断相保护器 DBQ 时，就无须设置时间继电器 TJ，当电机转换超过 13 s 时，通过 DBQ 中的限时电子开关切断相应的 BHJ 电路，使 BHJ 落下，达到断开道岔转换电路并使 1DQJ、1DQJF 等复原的目的。上述 1DQJ 励磁电路中接入了 2DQJ$_{141-142}$ 接点，当 2DQJ 转极完成后，1DQJ 励磁电路断开，1DQJ 缓放。

当 1DQJ、1DQJF 吸起，2DQJ 转极完成时，构成三相交流电动机电路，A、B、C 三相交流电源经 RD$_1$、RD$_2$、RD$_3$ 进入保护器 DBQ，接通电动机定子绕组电路，分别是：

A 相—RD$_1$—DBQ$_{11-21}$—1DQJ$_{12-11}$—电动机 A 绕组

B 相—RD$_2$—DBQ$_{31-41}$—1DQJF$_{12-11}$—2DQJ$_{111-113}$—转辙机接点（11—12）—电动机 C 绕组

C 相—RD$_3$—DBQ$_{51-61}$—1DQJF$_{22-21}$—2DQJ$_{121-123}$—转辙机接点（13—14）—遮断开关 K—电动机 B 绕组

电动机相序为 A—C—B，电动机反转。电动转辙机转动时，三相电源流过 DBQ，使 BHJ 吸起，接通 1DQJ 自闭电路。1DQJ 自闭电路为：

KZ—R$_3$—1DQJ$_{1-2}$—BHJ$_{32-31}$—TJ$_{33-31}$—1DQJ$_{32-31}$—KF。

电动转辙机转换完毕，无电路流经 DBQ，BHJ 落下，断开 1DQJ 自闭电路，1DQJ 落下，随之断开 1DQJF、2DQJ 电路。

当进路方式操纵道岔由反位向定位转换时，1DQJ 吸起，1DQJF 吸起，使 2DQJ 转极，构成电动转辙机启动电路，三相交流电 A、B、C 经 RD$_1$ ~ RD$_3$ 进入保护器 DBQ，分别接通电动机定子绕组，其电路是：

A 相—RD$_1$—DBQ$_{11-21}$—1DQJ$_{12-11}$—电动机 A 绕组

B 相—RD$_2$—DBQ$_{31-41}$—1DQJF$_{12-11}$—2DQJ$_{111-112}$—转辙机接点（43—44）—遮断开关 K—电动机 B 绕组

C 相—RD$_3$—DBQ$_{51-61}$—1DQJF$_{22-21}$—2DQJ$_{121-122}$—转辙机接点（41—42）—电动机 C 绕组

三相交流电动机相序为 A—B—C，电动机正转。

这样，原 SDZ 和 DD 组合中的 1DQJ 和 2DQJ 没有作用，是在原电路改造时引出条件而保留的，这两个继电器不插。

单独操纵道岔时，1DQJ 励磁电路、2DQJ 转极电路与四线制直流电动转辙机电路原理相同。1DQJ 自闭电路、三相交流电动机电路与上述进路操纵交流转辙机电路原理相同。

S700K 型电动转辙机和 ZD6 型电动转辙机道岔启动电路原理的主要区别在于以下几方面：

（1）交流转辙机启动电路增设断相保护器 DBQ 和保护继电器 BHJ，防止因断相而烧坏电机。

（2）交流转辙机启动电路增设时间继电器 TJ，当 1DQJ 吸起后开始计时，延时 13 s 后吸起，当电动转辙机转动超过 13 s 后，TJ 吸起断开 1DQJ 自闭电路和 1DQJF 励磁电路，使电动机停转，防止电动机长时间运行而烧坏。

（3）直流电动转辙机的 $1DQJ_{1-2}$ 线圈自闭电路和电动机线圈串联，起到监督电动机作用，而交流转辙机 $1DQJ_{1-2}$ 线圈自闭电路由 BHJ 吸起后构成，没有和电动机线圈串联。

（4）交流转辙机改变电动机旋转方向是由 2DQJ 转极后改变三相交流电源的相序来实现的，而 ZD6 型电动转辙机是通过改变激磁绕组中的电流方向实现的。

2. 多机牵引

（1）在多机牵引情况下，应设总断相保护器 ZBHJ 和切断保护继电器 QDJ。当道岔的尖轨为多机牵引时，尖轨应设置 ZBHJ 和 QDJ，用来监督尖轨各牵引点转辙机的同步工作，即尖轨上的多台转辙机有一台不启动时，须切断尖轨上的所有转辙机电源，停止转换。同样，如果心轨采用可动心轨多机牵引，则心轨也应设置 ZBHJ 和 QDJ，用来监督心轨各牵引点转辙机的同步工作。

图 5-1-6 所示为尖轨采用双机牵引时的 ZBHJ 电路和 QDJ 电路，将两牵引点转辙机 BHJ 前接点接入 ZBHJ 的励磁和自闭电路中。总断相保护继电器 ZBHJ 平时处于落下状态，当尖轨两台转辙机均开始转换时，两台转辙机的 BHJ 均励磁吸起，接通 ZBHJ 经 1—2 线圈的励磁电路，并经 $ZBHJ_{3-4}$ 线圈吸起自闭。

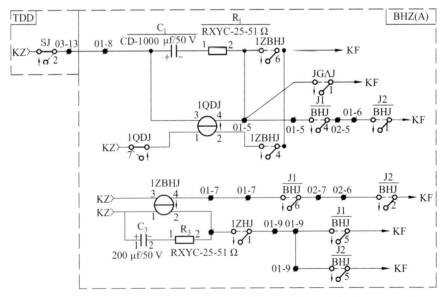

图 5-1-6　双机牵引单动道岔的 ZBHJ 和 QDJ 电路

切断保护继电器 QDJ 平时通过 3—4 线圈上两个牵引点的保护继电器 BHJ 后接点保持吸起。当两牵引点的转辙机开始转换时，两个 BHJ 吸起，使总保护继电器 ZBHJ 吸起，通过 ZBHJ 前接点接通 QDJ 的另一条励磁电路和经 1—2 线圈的自闭电路，使 QDJ 一直保持吸起。在两牵引点的转辙机都转换到位后，两个 BHJ 均落下，ZBHJ 因励磁电路和自闭电路均断开而落下，QDJ 由自闭电路继续保持吸起。为了使 QDJ 在 BHJ、ZBHJ 继电器在接点转换过程中能可靠吸起，在其 1—2 线圈励磁电路中并联了 RC 电路，以获得缓放。

（2）在多机牵引情况下，为实现尖轨各牵引点转辙机的同步工作，尖轨各牵引点 1DQJ 经 1—2 线圈的自闭电路中需接入该尖轨的 QDJ 前接点。尖轨进行多机牵引时，若有任一牵引点转辙机因故不能转换，则该牵引点的 BHJ 无法励磁吸起，ZBHJ 将无法吸起，此时，QDJ 自闭电路由于其他牵引点转辙机 BHJ 的吸起而断开，QDJ 落下。QDJ 落下后，断开该尖轨各牵引点 1DQJ 自闭电路，使各牵引点的 1DQJ、1DQJF、BHJ 分别落下，各牵引点道岔停止转换。同样，为实现心轨各牵引点转辙机的同步工作，在心轨各牵引点 1DQJ 经 1—2 线圈的自闭电路中也需接入该心轨的 QDJ 前接点。

（3）此外，在多机牵引情况下，必须使尖轨和心轨的多台转辙机顺序启动。为了达到顺序启动的目的，在各牵引点的 1DQJ 经 3—4 线圈的励磁电路中，需接入其前一牵引点 1DQJ 的前接点，如图 5-1-7 所示。例如，对采用三机牵引的尖轨，为保证该尖轨上三机顺序启动，在第二机 1DQJ 经 3—4 线圈的励磁电路中接入该尖轨第一机的 1DQJ 前接点，而在第三机 1DQJ 经 3—4 线圈的励磁电路中接入该尖轨第二机的 1DQJ 前接点，以达到三机的 1DQJ 顺序励磁、各牵引点转辙机顺序启动的目的。

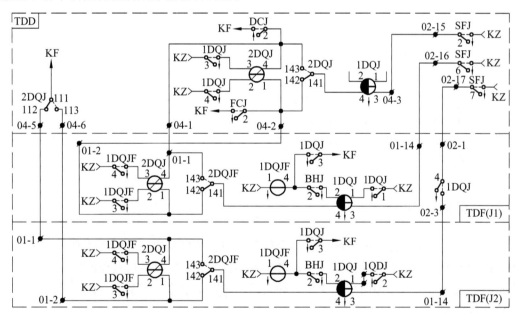

图 5-1-7　双机牵引单动道岔的启动电路

四、ZYJ7 型电液转辙机控制电路

ZYJ7 型电液转辙机控制电路，其室内电路与 S700K 型交流电动转辙机室内电路相同，室外电路略有差别。该图是定位时 1、3 排接点闭合，若定位时 2、4 排接点闭合，则只需将 X_2 与 X_3，X_4 与 X_5 互换，二极管极性互换即可。

ZYJ7 型电液转辙机（主机）带有 SH6 型转换锁闭器（副机），道岔尖轨和可动心轨的第一牵引点由主机牵引，第二牵引点由副机牵引。启动电路中主、副机的接点是并联的，当主、副机动作不同步时，若主机先转换到位，虽其动作接点断开，但仍能经另一排接点和副机的接点给主机中的二相交流电动机接通电源，使副机转换到位。

客运专线车站道岔控制电路：

（1）尖轨用遗岔控制电路。

客运专线车站道岔可采用 S700K 型电动转辙机，也可采用 ZYJ7 型电液转辙机，其道岔控制电路的原理与前面的提速道岔控制电路基本相同。在道岔启动过程中，从第一牵引点开始向第六牵引点顺序供电，也就是第一牵引点 1DQJ 吸起后，通过 1DQJ 继电器前接点给第二牵引点 1DQJ 送电，第二牵引点 1DQJ 吸起后，再通过第二牵引点 1DQJ 继电器的前接点给第三牵引点 1DQJ 送电，以此类推，第五牵引点 1DQJ 继电器吸起后，通过第五牵引点 1DQJ 前接点给第六牵引点的 1DQJ 继电器送电，使之吸起，形成顺序启动。这种控制方式可以避开转辙机启动电流的峰值，有利于电源系统的选配。

（2）心轨用控制电路。

可动心轨控制电路根据道岔要求设置 3 个牵引点，其动作原理和控制电路与尖轨相同，3 个牵引点也是顺序启动。

（3）表示继电器电路。

按要求，表示继电器每个牵引点各设置 1 台 DBJ 和 FBJ，再设置 1 套总表示继电器，当各个牵引点的表示继电器全部吸起后，通过各个牵引点表示继电器前接点串联给主组合中的总的道岔表示继电器 DBJ 和 FBJ。

（4）道岔同步保护电路。

道岔同步保护电路尖轨和心轨各设 1 套，尖轨用 1QDJ 和 1ZBHJ，心轨用 2QDJI 和 2ZBHJ。当尖轨 6 个牵引点的 6 台 BHJ 都吸起时，1ZBHJ 才能吸起，进而使 1QDJ 自闭。当心轨 3 个牵引点的 3 台 BHJ 都吸起时，2ZBHJ 才能吸起，进而使 2QDJ 自闭。只有所有的 BHJ 均落下时，QDJ 才落下。

五、实践操作

交流道岔控制电路故障时，要在控制台处仔细观察故障现象，分析故障原因。通过现象找出故障的本质原因。有些故障是由于设备接触不良所致，所以经过室内的操作，有些故障可以自行恢复。在处理故障时，无论是启动电路还是表示电路，其基本方法都是利用表示电源来查找故障点。

（一）启动电路故障分析

当道岔单独操纵到反位不动作时：

（1）首先检查 1DQJ、1DQJF 是否吸起，2DQJ 是否转极。针对控制电路部分的继电器动作不正常，可按照下列动作逻辑关系式进行检查：

AJ↑及 ZFJ↑（或 FCJ↑）→1DQJ↑→1DQJF↑→2DQJ 转极

（2）当确定室内道岔控制电路动作正常后，进一步观察 BHJ 是吸起后落下还是根本没有吸起。

若 BHJ 根本不吸起，则应检查组合侧面的 380 V 电源是否正常，断路器是否良好。若电源正常，但到分线盘测试时电源缺相（X_1、X_3、X_4），则可能是 DBQ 到 1DQJ 及 1DQJF 的相应接点间断线，也可能是 DBQ 内部故障。

若在分线盘位置处测出电源正常，则应当把故障定位到室外，在室外重点检查转辙机遮断开关及速动开关的接点接触情况。

若 BHJ 先吸起然后再落下，说明三相负载部分良好，应重点观察 BHJ 和 1DQJ 落下的先后顺序：若 BHJ 先落下，可能是 DBQ 不良，可以更换一台再尝试；若 BHJ 在 1DQJ 落下后再落下，则说明可能是 1DQJ 自闭电路有问题。

（二）故障处理方法

（1）判断室内外故障位置。

控制台显示定位表示良好，向反位扳动道岔时定位表示灯灭灯，电流表未动，扳回定位后，定位表示良好，表示灯熄灭，说明 2DQJ 已经转极，这时应首先在分线盘测量 X_1、X_3 间，X_3、X_4 间的环阻，如果无穷大，说明 X_3 室外断线；如果在现场电缆盒测量 X_1、X_3 间，X_3、X_4 间的环阻无穷大，说明电机内部有断线的地方，应用万用表测量，找出开路点并修复。

道岔分线盘端子 X_2 与 X_1、X_3、X_4 之间的电压大约在 57 V（交流）、22 V（直流）。如果分线盘测量 X_1、X_2 间，X_1、X_4 间交流为 70 V，直流为 30 V，比平时电压值偏大，说明表示通路的二极管回路未能构成。因为表示用二极管和 300 Ω 电阻串联后与表示继电器形成并联回路，当交流负半周时，二极管整流电路成为了表示继电器的缓放电路。表示继电器能在副半周保持吸起，只有当 X_4 断线时，表示继电器回路断开，由于整个表示电路负载减小，形成了较高的交直流电压值。这时将道岔向反位扳动，如 X_1、X_3 间，X_3、X_4 间电源缺相，则应判明是 X_4 断线，室外开路。如此时 X_1、X_2 间，X_2、X_4 间交直流偏高，说明是 X_4 室内开路。

（2）启动电路室内故障处理方法。

① 1DQJ 不吸起的故障现象：道岔操纵不动，且有表示。

处理方法：在确认相关继电器都在吸起状态后，用万用表测量 1DQJ 的励磁电路即可。

② 1DQJF 不吸起的故障现象：道岔操纵不动，表示断开以后再恢复。

处理方法：首先确认线圈 1 有正电源，再用红表笔固定在 06-1 端子上，黑表笔依次测量 $1DQJ_{32-31}$（经 30 s 后 TJ 吸起，说明 $1DQJ_{32-31}$ 良好）、TJ_{32-31}、线圈 4 有无负电源。

③ 2DQJ 不转极的故障现象：道岔操纵不动，表示断开以后再恢复。

处理方法：固定 KF，测 KZ—1DQJF—2DQJ 故障点（经 30 s 后 TJ 吸起，切断 1DQJF 工作电路后，1DQJF 落下，2DQJ 就不能转极）。

④ 1DQJ 不能自闭的故障现象：电流表指针动一下马上回零，道岔不能正常启动，表示断开。

处理方法：先观察继电器动作情况，包括 BHJ、QDJ 等，条件满足后查 KZ 电源或用电阻挡查找（因为 1DQJF 已经动作，共用电路部分是好的），用负表笔固定在 06-3，正表笔测 BHJ 第 3 组前接点，有正电后，如果 1DQJ 自闭电路不断，但是 1DQJ 不能自闭，就要检查串联在 1DQJ 的 1—2 线圈电阻值（27 Ω）有无变化。

⑤关 BHJ 不能动作故障现象：道岔不能正常启动，表示断开，1DQJ 不能自闭。

处理方法：

a. 首先用万用表测试 BHJ 动作电路中的正反向电阻值。正向应在 1 350 Ω 左右、反向应在 1 700 Ω 左右（正向测的是断相保护器和 JWXC-1700 继电器的阻值）。

b. 判断 1DOJ 第 1 组前接点、1DQJF 第 1 组前接点、1DQJF 第 2 组前接点是否有 380 V 电压。

c. 定位向反位操纵不动，操纵回定位有表示。可用定位表示电压测 X_2 与 X_3，有电压则故障在室内，若固定在 X_2 与 2DQJ123 测有电压，说明定位操纵反位室外电路正常。

（3）启动电路室外断线故障处理方法。

① 道岔在定位时：在电缆盒测 X_2 与 X_3（或 X_2 与 X_4）的电压，如有电压说明对应的电缆断线；如无电压说明故障点在电缆盒端子与电机相对应的端子之间。

② 道岔在反位时：在电缆盒测 X_3 与 X_2（或 X_3 与 X_5）的电压，如有电压说明对应的电缆断线；如无电压说明故障点在电缆盒端子与电机相对应的端子之间。

任务二　交流道岔表示电路分析及故障处理

【知识目标】

（1）理解交流道岔表示电路工作原理；
（2）掌握交流道岔表示电路实现过程中使用的关键继电器的特性；
（3）掌握交流道岔表示电路关键继电器的励磁、自闭电路的构成原理。

【能力目标】

（1）能够依照铁路现场制度要求和标准化作业程序正确进行电气测试，具有根据故障现象完成交流道岔表示电路部分一般故障分析的能力；
（2）熟练掌握正确处理交流道岔表示电路室内一般断线故障的方法；
（3）熟练掌握正确处理交流道岔表示电路室外一般断线故障的方法。

【相关知识】

一、S700K 型交流转辙机道岔表示电路

交流转辙机道岔表示电路用道岔表示继电器线圈与半波整流二极管并联的方式构成。下面以图 5-1-5 为例说明道岔表示电路的工作原理。

定位表示时，DBJ 励磁电路在电源负半周接通。

正半周：BD_{II-3}—R_1—$1DQJ_{23-21}$—$2DQJ_{131-132}$—$1DQJF_{13-11}$—$2DQJ_{111-112}$—转辙机接点（33—34）—转辙机接点（15—16）—二极管 Z_{2-1}—R_2—转辙机接点（36—35）—电动机绕组 B—电动机绕组 A—$1DQJ_{11-13}$—BD_{II-4}。

负半周：BD_{II-3}—R_1—$1DQJ_{23-21}$—$2DQJ_{131-132}$—DBJ_{4-1}—转辙机接点（11—12）—电动

机绕组 C—电动机绕组 A—1DQJ$_{11-13}$—BD$_{II-4}$。

在电源正半周时，经整流二极管 Z 构成回路，电能消耗在电阻 R$_2$ 上；电源在电源负半周时，二极管不导通，使 DBJ 吸起，检查了电动转辙机的定位接点接通。

反位表示时，FBJ 励磁电路在电源正半周时接通。

正半周：BD$_{II-3}$—R$_1$—1DQJ$_{23-21}$—2DQJ$_{131-133}$—FBJ$_{1-4}$—转辙机接点（41—42）—电动机绕组 C—电动机绕组 A—1DQJ$_{11-13}$—BD$_{II-4}$。

负半周：BD$_{II-3}$—R$_1$—1DQJ$_{23-21}$—2DQJ$_{131-133}$—1DQJF$_{23-21}$—2DQJ$_{121-123}$—转辙机接点（23—24）—转辙机接点（45—46）—R$_2$—二极管 Z$_{1-2}$—转辙机接点（26—25）—电动机绕组 B—电动机绕组 A—1DQJ$_{11-13}$—BD$_{II-4}$。

在电源正半周时，二极管 Z 不能导通，使 FBJ 吸起，检查了电动转辙机的反位接点接通；在电源负半周时，经整流二极管构成回路，电能消耗在电阻 R$_2$ 上。

交流转辙机道岔表示电路与直流电动转辙机表示电路相比较，其特点在于：

（1）道岔表示继电器 DBJ 和 FBJ 与二极管整流电路并联。当二极管截止时，半波电流经表示继电器线圈使 DBJ 或 FBJ 吸起。当二极管导通时，表示继电器线圈两端电压接近于零，但线圈产生的自感电流经二极管使继电器保持吸起。所以取消了在直流电动转辙机电路中表示继电器线圈并联的电容器 C，提高了表示电路的可靠性。

（2）道岔表示继电器励磁电路经电动机绕组，起到监督电动机的作用，同时要检查转辙机接点动作一致性。

设在原道岔组合中的道岔表示继电器为总道岔表示继电器。总表示继电器 DBJ 或 FBJ 要经道岔心轨和可动尖轨的各 DBJ 或 FBJ 前接点构成励磁电路。双动道岔总表示继电器则要检查第一动心轨、尖轨及第二动心轨、尖轨的 DBJ 或 FBJ 前接点后才能吸起。

二、ZYJ7 型电液转辙机表示电路

图 5-2-1 所示为 ZYJ7 型电液转辙机控制电路，定位时 1、3 排接点闭合，若定位时 2、4 排接点闭合，则只需将 X$_2$ 与 X$_3$，X$_4$ 与 X$_5$ 互换，二极管极性互换即可。

表示电路中 DBJ 或 FBJ 励磁吸起时必须检查 SH6 型转换锁闭器中的表示接点。表示接点接通规律与双动道岔相同，必须通过串联 ZYJ7 型电流转辙机与 SH6 型转换锁闭器的表示接点来保证在转辙机动作完毕并在锁闭状态下才接通响应表示。

三、直流转辙机和交流转辙机控制电路的结合电路

在铁路提速区段的站场，有些双动道岔一端位于正线，另一端不在正线上。在正线上的提速道岔应采用 S700K 型或 ZYJ7 型交流转辙机，不在正线上的道岔采用 ZD6 型直流电动转辙机，对同一组双动道岔因为采用的转辙机类型不同，存在控制电路的结合问题。结合电路分为两种情况：一是一端是交流转辙机、固定辙叉，另一端为 ZD6 型转辙机；二是一端为交流转辙机、可动心轨，另一端为 ZD6 型转辙机。

图 5-2-2 所示为一端是 S700K 型固定辙叉，另一端为 ZD6 型转辙机的结合电路。

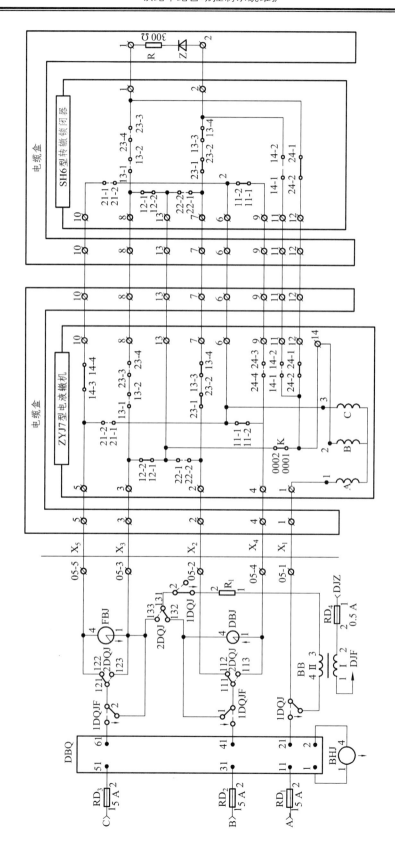

图 5-2-1　ZYJ7 型电液转辙机控制电路

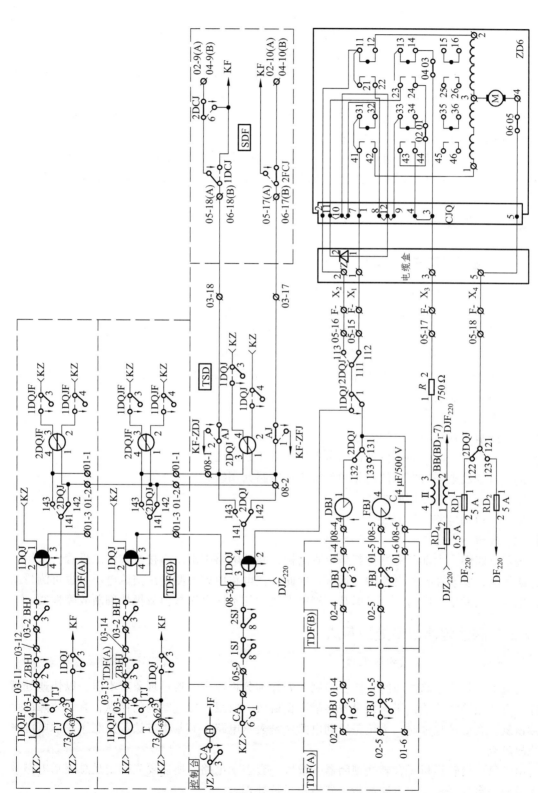

图 5-2-2 S700K 型固辙叉与 ZD6 型结合电路

结合电路中，道岔启动电路是从提速道岔双动主组合 TSD 内将控制条件引至正线上道岔尖轨两牵引点 TDF 组合的 1DQJ 和 2DQJ 电路，使两牵引点转辙机用的 1DQJ 励磁，2DQJ 转极，实现两牵引点 S700K 型转辙机同步动作。

在表示电路中，将正线提速道岔各牵引点转辙机用的 DBJ 和 FBJ 前接点分别串联在 TSD 组合的 DBJ 和 FBJ 电路中。只有提速道岔各牵引点 DBJ 和 FBJ 吸起，非提速端道岔的 DBJ 或 FBJ 才会吸起。该表示继电器的吸起反映了双动道岔动作的一致性。因此，非提速端 TSD 组合内的 DBJ 和 FBJ 是双动道岔总的 DBJ 和 FBJ。

当一端是交流转辙机、可动心轨，另一端为 ZD6 型转辙机时，结合电路与上述结合电路基本相同，只是增加了可动心轨两牵引点的 TDF 组合的 1DQJ 和 2DQJ 电路环节。

四、实践操作

（一）表示电路故障分析

由于每一台转辙机（内含转换锁闭器）设置一套表示电路，所以要先确定是总表示电路故障还是某一台转辙机表示电路故障，再进行故障处理。

道岔在定位时，X_2 与 X_1、X_4 间的交流电压在 $55 \sim 60$ V，直流电压为 $21 \sim 24$ V；道岔在反位时，X_3 与 X_1、X_5 间的交流电压在 $55 \sim 60$ V，直流电压为 $21 \sim 24$V。DBJ 和 FBJ 的线圈交流电压在 58 V 左右，直流电压在 $21 \sim 22$ V。若表示电路故障，则相应表示继电器不吸起，应首先检测分线盘电压。

（1）规律特点之一

四条控制线各线的作用分别是：

X_1——控制电动机向定位动作和定位表示电路共用线；

X_2——控制电动机向反位动作和反位表示电路共用线；

X_3——表示电路专用回线；

X_4——启动电路专用回线。

（2）规律特点之二

表示电路中，大部分元器件都是串联结构，并且电路中由于串接有整流二极管，采用了位置防护法，安装在室外电路的最远端，因此，在电路中即可测量出交流电压，也可测量出直流电压，当发生故障时，可根据某一测试点测试的不同电压数值或极性判断故障性质。

（二）表示电路故障处理方法

1. 室内表示电源断线故障处理

交流道岔控制电路故障时，要在控制台处仔细分析原因，透过现象看本质，以快速处理故障。有些故障往往是由于室外设备接触不良所致，所以，经过室内的操纵，有些故障即可自然恢复。在处理故障时，无论是启动电路还是表示电路，其基本方法都是利用表示电源来查找故障点。

由于每一台转辙机（含转换锁闭器）设置一套表示电路，所以要先确定是总表示电路故障还是哪一台转辙机表示电路故障，然后再进行处理。

（1）表示电路正常时的工作电压。

道岔在定位时，X_2 与 X_1、X_4 间的交流电压在 55～60 V，直流电压为 21～24 V；道岔在反位时，X_3 与 X_1、X_5 间的交流电压在 55～60 V，直流电压为 21～24 V。DBJ 和 FBJ 的线圈交流电压在 58 V 左右，直流电压在 21～22 V。

（2）故障分析（假定某转辙机的表示电路故障）。

正常情况下，在分线盘测量 X_2 与 X_1（反位测量 X_3 与 X_1）间交流电压在 60 V 左右，直流电压为 21～22 V。如电压相差太多，说明某处有故障。

① 测分线盘电压，X_2 与 X_1（反位为 X_3 与 X_1）间无电压（为 0 V 或非常小）。

此时可以测 R_1 两端电压，若无电压，则说明是室内表示电源断线故障，当测到较高的交流电压时（约为 110 V），则说明室外有混线故障（由于混线的位置和程度不同，X_1 与 X_2 间可以测到大小不同的低电压，此时，R_1 电阻较正常热）。

② 测分线盘电压，定位测 X_2 与 X_1、X_3、X_4（反位测 X_3 与 X_1、X_2、X_5）有交流 110 V 电压，则为室外断线故障。检查室外开闭器接点是否闭合、遮断开关接点接触是否良好，电机配线和整流匣有无断线。

③ 测分线盘电压，定位测 X_2 与 X_1（反位测 X_3 与 X_1）的交流电压为 20～30 V，没有直流电压，则为室外整流匣中的二极管混线。

④ 测分线盘电压，定位测 X_2 与 X_1（反位测 X_3 与 X_1）的交流电压为 65 V 左右，直流电压为 35 V 左右，则为 X_4（反位为 X_5）外线断线。

（3）处理方法。

如果测得表示变压器没有交流电压（110 V），那么可以判断是电源故障，需要依次检查电源、断路器、变压器和连线；如果有电压，则可以判断是室内断线故障，可依次检查电阻 R_1、$1DQJ_{21-23}$、$2DQJ_{131-132}$、$1DQJF_{13-11}$、$2DQJ_{111-112}$、$1DQJ_{11-12}$ 及连线。

2. 室外混线故障处理

测分线盘电压，定位 X_1 与 X_2、X_3 间的电压应该是 5.8 V，X_1 与 X_4 间电压为 2.9 V，测量 X_1 与 X_2、X_3 间的电压应该是 5.8 V，X_1 与 X_5 间电压为 2.9 V。若测得的电压大于该额定值，那么可以判断为室外混线故障，需要依次查找电缆、电机、接点、整流匣等室外设备。

3. 室外断线故障处理

（1）X_1 或 X_2 断线故障处理（反位是 X_1 或 X_3 断线）。

在分线盘的 X_1 与 X_2 上有 110 V 交流电压，而到电缆盒处无电压，说明电缆断线。此时，如 X_1 与 X_4 间有小电压，说明 X_2 电缆断线；如无小电压，说明 X_1 电缆断线。

在分线盘的 X_1 与 X_2 上有 110 V 交流电压，到电缆盒处也有 110 V 电压，说明电缆盒至转辙机间有断线故障，继续用测 X_1 与 X_2 之间电压的方法查找，找到的有无电压的临界点就是故障点。

（2）X_4 断线故障处理（反位是 X_5 断线）。

若在分线盘 X_1 与 X_2，测得的交流电压为 65 V 左右，直流电压为 35 V 左右，X_1 与 X_4 间的交流电压为 110 V，则为 X_4 外线断线。到电缆盒处测量，如无 110 V 电压，说明 X_4 电缆断线；如有 110 V 电压，则继续用测量 X_1 与 X_4 间电压的方法查找，找到的有无电压的临界点就是故障点。

4. X_2 与 X_1 混线故障判断

（1）道岔定位失去表示时，在分线盘测量 X_1、X_2 间的电压，若没有直流电压，交流有 $0.2 \sim 20$ V 的电压，这时别扳动道岔，将 X_2 的电缆甩开再测量。若有交流 110 V 电压，则应判断室外 X_2 与 X_4 混线，至现场电缆盒再测。室内分线盘 X_2 复原，则在室外电缆盒甩开 X_2 再测，若有交流 110 V 电压，说明混线点在电机内部，应逐点查找；若没有交流 110 V 电压，说明 X_1、X_2 间电缆混线，更换电缆即可。

（2）现场道岔表示电路的二极管整流电路中二极管击穿时在分线盘测试的电压与测量 X_1、X_2 间混线的电压的方法相类似。混线故障故障和二极管击穿相比，二极管击穿的可能性更大，虽然现场用的二极管是 4 只二极管串并联使用，但一只二极管击穿，一般不影响电路正常工作，日常维护难以发现。即正常使用的一支二极管击穿和分其串联的一支二极管击穿两种情况。表现出相同的后果，因此在处理上述情况时，应优先考虑二极管的击穿问题。

（3）若分线盘甩开 X_2 测量 X_2、X_1 间的电压仍有交流电压 $0.2 \sim 20$ V 时，则应判断为室内混线。

（4）应注意，在处理 X_1、X_2 间无直流，低交流的故障时，在未查明故障原因前，不甩线就杜绝动作道岔，以防将二极管击穿。二极管击穿电路为：

A—RD1—DBQ—1DQJ—X_1—电机线圈—主机—副机—电阻二极管—副机—主机—X_4 - 2DQJ—1DQJ—DBQ—RD_2—B

5. X_1、X_4 间混线故障分析

当 X_1、X_4 间混线时，道岔不失去表示，分线盘测试交直流电压无明显的变化，由定位向反位扳动道岔时，在分线盘测出交流 380 V 电压，说明室外 X_1、X_4 间混线。到室外电缆盒再测，甩开 X_1 若有 380 V 电压，说明短路点在电机内部，应逐点查找；若没有 380 V 电压，说明是 X_1、X_4 间电缆混线，更换即可。如分线盘甩井 X_1 测量仍没有交流 380 V 电压，一动作道岔断熔丝，说明室内故障。

项目六 信号控制电路分析及故障处理

【项目导引】

信号控制电路的任务是：在选出、排通进路后，检查建立进路的三项基本联锁条件，锁闭进路，开放信号。

信号控制电路共有 4 条网络线，即 8～11 线：

第 8 网络线是 XJJ 的网络线，应检查进路是否空闲、道岔位置是否正确及敌对进路是否在未建立状态；

第 9 网络线是 QJJ 和 GJJ 的励磁网络线，为锁闭进路准备条件；

第 10 网络线是 QJJ 的自闭网络线，防止列车迎面错误解锁，保证行车安全；

第 11 网络线是 XJ 的网络线，检查开放信号的所有条件，满足条件 XJ 吸起，接通信号电灯电路，使信号开放。

通过本项目的学习，学生在掌握信号控制电路组成、作用及电路原理的基础上，达到具有独立完成分析、判断及查找信号控制电路故障的能力。

任务一 单元继电器电路分析及故障处理

【知识目标】

（1）掌握进路锁闭及进路解锁的各项条件；

（2）掌握 QJ、JYJ、ZCJ 等单元继电器的设置、作用及电路原理；

（3）掌握独立分析、判断及查找信号控制电路单元继电器电路故障的方法。

【能力目标】

（1）能正确使用工具、仪表；

（2）能独立分析判断及对查找信号控制电路单元继电器电路进行一般断线故障的处理；

（3）培养安全意识、团队合作能力。

【相关知识】

一、进路锁闭的概念

进路锁闭是指建立进路后，将进路上各区段的道岔锁在规定位置，并使敌对进路不能建立。进路锁闭后,列车驶入进路,立即使信号关闭,如果列车或调车车列不出清进路,则进路不能解锁。进路锁闭是通过各区段的锁闭继电器 SJ 落下来实现的,根据对行车安全的影响,进路锁闭分为预先锁闭和接近锁闭。

预先锁闭是指在信号开放后,接近区段没有车占用时的锁闭。要使进路解锁,只需办理取消进路手续后,使信号关闭即可。进路锁闭设置预先锁闭是为了提高行车效率。当进路锁闭,信号开放后,在车未驶入接近区段时,因故要取消已建立的进路,可按取消进路方式办理:关闭信号,进路立即解锁,为建立新的进路准备条件。

接近锁闭是指在信号开放后,接近区段已经有车占用时的锁闭。此时不能用办理取消进路的手续使进路解锁,只有等列车通过进路后逐段解锁或一次解锁,或者用人工解锁的方法使进路延时解锁。接车进路和正线发车进路的人工解锁从信号关闭时起延时 3 min,站线发车进路和调车进路延时 30 s。进路锁闭设置接近锁闭是为了保证行车安全。这是因为当信号开放后,接近区段有车占用,如果取消进路,使信号机由允许灯光突然变为禁止灯光,则车很有可能冒进信号。设置接近锁闭,按人工解锁方式,信号关闭后进路延时解锁,以保证进路解锁时车已停住,防止发生行车事故。

进路的预先锁闭和接近锁闭是在信号开放后,由接近区段是否有车来区分的。接近区段一般是指信号机前方的区段,接近区段的长度是由列车或调车车列的运行速度决定的。我国铁路对于接近区段的规定如下:

进站信号机的接近区段必须大于 800 m。在非自动闭塞区段从预告信号机前方 100 m 处起至进站信号机止;在自动闭塞区段为进站信号机外方的一个闭塞分区时,最小长度为 1 200 m,一般不超过 1 500 m。

出站信号机的接近区段为股道。正线的出站信号机在办理通过进路时,其接近区段要由同方向的进站信号机起至该出站信号机止。

调车信号机的接近区段为其外方的轨道电路区段,最短不少于 25 m。当调车信号机的外方未设轨道电路区段时,那么,调车信号机开放后,进路便立即无条件地转入接近锁闭状态。

二、接近预告继电器 JYJ 电路

进路的预先锁闭和接近锁闭是由信号开放后,接近区段是否有车来区分的。接近预告继电器 JYJ 的作用就是在信号开放后用来反映接近区段是否空闲,因此进路的两种锁闭状态可由接近预告继电器 JYJ 来区分,即车未驶入接近区段时,JYJ 吸起,表示进路处于预先锁闭状态;当车驶入接近区段后,JYJ 落下,进路处于接近锁闭状态。

信号开放后要由 JYJ 来区分进路的两种锁闭状态,因此一般对应于每架信号机均要设一个 JYJ,进站信号机内方带调车信号机、出站兼调车信号机可以合用一个 JYJ,它们都设在信号组合里。

因为各种信号机的接近区段不同,所以 JYJ 的电路有以下 3 种类型:

(1)调车信号机专用的接近预告继电器 JYJ 电路。

如图 6-1-1 所示,接近预告继电器平时状态为吸起,反映接近区段无车,JYJ 落下状态反映接近区段有车占用。JYJ 励磁和自闭两条电路,用 JYJ 的 3—4 线圈励磁电路来反映接近区段有无车占用，用1—2线圈自闭电路来反映信号是否开放。

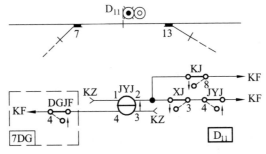

图 6-1-1　调车专用 JYJ 电路

在信号未开放时，无论接近区段有无车占用，JYJ 可由1—2线圈自闭电路保持吸起状态。当信号开放后，KJ 和 XJ 励磁吸起切断了 JYJ 的自闭电路，这时 JYJ 的状态取决于接近区段有无车：若接近区段无车占用，则 DGJF 吸起 JYJ 吸起，进路构成预先锁闭状态；若接近区段有车占用，则 DGJF 落下 JYJ 落下，进路构成接近锁闭状态。

当列车进入信号机内方并出清接近区段后，JYJ 随 DGJF 第4组前接点闭合而励磁吸起，通过本身第4组前接点及 XJ 第3组后接点经 JYJ 的1—2线圈而自闭。JYJ 不能由其1—2线圈电路励磁，因为在电路中接有本身的前接点。在正常情况下，车不出清接近区段，进路内方的第一个道岔区段不会解锁，KJ 不会落下，故 JYJ 不可能落下，所以 JYJ 也不能通过 KJ 后接点励磁吸起。因此，JYJ 必须在证明列车出清接近区段后才能重新励磁吸起。

当进路锁闭、信号开放、接近区段无车的情况下，JYJ 的1—2线圈断电，而经 JYJ 的3—4线圈吸起，这时进路处于预先锁闭状态，如果因故需要将进路取消，可采用取消进路的方式；当信号开放、接近区段有车时，JYJ 的1—2线圈、3—4线圈都断电，JYJ 落下，只有办理人工解锁，进路延时解锁后，JYJ 通过 KJ 的第2组后接点才重新励磁吸起。

（2）进站内方带调车和站线出站兼调车用的接近预告继电器 JYJ 电路。

进站内方带调车的进站信号机的接近区段为预告信号机至进站信号机之间的轨道区段，调车信号机的接近区段为进站信号机与调车信号机间的无岔区段。站线出站兼调车信号机的接近区段为股道。

图6-1-2所示为进站内方带调车用的接近预告继电器 JYJ 电路。由于 X 的接近区段为2JG，D3 的接近区段为 IAG，而这两架信号机共用一个 JYJ，因此 JYJ$_{1-2}$线圈电路中用列车开始复

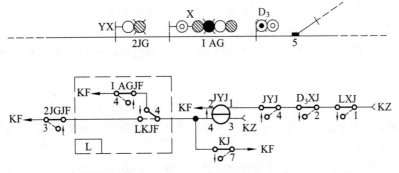

图 6-1-2　进站内方带调车共用的 JYJ 电路

示继电器 LKJF 的第 4 组接点把这两者区分开来。当进站信号机开放时,建立接车进路,LKJF 前接点接通,用 JYJ 反映 2JG 区段的情况;当调车信号机开放时,建立调车进路,LKJF 后 接点接通,用 JYJ 反映 IAG 区段的情况。

(3)正线出站兼调车信号机用的接近预告继电器 JYJ 电路。

正线出站兼调车信号机在不同情况下接近区段不同,办理通过进路时,其接近区段由同 方向的进站信号机开始至该出站信号机为止;在办理由股道向站外发车或调车进路时,其接 近区段是股道。其电路如图 6-1-3 所示。

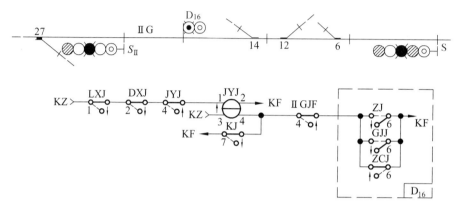

图 6-1-3　正线出站兼调车共用的 JYJ 电路

正线出站兼调车信号机用的 JYJ 的 3—4 线圈励磁电路的控制条件区分不同情况下的接近 区段有无车占用。其中串接有 ⅡGJF 前接点,用它反映股道上是否有车。无论办理通过、发 车还是办理调车进路,它们的接近区段都包括股道;用 D16GJJ 前接点间接反映进站信号机 S 至 D16 之间无车占用;用 D16ZCJ 是否落下接点来反映上行咽喉是否向 ⅡG 建立进路;用 D16ZJ 是否吸起接点来反映上行咽喉是否向 ⅡG 建立调车进路。

在办理通过进路时,由于 D16 的 GJJ 吸起,并使 D16ZCJ 落下,而 D16ZJ 落下,所以此 时 SⅡJYJ 能吸起,反映出进站信号机 S 至出站信号机 SⅡ 之间空闲,即办理通过进路时,正线 出站信号机的接近区段是空闲的。

当办理由 ⅡG 向上行方面的发车进路或调车进路时,假如此时另一咽喉未办理向 ⅡG 的 调车进路,则这时 D16ZCJ 是吸起的,而 D16GJJ 和 D16ZJ 均落下,所以此时 SⅡJYJ 吸起仅反 映股道空闲。假如此时另一咽喉办理向 ⅡG 的调车进路,那么 D16GJJ 将吸起,而 D16ZCJ 落 下,但此时 D16ZJ 吸起,所以 SⅡJYJ 吸起仍只反映出股道空闲。

接近预告继电器 JYJ 电路故障分析与判断:

接近预告继电器 JYJ 平时经 1—2 线圈和 3—4 线圈的励磁和自闭电路保持吸起状态。

1. 电路动作时机

(1)建立进路时,KJ 吸起,断开 JYJ$_{3-4}$ 线圈第一条励磁电路;信号开放后,XJ 吸起, 切断 JYJ$_{1-2}$ 线圈自闭电路;列车接近时,有关轨道继电器落下,切断 JYJ$_{3-4}$ 线圈的另一条励 磁电路,使 JYJ 落下。

(2)列车出清接近区段,有关轨道继电器吸起,使 JYJ 励磁并自闭(因此时信号已经关闭)。

(3)进路解锁后,KJ 落下,接通 JYJ$_{3-4}$ 线圈另一条励磁电路。

2. 故障现象及可能原因

平时因故落下的可能性不大，因为 JYJ 的励磁和自闭电路同时接通。

（1）故障现象：办理列车进路时，当第一次办理进路，列车通过后，JYJ 不能吸起；当办理第二次进路时，虽然接近区段无红光带，但进路不能正常取消，只能人工解锁。

故障原因：JYJ_{3-4} 线圈电路故障。

（2）故障现象：建立调车进路后，调车中途返回的进路不能解锁，因为第一种调车中途返回解锁方式，其解锁电路检查了 JYJ 的前接点。

故障原因：JYJ_{3-4} 线圈电路故障。

三、照查继电器电路

照查继电器的作用是用来反映是否向股道建立进路，从而用 ZCJ 锁闭同一股道的迎面敌对进路。"照查"就是指一个咽喉要向股道建立进路时，要照查另一咽喉未曾向同一股道建立迎面敌对进路。因此对应每一股道应设置两个 ZCJ，分别放在对应股道的出站信号机的 1LXF 或 2LXF 组合里，用来实现对同一股道迎面敌对进路的照查。

照查继电器电路如图 6-1-4 所示，ZCJ 平时保持吸起，反映本咽喉未向股道接车或调车；ZCJ 的落下反映已向股道建立接车或调车进路，同时使另一咽喉的迎面敌对进路不能建立。

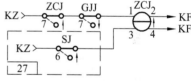

ZCJ 有两条电路，3—4 线圈在励磁电路中；1—2 线圈在自闭电路中。当向 ⅡG 建立进路时，由于 $S_{Ⅱ}$GJJ 吸起和进路最末一个道岔的 SJ 落下，分别断开 ZCJ 的 1—2 线圈自闭电路和 3—4 线圈励磁电路，使 ZCJ 落下。

图 6-1-4　照查继电器电路

在 ZCJ 电路中，只用 GJJ 后接点而不用 SJ 的前接点控制是不行的，因为 GJJ 吸起并不足以说明已建立向股道的接车进路或调车进路，只有再用 SJ 落下证明进路已经锁闭，才能说明建立了进路。只用 SJ 前接点不用 GJJ 的后接点控制也不行，因为 SJ 落下有可能是由股道向区间发车或向咽喉调车。因此，只有 GJJ 吸起且 SJ 落下才能说明建立了迎面敌对进路，ZCJ 才落下。

照查继电器 ZCJ 落下后，只有当进路中最末一个区段的道岔解锁，即 27 号道岔的 SJ 吸起，才能使 ZCJ 经由其 3—4 线圈重新吸起，而后又能由其 1—2 线圈自闭，使它保持在吸起状态。ZCJ 重新吸起，说明向股道建立的接车或调车进路已全部解锁，可以解除对另一咽喉迎面敌对进路的锁闭了。

照查继电器电路故障分析与判断：

照查继电器平时经励磁和自闭电路处于吸起状态。

1. 电路动作时机

（1）建立进路时，GJJ 吸起，切断 ZCJ 的自闭电路；当最终端的道岔区段锁闭后，因 SJ 落下，切断 ZCJ 的励磁电路，使 ZCJ 落下。

（2）进路解锁时，当最终端的道岔区段解锁时，SJ 吸起，ZCJ 励磁并自闭。

2.故障现象及可能原因

平时因故落下的可能性不大，因为其励磁和自闭电路同时沟通。

（1）故障现象：取消进路时，股道的白光带不消失；正常解锁时，列车进入股道后，整个股道仍然亮红光带。

故障原因：ZCJ 励磁电路故障。

（2）故障现象：办理发车进路时，整个股道均亮红光带。如果股道无车占用，则点亮整个股道上的白光带。因为只要进路锁闭，ZCJ 随 SJ 落下而落下，点亮股道上的光带。

故障原因：ZCJ 自闭电路故障。

四、取消继电器 QJ 电路

为了实现取消进路和人工解锁进路，在信号控制电路中对应每个咽喉区在相应的方向组合内设一个总取消继电器 ZQJ 和一个总人工解锁继电器 ZRJ。对应每架信号机各设一个取消继电器 QJ，对于出站兼调车、进站内方带调车信号机，列车信号和调车信号可合用一个 QJ。列车信号机的 QJ 在 LXZ 组合内，调车信号机的 QJ 在 DX 组合内。

在取消进路或人工解锁时，由 ZQJ、ZRJ 与 QJ 相互配合，可取消已经记录的操作命令，使有关继电器人工复原；还可关闭信号，完成进路的取消解锁和人工解锁。

（一）总取消及总人工解锁继电器电路

图 6-1-5 所示为总取消及总人工解锁继电器电路。

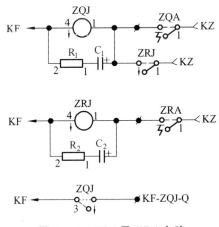

图 6-1-5 ZQJ 及 ZRJ 电路

ZQJ 和 ZRJ 实际上是 ZQA 和 ZRA 的接点复示继电器。当按下总取消按钮 ZQA 时，使总取消继电器 ZQJ 吸起，条件电源"KF-ZQJ-Q"接通，使后续的 QJ 吸起；条件电源"KZ-ZQJ-H"断开，使有关方向继电器和 DCJ 或 FCJ 等继电器人工复原。松开 ZQA 后，ZQJ 缓放落下；按下总人工解锁按钮 ZRA 时，总人工解锁继电器 ZRJ 吸起，以接通后续的人工解锁延时电路。此时 ZQJ 被 ZRJ 带动吸起，条件电源"KF-ZQJ-Q"有电，而条件电源"KZ-ZQJ-H"无电。松开 ZRA 后，ZRJ 和 ZQJ 先后落下。

在 ZQJ 和 ZRJ 的线圈上并联电容器 C 和电阻 R 的作用是为了使这两个继电器有 1 s 左右的缓放时间。这样，当办理取消或人工解锁进路时，按下 ZQAC 或 ZRA 和进路始端按钮的时间即使稍有先后，也能保证电路正常工作。

（二）取消继电器电路

取消继电器是用来关闭信号取消操作命令的，对应每架信号机设置一个取消继电器。根据信号性质不同，取消继电器电路又分为调车专用的取消继电器电路和列车与调车共用的取消继电器电路。

图 6-1-6 所示为调车专用的取消继电器电路。当按下 ZQA 和调车进路始端按钮后，因 DAJ 前接点闭合，条件电源"KF-ZOJ-Q"有电，所以接通 QJ$_{3-4}$ 线圈的励磁电路，使 QJ 吸起并自闭，直至条件电源"KF-ZQJ-Q"无电时，QJ 才落下。

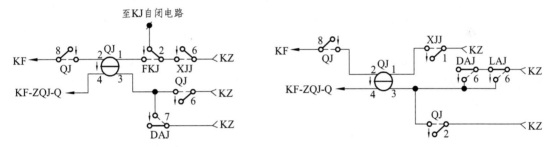

图 6-1-6　调车专用 QJ 电路　　　　　　图 6-1-7　列、调共用 QJ 电路

在办理取消进路和人工解锁时，要求 QJ 在进路未锁之前，一直保持吸起，而对于接车和正线发车进路的人工解锁要保持 3 min，站线发车和调车进路的人工解锁要保持 30 s，显然，只靠 QJ 的 3—4 线圈自闭电路是不行的，所以又设计了经 1—2 线圈的自闭电路。在这条自闭电路中，除有本身第 8 组前接点外，接有信号检查继电器 XJJ 的第 6 组前接点。只有证明解锁电路工作正常，XJJ 已经落下，才准许断开这条自闭电路，使 QJ 自动复原；该电路还接有 FKJ 第 2 组后接点，该接点在此电路中不起作用，是与 KJ 自闭电路共用一组 FKJ 的前接点带来的。

QJ 有了 1—2 线圈的自闭电路后，它的 3—4 线圈的自闭电路仍起一定的作用。当误碰了某个进路按钮时，其 AJ 吸起并自闭，这时要取消这一记录，只需要按压 ZQA 就可以使 AJ 落下。

应当注意，QJ$_{1-2}$ 线圈自闭电路不能代替 QJ$_{3-4}$ 线圈自闭电路，因为在取消误碰或误按的按钮继电器记录时，XJJ 并不吸起；QJ$_{3-4}$ 线圈的自闭电路也不能代替 QJ$_{1-2}$ 线圈的自闭电路，因为前者接通时间较短，而后者接通时间较长。

图 6-1-7 所示为列车和调车共用的取消继电器电路。出站兼调车信号机、进站内方带调车信号机采用这个电路。

列、调共用的 QJ 电路和调车专用的 QJ 电路基本相同。只是 3—4 线圈励磁电流中与 DAJ 前接点并联了一条 LAJ 前接点电路，以便按下列车进路按钮或调车进路按钮时，都能使列、调共用的 QJ 励磁。在图 6-1-7 电路中，没有 FKJ 接点，因为列车信号机的 KJ 电路没有共用 XJJ 前接点。

（三）取消继电器电路故障分析与判断

取消继电器平时处于落下状态。

1. 电路动作时机

（1）办理取消进路时，始端 AJ 吸起与 ZQJ 吸起相配合，QJ 经 3—4 线圈励磁并经该线圈自闭，松开总取消按钮，ZQJ 落下，切断 QJ_{3-4} 线圈自闭电路，QJ 复原。

（2）办理人工解锁时，ZQJ 吸起和始端 AJ 吸起使 QJ 励磁并经 3—4 线圈自闭，当 XJJ 吸起后，又接通 QJ_{1-2} 线圈的自闭电路。

ZQJ 落下后，切断 1—2 线圈自闭电路。进路解锁后，KJ 落下→XJJ 落下→QJ 落下。

2. 故障现象及可能原因

（1）故障现象：在办理取消进路或人工解锁进路时，信号不能关闭，进路也不能解锁。

故障原因：QJ_{3-4} 线圈励磁电路故障。

在一般情况下，QJ_{3-4} 线圈自闭电路故障不会影响电路动作。

（2）故障现象：在办理人工解锁时，能点亮延时表示灯，但该灯随总取消表示灯熄灭而熄灭，进路不能解锁。因为 ZQJ 落下→QJ 落下→1RJJ 或 2RJJ 落下→3 min 或 30 s 后人工解锁表示灯熄灭。

故障原因：QJ_{1-2} 线圈电路故障。

任务二　信号检查继电器电路分析及故障处理

【知识目标】

（1）掌握信号检查继电器的作用、设置及电路原理；
（2）掌握分析、判断及查找检查继电器电路故障的方法。

【能力目标】

（1）能正确使用工具、仪表；
（2）能独立分析判断及查找检查继电器电路进行一般断线故障的处理；
（3）培养安全意识、团队合作能力。

【相关知识】

信号检查继电器 XJJ 的作用是：

在建立进路时，进路锁闭之前由 XJJ 来检查开放信号的 3 项基本联锁条件，即进路空闲、道岔位置正确和敌对进路未建立。当满足这 3 项条件时，则进路始端的 XJJ 就励磁吸起，为锁闭进路准备条件。否则，就不允许锁闭进路，以免错误锁闭进路而影响作业效率。

在取消进路或人工解锁时，用 XJJ 来检查进路是否空闲，若进路空闲则使 XJJ 励磁吸起，为解锁进路准备条件；否则，就不允许解锁进路，以防止列车或车列驶入进路以后，还能使进路解锁，影响行车安全。

在调车进路的接近区段无车占用时，用 XJJ 来防止调车进路内轨道电路故障时进路错误解锁。

信号检查继电器 XJJ 设置在进路的始端部位，即每架信号机设置一个 XJJ，列调共用的信号点设一个 XJJ。列车信号机的 XJJ 放在 LXZ 组合内，调车号机的 XJJ 放在 DX 组合内。

信号检查继电器 XJJ 电路由 8 线网路电路和局部电路两部分构成。

（一）8 线网路的结构和检查的联锁条件

8 线网路是用来检查有无开放信号的可能性。检查的结果在进路始端用信号检查继电器 XJJ 的状态反映出来。

图 6-2-1 所示为控制 XJJ 的 8 线网路。XJJ 设在进路始端部位。当列车进路和调车进路始端在一起时，可合用一个 XJJ。从图中可看出，进站内方带调车信号机 X 和 D_3 共用一个 XJJ，出站兼调车信号机也共用一个 XJJ，而调车信号机各设一个专用的 XJJ，这些 XJJ 都放在信号组合里。

1．8 线网路结构

8 线网路有以下特点：

（1）8 线网路经 KJ 前接点向 XJJ 端子 4 提供 KF 电源，XJJ 端子 3 通过局部电路接入 KZ 电源；

（2）在网路中用 DBJ 或 FBJ 的第 1 组接点区分网路的站场形状（左反右定）；

（3）在网路中用开始继电器前接点来区分运行方向；

（4）在网路中用终端继电器 ZJ 接点来区分进路性质：调车进路时 ZJ 前接点接通 KF，列车进路时 ZJ 后接点接通 KF。

上述后三条是执行组网路的共同特点。

2．8 线网路检查的联锁条件

（1）进路空闲。

进路空闲是在 8 线网路上用串接各轨道电路区段的 DGJ 前接点来实现的。

检查进路空闲时，要注意有无侵限绝缘。所谓侵限绝缘，是指钢轨绝缘的设置位置距警冲标不足 3.5 m 的绝缘。有侵限绝缘时要检查侵限绝缘条件。

在图 6-2-1 中，道岔 5/7 和 1/3 之间有一个超限绝缘，由于该超限绝缘所在物理位置与 5/7 道岔弯股和 1/3 道岔弯股的距离很近，所以在该超限绝缘右边道岔 1/3 的定位上停留有车辆时，经由道岔 5/7 反位的进路（如 D_3 至 D_{11} 的进路）将不能被建立，否则车列经由 5/7 反位的进路时，和停留在超限绝缘右边 1/3 道岔定位上的车辆由于距离太近而可能发生侧面冲突。因而，要建立经 5/7 反位的进路，必须检查确保 3DG 上没有车辆（3DG/DGJF 前接点闭合），或者道岔 1/3 在反位（1/3FBJ 前接点闭合），这就是建立经道岔 5/7 反位的进路时的超限绝缘条件，即图中 3DG/DGJF 前接点和道岔 1/3FBJ 相并联。同理，建立经道岔 1/3 反位的进路时，在 8 线也应该检查超限绝缘条件（即 5DG/DGJ 前接点闭合或者 5/7FBJ 前接点闭合）。需说明的是，经道岔 1/3 弯股的进路和经道岔 5/7 弯股的进路是平行进路，可以同时建立。

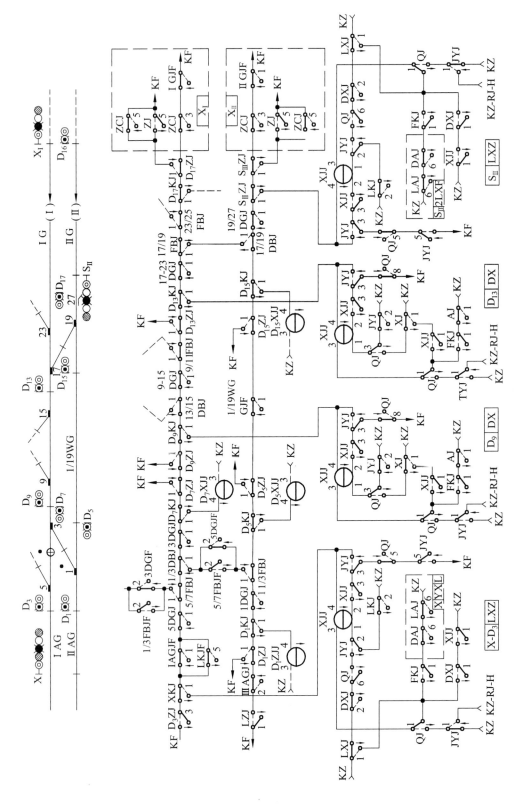

图 6-2-1 信号检查继电器电路

（2）进路上的道岔位置正确。

XJJ 线圈端子 4 经由 KJ 的前接点接到 8 网路线，其中，KJ 前接点间接地检查道岔位置正确这一联锁条件。应当指出，KJ 经由 7 线网路吸起时，虽然检查了各道岔位置正确，但它吸起后，7 线很快就断开，此后 KJ 是由自闭电路保持吸起的，而在自闭电路中，不反映道岔位置。因而，在 8 线网路对道岔位置的检查，仅能验证能否锁闭进路。在信号继电器 XJ 电路中，还要重新检查道岔位置。注意：不能把串接在 8 线上的道岔表示继电器接点理解为是检查道岔位置用的，因为有很多不是前接点而是后接点，而后接点是不能确切反映道岔位置的，它只起区分电路的作用。

（3）敌对进路未建立。

敌对进路包括本咽喉敌对进路和另一咽喉迎面敌对进路。本咽喉未建立敌对进路是通过 8 线上串接有敌对进路的 KJ 和 ZJ 的后接点来证明的。用这些后接点的接通证明本咽喉区的敌对进路确实在未建立状态。

另一咽喉区未建立迎面敌对进路，是在 8 线上相当于股道部位串接对方咽喉照查继电器 ZCJ 前接点来证明的。ZCJ 吸起证明另一咽喉没有向股道建立任何进路。应当注意的是，由两端同时向同一股道调车是允许的，它们不是迎面敌对进路。例如，在 D_{15} 向 ⅡG 调车 XJJ 的励磁电路中，在 8 线接有另一咽喉的 $X_{Ⅱ}ZCJ$ 第 5 组前接点和 $X_{Ⅱ}ZJ$ 第 5 组前接点。当另一咽喉向该股道调车时，尽管 $X_{Ⅱ}ZCJ$ 将落下，但 $X_{Ⅱ}ZJ$ 前接点接通，D_{15} 的 XJJ 励磁电路可通过 $X_{Ⅱ}ZJ$ 的第 5 组前接点接通，不影响两个咽喉同时向 ⅡG 建立调车进路。

（二）信号检查继电器局部电路

信号检查继电器 XJJ 的用途很多，所以它的局部电路也比较复杂，下面以出站兼调车信号机为例，按不同情况，对信号检查继电器 XJJ 的局部电路进行介绍。

在取消进路、人工解锁时，通过 XJJ 的吸起反映进路空闲或车未冒进信号；并在人工解锁前检查确保没有办理其他进路的人工解锁，以保证人工解锁所规定的延时时间。

对于调车作业，在接近区段无车的情况下，防止进路内轨道电路区段因人工短路而使进路错误解锁。

（1）建立进路时 XJJ 局部电路。

当建立进路时，通过 8 线网路检查开放信号的基本条件，为锁闭进路准备条件。用 XJJ 的励磁吸起证明 8 线上要检查的条件都满足，进路可以锁闭。因为所要检查的联锁条件从信号开放前至信号开放后的全过程中要连续进行，所以 XJJ 应当吸起至列车驶入进路时为止。

① 信号开放前的 XJJ 励磁电路。

图 6-2-2 所示为信号检查继电器局部电路。

在信号开放前，XJJ 的 3—4 线圈经 FKJ 第 1 组前接点接通 KZ 电源，通过 8 线网路检查开放信号的基本联锁条件后吸起。它的吸起说明有开放信号的可能性，并为锁闭进路准备好条件。信号开放以后，由于 FKJ 落下，此电路便被断开，但信号检查继电器的任务还未完成。

其电路为：

$$KZ—LAJ_{61-63}—DAJ_{61-63}—FKJ_{11-12}—QJ_{13-11}—XJJ_{3-4}—KJ_{12-11}—8 线$$

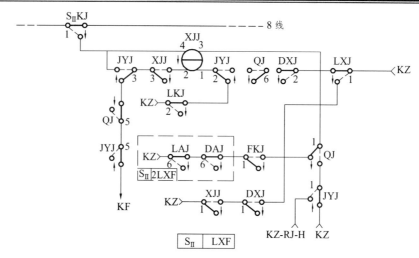

图 6-2-2　信号检查继电器局部电路

② 信号开放后的 XJJ 励磁电路。

在信号开放后的整个过程中，需要连续检查进路空闲的条件，所以在信号开放，FKJ 落下，断开上条 XJJ 励磁电路后，列车进路是经 LXJ 第 1 组前接点接通 XJJ 励磁电路 KZ，调车进路是经 DXJ 第 1 组前接点接通 XJJ 励磁电路 KZ，继续利用 8 线网路接通 KF，使 XJJ 继续保证励磁吸起，检查进路是否空闲。当机车车辆驶入进路后，8 线网路被断开，XJJ 便停止工作。

列车进路的 XJJ 励磁电路为：

$KZ—LXJ_{11-12}—QJ_{13-11}—XJJ_{3-4}—KJ_{12-11}—8$ 线

调车进路的 XJJ 励磁电路为：

$KZ—XJJ_{11-12}—DXJ_{11-12}—QJ_{13-11}—XJJ_{3-4}—KJ_{12-11}—8$ 线

③ 重复开放信号时的 XJJ 励磁电路。

当信号开放后，进路内因轨道电路故障，使 XJJ 和 XJ 先后落下而关闭信号。故障消失后可办理重复开放信号手续，此时 XJJ 需要重新吸起，以证明进路空闲。当重复开放信号时，FKJ 要重新吸起，先接通信号开放前的 XJJ 励磁电路，使 XJJ 再次励磁吸起，信号开放后，仍按上述信号开放后的励磁电路接通。

④ 调车时 XJJ 的防护电路。

在办理调车进路时，要考虑到调车车列驶入进路后保持信号继续开放的问题和调车中途返回解锁的问题。所以，对于调车的 XJJ 专设了一条不受 8 线网路控制的自闭电路，这条电路是防护用的。在调车作业中，用它防护轨道电路发生人工短路时，由调车中途返回解锁电路使进路错误解锁。

如图 6-2-2 所示，建立调车进路时，XJJ 吸起后，在接近区段无车的情况下，经接近预告继电器 JYJ 第 2 组前接点和 XJJ 本身第 3 组前接点沟通 XJJ 的 1—2 线圈自闭电路。在 XJJ 接通自闭电路后就不受 8 线网路控制，此时即使进路内某一轨道电路发生瞬间人工短路，仍将使其保持吸起，以防止调车中途返回解锁电路起作用，使进路错误解锁。

其电路为：

$KZ—LKJ_{21-23}—JYJ_{22-21}—XJJ_{1-2}—XJJ_{32-31}—JYJ_{31-32}—QJ_{53-51}—JYJ_{51-52}—KF$

在这条防护用的自闭电路中，还接有列车开始继电器 LKJ 的第二组后接点，当办理列车进路时，用该接点断开自闭电路，因为列车进路不存在中途返回解锁的问题。在该电路中，接有 JYJ 第 3 组接点，是区分电路用的。JYJ 第 5 组接点是电路共用带来的，在此不起作用。在取消进路时，用电路中的 QJ 第 5 组后接点断开防护电路，使 XJJ 复原。

还应当指出，这条防护用的自闭电路，平时得不到检查，当电路断线时仍能办理调车作业，出了故障不能发现，电路断线后就起不到应有的防护作用了，所以它并不是理想的防护办法。

（2）取消进路和人工解锁时 XJJ 的局部电路。

在取消进路和人工解锁进路时，都要检查确保进路空闲、机车车辆没有冒进信号。因此，取消进路和人工解锁进路时，均需要 XJJ 吸起以证明进路空闲、机车车辆车未冒进信号。

① 取消进路时 XJJ 励磁电路。

如图 6-2-2 所示，在取消进路时，由 JYJ 第 1 组前接点和 QJ 第 1 组前接点将 KZ 电源接向 XJJ 的 3—4 线圈，在检查 8 线网路条件后接通 KF 电源，使 XJJ 吸起。电路中的 JYJ 第 1 组接点是电路区分条件：接近区段无车时，它的前接点接通，构成取消进路的条件；接近区段有车时，它的后接点接通，构成人工解锁进路的条件。

其励磁电路为：

KZ—JYJ$_{12-11}$—QJ$_{12-11}$—XJJ$_{3-4}$—KJ$_{12-11}$—8 线

电路中 QJ 第 1 组接点是用来证明办理了取消进路的手续，取消进路时，QJ 必须吸起。

② 人工解锁时 XJJ 励磁电路。

人工解锁进路时，XJJ 吸起要检查条件电源"KZ-RJ-H"是否有电，有电才能说明人工解锁的延时计时是从零开始，对延时的要求方能得到保证。1XCJ 是 3 min 限时继电器，2XCJ 是 30 s 限时继电器，ZRJ 是总人工解锁继电器，1RJJ 是 3 min 人工解锁继电器，2RJJ 是 30 s 人工解锁继电器，如图 6-2-3 所示。

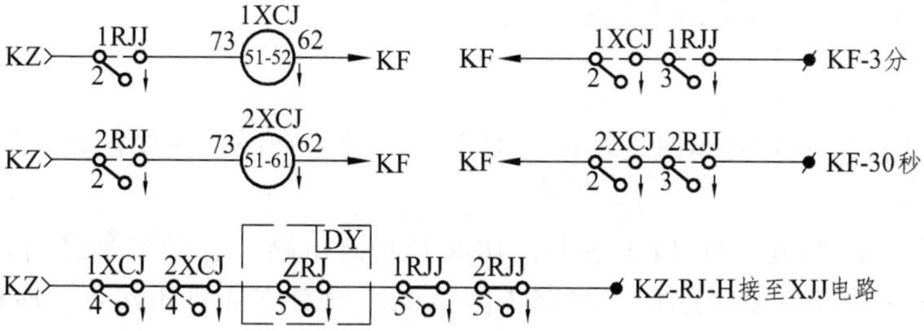

图 6-2-3　"KZ-RJ-H"条件电源电路

在办理人工解锁时，若接近区段有车，则 JYJ 第 1 组后接点接通。QJ 第 1 组前接点接通后，XJJ 的 3—4 线圈励磁电路便经 8 线网路检查机车车辆没有冒进信号而接通。

其励磁电路为：

KZ-RJ-H—JYJ$_{13-11}$—QJ$_{12-11}$—XJJ$_{3-4}$—KJ$_{12-11}$—8 线

条件电源"KZ-RJ-H"是瞬间有电的，然后很快就断电。接入条件电源"KZ-RJ-H"的目的是证明其他进路没有办理人工解锁。因为延时解锁电路用的继电器，一个咽喉共用一套，如果本咽喉其他进路正在延时解锁，对后办的进路来说，延时计时就不是从零开始，就不能保证规定的延时时间了。因此，6502 电气集中规定，在一个咽喉区，同时只准有一条进路在人工解锁。

③ 人工解锁时 XJJ 的自闭电路。

在人工解锁进路时，因为上述励磁电路在延时计时开始后，条件电源"KZ-RJ-H"就断电了，为了在延时的过程中利用 8 线网路检查确保进路始终空闲，列车没有冒进信号，所以在人工解锁时的 XJJ 设有自闭电路。

如图 6-2-2 所示，自闭电路是由 XJJ 的 1—2 线圈构成的，由 LXJ 第 1 组后接点和 DXJ 第 2 组后接点串联后接入 KZ 电源，以证明办理人工解锁手续后信号确实已经关闭。在这条自闭电路中，接有 XJJ 本身的第 3 组前接点和证明人工解锁必要条件的 QJ 第 6 组前接点与 JYJ 第 2 组后接点。JYJ 第 3 组后接点是作为电路区分条件而接入的，并接向 8 线网路。

其电路为：

KZ—LXJ$_{11-13}$—DXJ$_{11-13}$—QJ$_{61-62}$—JYJ$_{23-21}$—XJJ$_{1-2}$—XJJ$_{32-31}$—JYJ$_{31-33}$—KJ$_{12-11}$—8 线

图 6-2-4 所示为调车专用的信号检查继电器 XJJ 局部电路，电路结构与列调共用的 XJJ 局部电路相同，只是在接点的运用上做了一些变动，并且去掉了与列车进路有关的接点。

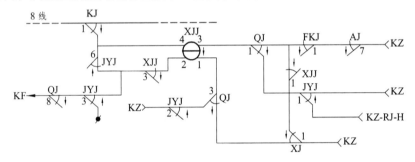

图 6-2-4　调车专用的 XJJ 局部电路

（三）信号检查继电器电路故障分析与判断

信号检查继电器平时处于落下状态。

1. 电路动作时机

正常排列进路时，KJ 吸起使之励磁；对于调车进路来说，只要接近区段无车，其 1—2 线圈就构成自闭。

信号开放后，XJ 吸起，使 FKJ 落下，切断其励磁电路；若是列车进路，则 LXJ 用其前接点为 XJJ$_{3-4}$ 线圈接通一条吸起保持电路（因该电路没有 XJJ 自闭接点，所以只能称为吸起保持电路）；若是调车进路，则 DXJ 用其前接点为 XJJ$_{3-4}$ 线圈接通一条自闭电路。

当列车进入接近区段时，JYJ 落下，切断 XJJ$_{1-2}$ 线圈专供调车进路用的自闭电路。

当列车进入信号机内方时，第一个区段的轨道继电器落下，断开 8 线，即切断 XJJ$_{3-4}$ 线圈的吸起保持电路或自闭电路，使 XJJ 复原。

信号开放后，办理取消进路时，QJ 吸起，一方面用后接点断开 XJJ$_{3-4}$ 线圈的吸起保持电路或自闭电路以及 1—2 线圈供调车进路用的自闭电路，另一方面用前接点接通 3—4 线圈另一条励磁电路，XJJ 瞬间落下又吸起；当进路解锁后，因 KJ 或 ZJ 落下，使 XJJ 复原。

信号开放后，接近区段有车，进路接近锁闭，办理人工解锁时，QJ 吸起，在切断 XJJ$_{3-4}$ 线圈原先的吸起保持或自闭电路的同时，又用前接点经该线圈接通一条瞬间励磁电路（因为"KZ-RJ-H"电源是瞬间通电的），XJJ 瞬间落下又励磁并经 1—2 线圈保持自闭；进路解锁后，KJ 或 ZJ 落下，使 XJJ 复原。

2．故障现象及可能原因

（1）故障现象：建立进路时，控制台进路按钮表示等出现始端稳光、终端灭光、进路无白光带的现象。

故障原因：XJJ 励磁电路故障。

（2）故障现象：取消进路时，信号关闭后，进路不解锁。

故障原因：XJJ 励磁电路故障。

（3）故障现象：人工解锁时，信号关闭后，3 min 或 30 s 表示灯不亮，进路也不能延时解锁。因为 1RJJ 或 2RJJ 励磁需要 XJJ 吸起作为条件。

故障原因：XJJ 励磁电路故障。

（4）故障现象：建立列车进路时，出现信号开放后自动关闭的现象。因为 XJJ 吸起，用其前接点接通 XJ 的励磁和自闭电路，但 XJ 吸起又使 FKJ 复原，断开了 XJJ 的励磁电路，XJJ 因不能保持而落下，反过来切断 XJ 自闭电路，使信号关闭。

故障原因：XJJ$_{3-4}$ 线圈励磁电路故障。

（5）故障现象：建立调车进路，只要车列进入接近区段，就会出现信号自动关闭的现象。因为车列未接近时，即使 XJJ 励磁电路断开，但 XJJ$_{1-2}$ 线圈还有一条自闭电路，XJJ 能保持吸起；一旦车列接近，XJJ 使随 JYJ 落下而复原，使 XJ 落下，信号关闭。

故障原因：XJJ$_{3-4}$ 线圈供调车进路用的自闭电路故障。

（6）故障现象：建立调车进路时，当车列未进入接近区段时，进路内方轨道区段有瞬间短路现象，信号自动关闭后，将使进路自动解锁（按调车中途返回解锁方式）。

故障原因：XJJ$_{1-2}$ 线圈供调车进路用的自闭电路故障。

（7）故障现象：在办理人工解锁的过程中，出现 XJJ 与 1RJJ 或 2RJJ 相继跳动的现象。其中，后者只能在落下位置跳动，3 min 或 30 s 表示灯不亮，且进路也不解锁。

故障原因：XJJ$_{1-2}$ 线圈供人工解锁用的自闭电路故障。

任务三　区段检查继电器和股道检查继电器电路分析及故障处理

【知识目标】

（1）掌握区段检查继电器 QJJ 和股道检查继电器 GJJ 的作用、设置及电路原理；

（2）掌握分析、判断及查找信号区段继电器 QJJ 和股道检查继电器 GJJ 电路故障的方法。

【能力目标】

（1）能正确使用工具、仪表；

（2）能对信号区段继电器 QJJ 和股道检查继电器 GJJ 电路进行独立分析、判断及查找，进而对一般断线故障进行处理；

（3）培养安全意识、团队合作能力。

【相关知识】

一、区段检查继电器 QJJ 电路

区段检查继电器 QJJ 的作用是为锁闭进路准备条件。6502 电气集中采用逐段解锁，而逐段解锁的对象是道岔区段，所以锁闭的对象也是进路中的各道岔区段。在 6502 电气集中车站，对应每一个道岔区段和列车进路中两差置调车信号机之间的无岔区段，都要设一个区段检查继电器 QJJ，放在区段组合 Q 里。

设置 QJJ 的作用是：

（1）在办理进路时，用 QJJ 来执行 XJJ 的指令，以便使进路上各道岔区段的 QJJ 励磁吸起，从而为锁闭进路上的各组道岔和本咽喉的敌对进路准备条件。

（2）在进路解锁过程中，用 QJJ 的落下条件来为进路解锁准备条件，而且 QJJ 是随着列车或调车车列对进路的占用逐个落下，因此用 QJJ 直接控制进路继电器，还可以防止进路迎面错误解锁。

（3）当轨道电路发生故障，需要办理引导接车时，也要由 QJJ 实现对引导接车进路的锁闭，因为实行进路锁闭涉及进路中各道岔区段，所以 QJJ 用网路线进行控制。9 线网路是 QJJ 的励磁网路线，10 线网路是 QJJ 的自闭网路线。

1. QJJ 的励磁电路与 9 线网路

图 6-3-1 所示为是区段检查继电器 QJJ 和股道检查继电器 GJJ 电路。从图中可见，9 线网路结构具有以下特点：

（1）由各组道岔的 DBJ 和 FBJ 的第 2 组接点区分网路的站场形状，不起检查道岔位置的作用。

（2）9 线网路的 KZ 电源是从进路始端部位经信号检查继电器 XJJ 第 2 组前接点接入的，并从进路始端送至进路终端。KF 电源由各轨道区段经轨道继电器 DGJ 第 2 组前接点接入。

（3）同一咽喉区各道岔区段的 QJJ 的 3—4 线圈，都并接在 9 线网路上。若网路线接通 KZ 电源，则进路上各区段的 QJJ 都会吸起。

（4）9 线网路上的终端继电路 ZJ 第 2 组接点是确定调车进路终端的。

平时 QJJ 落下，在建立进路时，在进路锁闭条件满足时，进路始端 XJJ 励磁吸起后，利用 XJJ 的前接点由进路的始端将电源 KZ 引向 9 线网路，在进路的终端部位，对调车进路，经进路终端处 ZJ 的前接点将 9 线网路断开，使进路范围内的所有 QJJ 都经 3—4 线圈励磁吸起，就可知道哪些 QJJ 能吸起；对列车进路，由股道终端部位将 9 线网路连通，使进路范围内的所有 QJJ 都励磁吸起。

例如，当建立下行 ⅡG 的接车进路时，在进路锁闭条件满足时，X/D₃XJJ 经 8 线网路励磁吸起后，经 X/D₃XJJ 第 2 组前接点将 KZ 电源接入 9 线网路，使进路内各道岔区段的 5DG、3DG、9-15DG、17-23DG、19DG 区段检查继电器 QJJ 经 3—4 线圈依次励磁吸起。又如，在

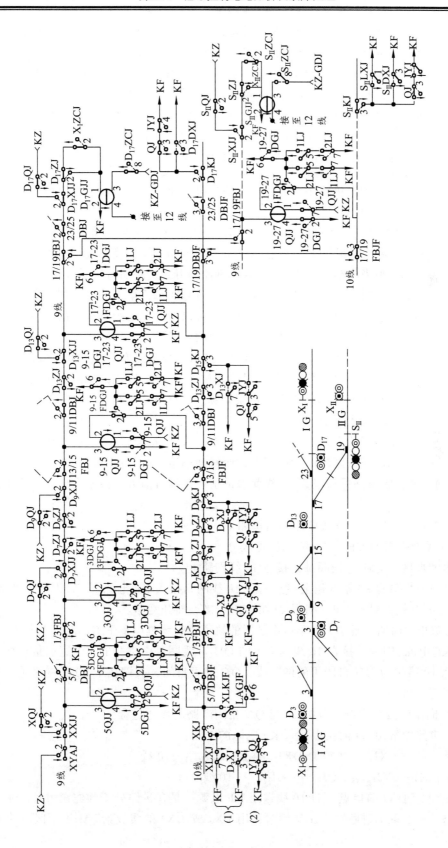

图 6-3-1　区段检查继电器和股道检查继电器电路

建立由 D_3 至 D_9 的调车路时，当 X-D3/XJJ 吸起后，9 线网路接入 KZ 电源，能吸起的继电器是 5QJJ 和 3QJJ；而 9-15QJJ 就不能励磁，因为 D_7ZJ 已经吸起，在调车进路终端部位将 9 线网路断开，显然，如果这时使 9-15OU 吸起，将会造成 9/11 和 13/15 号道岔的错误锁闭。

在向 9 线接入 KZ 电源时，还串接取消继电器 QJ 第 2 组后接点，这是取消进路或人工解锁时用来断开 KZ 电源，使 QJJ 和 GJJ 复原，为进路解锁准备条件的。

在 9 线网路中还接有引导按钮继电器 YAJ 第 2 组接点，这是锁闭引导接车进路时用的。

在局部电路中接入 DGJF 第 6 组前接点和 CJ 第 2 组后接点是在引导进路锁闭方式接车时用的。

2. QJJ 自闭电路与 10 线网路

第 10 网络线是 QJJ 的自闭网络线，它的作用是为了防止迎面解锁用的。

QJJ 吸起使区段转入锁闭状态，反之，QJJ 的落下则是区段解锁的条件。如果 QJJ 只有 9 线网路的励磁电路，则当列车压入进路时，8 线网路断开，进路始端信号处 XJJ 将信号关闭，随着 XJJ 的落下，9 线网路断开，进路内各个区段的 QJJ 都将落下。这对列车当前正压入的区段而言，其 QJJ 落下，为该区段提供解锁条件是可以的，但对列车运行前方还没有压入的区段，其 QJJ 落下，就提供了解锁条件，存在解锁的可能性，必须防止。

例如，由 X 进站信号机向 I G 接车，当列车进入信号机内方并在 5DG 区段运行时，如果车站值班员在办理个别区段的故障解锁，错误地按下了 3DG 区段的事故按钮 SGA，则 3DG 区段会立即解锁，这种情况叫作列车迎面错误解锁。这样就很有可能造成 1/3 号道岔正在转换时，列车就开过来的重大事故。

为了防止在列车运行前方还没有压入的区段 QJJ 落下，特设置 10 网路线作为 QJJ 的自闭网路线，保证只有列车压入区段的 QJJ 落下，而对列车运行前方没有压入的区段，其 QJJ 可通过 10 线网路的自闭电路保持吸起，这样就保证了列车运行前方区段不会出现揭前错误解锁的可能。

从图 6-3-1 中可看出，10 线网路的结构如下：

（1）10 线网路用 DBJF 或 FBJF 的接点区分。

（1）本咽喉区的 QJJ_{1-2} 线圈都并接在 10 线网路上。

（3）由进路始端的 KJ 第 3 组前接点通过 10 线网路接入 KF 电源，一直供电至进路终端。如果调车进路终端在咽喉中间，则用 ZJ 第 3 组后接点断开网路。

（4）为防止迎面错误解锁，由车占用区段的轨道反复示继电器 FDGJ 前接点向 10 线网路分别接入 KF 电源。因为并接在 10 线网络上的 QJJ_{1-2} 线圈是由本身的第 7 组前接点接通电路的，所以把 10 线称为 QJJ 自闭用的网路线。QJJ 能否自闭，关键在于 10 线网路是否有电和该区段是否有车占用。

现以 X 向 I G 接车为例，分析 10 线 QJJ 自闭电路的接通过程。

（1）在进路始端由 KJ 前接点接入 KF 电源的支路：

其一是：KF—LXJ_{71-72}（或 D_3DXJ_{31-32}）—KJ_{32-31}—10 线

其二是：KF—JYJ_{41-43}—QJ_{33-33}—KJ_{32-31}—10 线

经由 LXJ 或 DXJ 前接点，向 10 线送出 KF 电源，是在进路处于预先锁闭时，使 QJJ 构成自闭电路，而在取消进路或人工解锁时，用 LXJ 或 DXJ 的缓放给车未占用区段的 QJJ 供

KF 电源，以满足先关闭信号，后解锁进路的要求。

经接近预告继电器 JYJ 后接点向 10 线供 KF 电源支路的作用是：当进路处于接近锁闭时，若用正常办法（如办理取消进路）不能关闭信号，须采用特殊情况关闭信号（按下区段事故按钮），但只准许使信号关闭，不准许使该区段不延时就解锁。有了这条供电支路，则在按下区段事故按钮时，11 线网路被断开，信号随之关闭，但经由 JYJ 后接点继续向 10 线送出 KF，使进路上的 QJJ 均保持吸起，防止不延时解锁。在办理人工解锁时，用 QJ 第 3 组后接点断开此支路，使进路中的 QJJ 都落下，作好延时解锁准备。该支路中 JYJ 第 4 组后接点还在调车中途返回解锁电路中起作用。

（2）由 IAGJF 后接点接入 KF 电源的支路。

为保证列车运行过程中，不间断地向 10 线网路供电，必须由此支路先接通 KF 电源，后断开由 KJ 前接点接入的 KF 电源。为了先接通下一区段经 FDGJ 供出的 KF 电源，后断开本支路电源，所以对于 IAG 区段，必须使用 IAGJF 继电器接点，而不能使用 IAGJ 的接点，从而使断电时间延迟一步。

（3）在每个道岔区段经 FDGJ 前接点接入的 KF 电源支路：

其一是：$KF—2LJ_{71-72}—1LJ_{51-53}—FDGJ_{22-21}—10$ 线；

其二是：$KF—1LJ_{71-72}—2LJ_{51-53}—FDGJ_{22-21}—10$ 线；

其三是：$KF—DGJ_{61-62}—FDGJ_{22-21}—10$ 线。

上述前两条支路的作用相同，是用以区分列车或调车车列占用还是轨道电路区段故障的。如果是列车占用，即车在进路上运行，那么支路 1 或支路 2 就给 10 线网路送出 KF 电源，使车运行前方区段的 QJJ 都吸起，防止迎面提前错误解锁。由于车运行方向不同，每个区段的两个进路继电器吸起的顺序也不同，所以需两条支路的条件才能完成任务。车从左向右运行时，进路继电器动作顺序是 1LJ 先吸起，2LJ 后吸起。车从右向左运行时，进路继电器动作顺序是 2LJ 先吸起，1LJ 后吸起。为此，在前两条支路中接有 1LJ 和 2LJ 的条件；当车驶入该区段时，一个 LJ 吸起，另一个 LJ 落下，以区别车的运行方向。如果是轨道电路故障，则前两条支路不能向 10 线网路供电，使其运行前方区段的 QJJ 都落下，进路无法正常解锁。

上述第三条支路的作用是保证列车运行时向 10 线网路连续供电。因为当车在进路上运行，出清本区段进入下一个区段时，从本区段后吸起的 2LJ（或 1LJ），到下一个区段先吸起的 1LJ（或 2LJ）这段时间内，10 线网路有瞬间断电，为了保证列车运行前方区段的 QJJ 能可靠自闭，所以在车刚出清本区段时，通过 DGJ 前接点给 10 线网路接入本供电支路。

由上述分析可知，10 线网路是作为防护电路使用的，车占用哪个区段哪个区段的 QJJ 就落下，才有可能解锁，防止了列车运行前方区段提前错误解锁的危险。这个防护电路在正常办理列车进路和调车进路的过程中应该得到检查，检查有无断线故障，因为断线后就起不到防护作用了。

3. 区段检查继电器 QJJ 电路故障分析与判断

区段检查继电器平时处于落下状态。

（1）电路动作时机。

正常排列进路时，XJJ 吸起，接通 9 线的 KZ 电源，QJJ 励磁。

信号开放后，XJ 吸起，向 10 线供 KF，接通 QJJ 第一条自闭电路。

列车接近，JYJ 落下，经其后接点向 10 线供 KF，接通 QJJ 第二条自闭电路。

列车进入信号机内方，XJJ 落下，切断了 9 线的 KZ 电源，即断开了 QJJ 励磁电路，同时也切断了 LXJ 的自闭电路，使 LXJ 落下，断开第一条自闭电路；对于调车进路来说，要等 DXJ 白灯保留电路断开，使 DXJ 落下，方能切断第一条自闭电路。

列车进入前一区段时，前一区段的 FDGJ 落下，接通第三条自闭电路。

列车出清接近区段，JYJ 吸起，切断第二条自闭电路。

列车进入本区段，FDGJ 吸起，切断了 QJJ 所有自闭电路，使 QJJ 复原。

（2）故障现象及可能原因。

① 故障现象：建立进路时，本区段 1LJ 和 2LJ 均不落下，区段不显示白光带。

故障原因：QJJ 励磁电路故障。

② 故障现象：进路建立，信号开放，列车通过进路后区段不能正常解锁。由于 QJJ 随励磁电路断开而落下，将使本区段 FDGJ 不能吸起（因为 FDGJ 吸起需要 DGJ 落下条件和 QJJ 吸起条件配合），导致进路不能正常解锁。

故障原因：QJJ 自闭电路故障。

二、股道检查继电器 GJJ 电路

在 9 线网路上除设有区段检查继电器 QJJ 外，还设有股道检查继电器 GJJ 。

当向股道排列进路时，不但要锁闭进路上的道岔和本咽喉的敌对进路，而且还要锁闭对咽喉的迎面敌对进路。为此对应每一股道两端的信号机要设置一个股道检查继电器 GJJ。

GJJ 的设置和作用有以下几种情况：

（1）具有接发车作业的股道都需要设置两个 GJJ，分别设在股道两端的信号辅助组合里。其作用是与照查继电器 ZCJ 配合，锁闭另一个咽喉的敌对进路。另外，取消解锁或人工解锁时，用 GJJ 的吸起条件接通第 13 网络线的解锁电源，以便进路解锁。

（2）在单线区段以及双线双向运行区段的进站信号机处需设一个 GJJ，设在信号辅助组合 1LXF 里，其作用是锁闭敌对进路，并且在取消进路解锁和人工解锁进路时，通过 12 线网路吸起，向 13 线网路接通 KF 解锁电源。

（3）在双线单向运行区段有两个及以上发车方向的车站，在对应主要发车方向的发车口处需一个 GJJ，放在零散组合里。它的作用是接通信号辅助继电器 XFJ 电路。

1. 股道检查继电器 GJJ 电路原理

如图 6-3-1 所示，股道检查继电器 GJJ 的 1—2 线圈经终端继电器 ZJ 接点接在 9 线网路上。同 QJJ 一样，当 9 线网路接通 KZ 电源时，GJJ 就吸起；但断开 9 线 KZ 电源时，GJJ 因没有自闭电路就落下。

例如，建立 X 至 ⅠG 的接车进路，当 9 线接通，进路上各区段 QJJ 和股道部位的 S₁GJJ 吸起后，进路内各区段 1LJ、2LJ 和各道岔 SJ 落下。当最靠近股道的道岔 9 的 SJ 落下，S₁ GJJ 吸起后，S₁ZCJ 将落下，实现对迎面咽喉敌对进路的锁闭。

有两个发车方向的主要发车口处 GJJ 的 1—2 线圈也接在 9 线网路上，办理发车进路时，经 XJJ 的前接点给 9 线网路送出 KZ 电源，使 GJJ 吸起并用其前接点接通信号辅助继电器 XFJ

电路，为开放主要方向的出站信号做好准备。此处 GJJ 的 3—4 线圈不参与解锁电路工作。

2. 股道检查继电器 GJJ 电路故障分析与判断

股道检查继电器平时处于落下状态。

（1）电路动作时机。

① 建立进路时，始端 XJJ 吸起，向 9 线供 KZ，GJJ 经 3—4 线圈励磁；当列车进入信号机内方时，XJJ 落下，GJJ 也随之落下。

② 办理取消进路或人工解锁及引导解锁时，GJJ 随最终端道岔区段 CJ 吸起而经 1—2 线圈励磁。该道岔区段解锁后，因 SJ 吸起而切断 12 线，即切断 GJJ_{1-2} 线圈励磁电路，使 GJJ 落下。

（2）故障分析。

① 故障现象：建立进路时，股道不显示白光带，信号不能开放，并且 ZCJ 自闭电路不能及时断开，而始终保持吸起。

故障原因：GJJ_{3-4} 线圈不能励磁。

② 故障现象：办理取消进路、人工解锁时，进路白光带不消失。由于 GJJ 不励磁，不能将解锁电源转接至 13 线，因此各区段只能吸起一个进路继电器，另一个进路继电器即经 13 线取得解锁电源的 LJ 不能吸起，进路不解锁。

故障原因：GJJ_{1-2} 线圈不能励磁。

任务四　信号继电器电路分析及故障处理

【知识目标】

（1）掌握信号继电器 XJ 的作用、设置及电路原理；
（2）掌握分析、判断及查找信号继电器 XJ 电路故障的方法。

【能力目标】

（1）能正确使用工具、仪表；
（2）能对信号继电器 XJ 电路进行独立分析、判断及查找，进而对一般断线故障进行处理；
（3）培养安全意识、团队合作能力。

【相关知识】

信号继电器 XJ 的作用是用来检查开放信号的所有联锁条件，并直接控制信号机的显示，向机务人员发出行车命令。

因为开放每一架信号机时都要检查开放信号的所有联锁条件，而且不同的信号机所检查的联锁条件也不同，所以对应每架信号机设置 1 个信号继电器，对应进站内方带调车、出站兼调车信号机处应设 2 个信号继电器，即 1 个列车信号继电器 LXJ 和 1 个调车信号继电器 DXJ。LXJ 放在 LXZ 组合里，DXJ 放在 DX 组合里。

　　信号继电器电路因为要检查进路空闲、道岔位置正确及其锁闭情况、敌对进路未建立及其锁闭的情况等，涉及进路上各个道岔和轨道电路区段，所以信号继电器电路采用站场形网路。11 线网路即是 XJ 的励磁网路线。

一、开放信号的基本联锁条件

　　根据《铁路技术管理规程》的有关规定以及长期运用实践的经验，开放信号时应检查以下联锁条件：

　　（1）信号开放时，进路必须在空闲状态。

　　在开放信号时及在信号开放过程中，必须连续检查确保进路在空闲状态。

　　（2）信号开放时，敌对进路必须未建立。

　　开放信号时及在信号开放过程中，必须连续检查确保敌对进路在建立状态，并且确实被锁在未建立状态。

　　（3）信号开放时，进路上道岔位置必须正确。

　　在开放信号时及在信号开放过程中，必须连续检查确保进路上的道岔（包括防护道岔）位置正确，并且确实被锁在规定位置。

　　（4）信号机必须手动开放，自动关闭且能防止自动重复开放。

　　信号机必须是在办理进路时经车站值班员的操纵才能开放。信号关闭以后，不得自动重复开放；但在通过列车较多的车站，允许进站信号机和正线上的出站信号机在车站值班员的操纵下，改为自动重复开放方式。

　　（5）列车信号和调车信号自动关闭时机不同。

　　列车用的信号机应在列车驶入进路后立即关闭；调车用的信号机则根据作业需要，应在车列出清接近区段，或者当接近区段留有车辆时，待车列出清调车信号机内方第一道岔区段后自动关闭。

　　（6）列车信号和调车信号应能随时手动关闭。

　　不论列车信号机还是调车信号机，均能在值班人员操作下随时关闭信号。在取消进路和人工解锁时，经操纵信号机应先关闭，然后才准许进路解锁。在特殊情况下，即信号机不能自动关闭，按取消进路方式也不能手动关闭时，应能采用按下区段事故按钮的办法关闭信号，以应急需。

　　（7）进站信号机的允许显示因故障熄灭时应自动改点禁止显示——红灯。

　　进站信号机是防护车站用的，进站信号机的允许显示因故熄灭时，没有任何显示，虽然按行车规则规定"色灯信号机灭灯应作为禁止信号"，但是考虑到灭灯若发生在夜间，司机在远处看不见进站信号机，等司机驶近发现灭灯时，为了不冒进信号，势必要采取紧急制动。紧急制动可能会造成严重后果。为避免上述行车事故的发生，进站信号机的允许灯光因故障熄灭时，要保证能自动改点禁止灯光——红灯。

　　（8）列车信号机开放时，应先检查红灯灯丝的完整性，当红灯断丝时，不准许开放允许灯光。

如果红灯断丝了却还可以给出允许显示，则当出现了允许而灯丝又断了，就完成不了第（7）条"改点红灯"的技术要求。若允许灯丝完好而红灯灯丝却断了，如正值夜间，司机已经看到允许显示，随后在因故（人工解锁或其他原因）信号突然关闭而不点红灯的情况下，司机可能误认为信号显示被障碍物所阻挡而不采取制动措施；当司机发现进站信号机在灭灯状态时，慌忙中采取紧急制动措施会造成严重损失。

红灯灯丝断丝时，不允许开放信号，将影响效率。因此，对速度较低的站线上的出站信号机和调车信号机，准许不检查此项联锁条件。

二、11 线网路结构

信号继电器电路既涉及 11 线，又涉及 7 线和 8 线。一个咽喉区所有信号继电器都并接在 11 线网路上，构成信号继电器的励磁电路。涉及 7 线的原因是：7 线和 11 线共用一组道岔表示继电器（DBJ 和 FBJ）的前接点、两组道岔锁闭继电器（1SJ 或 2SJ、SJ）的接点。这是接点共用而带来的网路线部分合并。涉及 8 线的原因是：对调车进路而言，调车进路在接近区段无车的情况下，XJJ 有一条经 1—2 线圈的自闭电路，在此自闭电路中不检查进路空闲，所以要借用 8 线检查进路空闲，而不能像列车进路那样可以用 XJJ 前接点间接反映进路空闲。图 6-4-1 所示为信号继电器电路。

11 线网路结构具有以下特点：

（1）用道岔表示继电器 DBJ 和 FBJ 接点区分电路走向。因为在电路中道岔表示继电器用的是前接点，所以在区分网路站场形状的同时又起到检查道岔位置的作用。为了节省接点，11 线和 7 线共用道岔表示继电器前接点。图中虚线表示 7 线网路。

（2）由于一个咽喉所有信号继电器的线圈都并接在 11 线网路里，故信号继电器励磁电路的范围是由相应的 KJ 和 ZJ 的前接点来确定的。并且用 KJ 接点区分运行方向，运行方向不同，接点的接法也不同；用 ZJ 接点区分进路性质，ZJ 前接点接通的是调车信号继电器电路，ZJ 后接点接通的是列车信号继电器电路。在同一部位接有列车和调车信号继电器时，要用列车开始继电器 LKJ 的接点进行区分，LKJ 前接点接通 KXJ 电路，LKJ 后接点接通 DXJ 电路。

（3）每一个信号继电器都接在进路始端部位，用 KJ 前接点接向网路。对于列车信号继电器而言，它的线圈端子 1 是由局部电路接入电源 KZ，相当于列车进路终端处（即网路的两端）向 11 线网路接入 KF 电源。调车信号继电器 DXJ 电源接入的方法恰与列车的相反，即调车进路终端部位 11 线网路经 ZJ 前接点接入 KZ，而由调车进路终端部位 8 线网路经 ZJ 前接点接入 KF，在进路的始端部位接入电源 KF，而在进路的终端部位经 ZJ 前接点接入的却是电源 KZ。这是由于列车和调车用的 11 线是共用的。上述供电方法是为了防止串电迂回而采用的电源极性防护法。

三、11 线网路检查的联锁条件

在 11 线网路中检查了下列联锁条件：

（1）进路空闲。列车进路通过 XJJ 第 4 组前接点（接在 LXJ 局部电路中）可间接证明进路空闲，而调车进路是经 8 线网路上的 DGJ 第 1 组前接点来实现的。

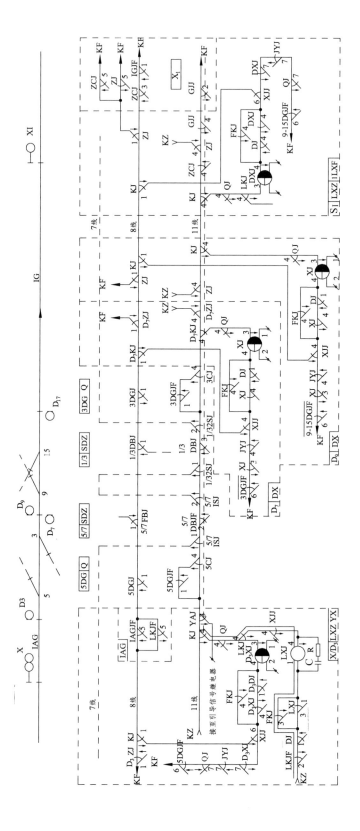

图 6-4-1 信号继电器电路

注意：对列车进路，在 11 线网路上没有接入检查区段空闲条件的 DGJ 前接点，而是在 LXJ 的局部电路中用 XJJ 的前接点间接反映。11 线网路上之所以不直接检查区段空闲，是因为 11 线网路除了作 XJ 的励磁网路线以外，还作列车引导信号继电器 YXJ 励磁网路线，而引导进路接车往往是在轨道电路故障的情况下办理，不检查进路空闲条件。

（2）敌对进路未建立并被锁在未建立状态。本咽喉的敌对进路未建立是用 KJ 和 ZJ 的第 4 组后接点串接在网路中来证明的，用 SJ 第 1 组和第 2 组后接点说明已把敌对进路锁在未建立状态。

另一咽喉迎面敌对进路未建立并锁在未建立状态，是用另一咽喉 GJJ 第 2 组后接点和接在 LXJ 局部电路中的 XJJ 第 4 组前接点来证明的。前者直接证明没有同时建立迎面敌对进路；后者间接证明迎面敌对进路在未建立状态，因为在 XJJ 电路中，接有另一咽喉的 ZCJ 第 3 组前接点或 ZCJ 第 5 组前接点。

（3）道岔位置正确，且锁闭在规定位置。用 7 线和 11 线共用的 DBJ 或 FBJ 前接点证明道岔位置正确，用 SJ 的第 1 组和第 2 组后接点证明道岔被锁在规定位置。

（4）值班员在紧急情况下随时能手动关闭信号。

通常车站值班人员可以用取消进路的方式关闭信号，这是通过办理取消进路时，QJ 励磁吸起，切断 XJ 到 11 线网路的电路来实现的，但如果此时由于 AJ 或 QJ 因故不能吸起时，用取消进路方法不能关闭信号，则可采用特殊情况下关闭信号的办法，即采用按下区段人工解锁按钮盘上 SGA 的方法关闭信号。为此，在 11 线网路上对应每个区段都接有传递继电器 CJ 后接点，在信号开放过程中，CJ 后接点是闭合的，当因故障需关闭信号时，一人在控制台上按下相应咽喉的总人工解锁按钮，另一人在人工解锁按钮盘上按下进路中任一区段的 SGA，使该区段的 CJ 吸起，即可断开 11 线网路，以达到手动关闭信号的目的。

开放信号的联锁条件，在 11 线网路中检查了 4 项，其中前 3 项是开放信号必须检查的最基本的联锁条件。其余联锁条件在各信号继电器局部电路中检查。

三、列车信号继电器局部电路

列车信号继电器电路包括出站兼调车和进站内方带调车两种情况。如图 6-4-1 所示，列车信号继电器电路与调车信号继电器电路，是用 LKJ 前后接点采区分的。

（一）接车进路的列车信号继电器 LXJ 电路

以 X 进站信号机至 IG 接车进路为例，XLXJ 励磁电路是：

$KZ-LKJF_{21-22}-XDJ_{11-12}-XFKJ_{31-32}-XLXJ_{1-4}-XXJJ_{42-41}-XLKJ_{42-41}-XQJ_{43-41}-XKJ_{42-41}-XYAJ_{33-31}-5CJ_{43-41}-5/7\ 1SJ_{13-11}-5/7DBJF_{21-22}-5/7\ 1SJ_{23-22}-1/3\ 2SJ_{13-11}-1/3DBJ_{32-31}-1/3\ 2SJ_{21-23}-3CJ_{43-41}-D_7KJ_{41-43}-D_7ZJ_{41-43}-D_9ZJ_{43-41}-D_9KJ_{43-41}-D_{13}ZJ_{41-42}-D_{13}KJ_{43-41}-17-23CJ_{43-41}-17/19\ 1SJ_{13-11}-17/19DBJF_{21-22}-17/19\ 1SJ_{21-23}-23/25\ 1SJ_{13-11}-23/25DBJF_{21-22}-23/25\ 1SJ_{21-23}-D_{17}KJ_{41-43}-D_{17}ZCJ_{41-43}-D_{17}ZJ_{41-43}-D_{17}GJJ_{42-41}-X_1GJJ_{23-21}-KF$。

XLXJ 吸起后，经本身第 3 组前接点构成自闭电路。

在 XLXJ 的局部电路中各接点的作用：

（1）用 XJJ 第 4 组前接点来检查进路空闲。这是因为办理列车进路时，XJJ 并没有 1—2 线圈自闭电路。同时也能在列车驶入进路后，使 XJJ 和 LXJ 自动失磁落下，达到自动关闭信号的目的。

（2）在信号开放前由 FKJ 第 3 组前接点接通 LXJ 的励磁电路，在信号开放后使 LXJ 自闭，并且及时使 FKJ 复原落下，这样能防止信号因故关闭后自动重复开放。

（3）在 LXJ 的励磁电路和自闭电路中均接入 DJ 第 1 组前接点的作用：一方面，在信号开放前用它来检查红灯灯丝是否完好，只有红灯灯丝完好、DJ 处于吸起状态才能使 LXJ 励磁吸起，才能够放允许信号；另一方面，在信号开放后还可用它来反映允许信号灯泡灯丝是否完好，一旦允许信号灯泡断丝，则 DJ 和 LXJ 相继失磁落下而自动关闭信号改点红灯。

（4）在 LXJ 局部电路中接入 LKJ 第 4 组接点的作用是作为 X/LXJ 和 D3XJ 电路的区分条件。

（5）在 LXJ 的局部电路中，还接入了一个列车开始继电器的复示继电器 LKJF 的前接点，目的是检查 LKJ 和 LKJF 动作的一致性，即只有两者均吸起时才能开放信号。

这是因进站信号机 X 内方设有无岔区段 IAG，在 8 线网路上接有 IAGJF 第 5 组前接点的缘故。如果 LKJ 励磁而 LKJF 因故没有励磁，会造成在 8 线上应检查的 IAGJF 第 5 组前接点被 LKJF 第 5 组后接点短路的危险。因此，用 LKJF 第 2 组前接点来防止在进站内方无岔区段有车的情况下，也可开放进站信号机的错误。另外，在进站信号机用的 JYJ 电路中接有 LKJF 第 4 组接点。当办理列车进路时，X 进站信号机的接近区段是 2JG 而不是 IAG，若此时 LKJF 因故未吸起还允许开放信号，则当列车进入接近区段时，JYJ 仍然可以通过 IAGJF 前接点而吸起，JYJ 不落下，进路不能实现接近锁闭。

以上两种情况都是危险的，必须加以防止，在 LXJ 电路中接入 LKJF 第 2 组前接点，当 LKJ 与 LKJF 动作不一致时，断开 LXJ 的电路而使信号不能开放。

（6）接入 QJ 第 4 组后接点的作用是在取消进路或人工解锁进路时，断开 LXJ 电路，使 LXJ 失磁落下而关闭信号。

（7）在 LXJ 线圈并联有一个电阻阻容电路，作用是为了使 LXJ 具有较长的缓放时间（3 s），以便在主副电源切换和倒屏时，不让 LXJ 失磁落下（XJJ 落下后还会经由 LXJ 前接点重新励磁吸起），以保证进站信号机不点红灯。

（二）发车进路的列车信号继电器 LXJ 电路

以 ⅡG 向北京方面发车进路为例，$S_{II}LXJ$ 励磁电路如下：

$KZ—S_{II}DJ_{11-12}—S_{II}FKJ_{31-32}—S_{II}LXJ_{1-4}—S_{II}XJJ_{42-41}—S_{II}LKJ_{42-41}—S_{II}QJ_{43-41}—S_{II}KJ_{42-41}—$
$19-27CJ_{41-43}—17/19\ 2SJ_{23-21}—17/19DBJ_{31-32}—17/19\ 2SJ_{11-13}—D_{15}KJ_{41-43}—D_{15}ZJ_{41-43}—$
$1/19CJ_{41-43}—D_5ZJ_{43-41}—D_5KJ_{43-41}—1/3\ 1SJ_{23-21}—1/3DBJF_{22-21}—1/3\ 1SJ_{11-13}—1CJ_{41-43}—$
$D_1KJ_{41-43}—D_1ZJ_{41-43}—IIAGJ_{12-11}—XFJ_{12-11}—1LQJ_{62-61}—LZJ_{42-41}—KF$

由于进站信号机和出站兼调车信号机采用同一类型的组合，所以它们的局部电路基本相同，不同的是：

（1）在 11 线上必须检查闭塞条件，如果车站与半自动闭塞相结合，则 11 线上要接入半自动闭塞的 KTJ 前接点和 XZJ 后接点，以证明闭塞手续已办妥，取得了发车权；如果车站与自动闭塞相结合，则 11 线上要接入 1LQJ 的前接点，以证明第一离去区段空闲方可允许发车。

（2）在一个咽喉区有两个发车口的情况下，当向主要线路口发车时，在 11 线上还要检查信号辅助继电器 XFJ 的前接点条件，以防护主信号继电器 ZXJ 因未励磁吸起而错误显示两个绿灯，达到故障倒向安全的目的。

（3）信号开放之前检查红灯灯丝的完整性，仅对进站和正线出站信号机有要求，但对站线出站信号机没有该项要求。

四、调车信号继电器电路

这里所介绍的调车信号继电器局部电路指的是咽喉中间的调车信号机（单置、并置和差置）和尽头式调车信号机的局部电路（股道头部以及进站信号机内方隔一无岔区段的同方向的调车信号机除外）。

下面以办理 D_{13} 至 IG 的调车进路为例，介绍 D_{13} 调车信号继电器电路及局部电路。

办理 D_{13} 至 IG 的调车进路，则 $D_{13}XJ_{3-4}$ 线圈励磁电路为：

$KZ—D_{17}ZJ_{42-41}—D_{17}ZCJ_{43-41}—D_{17}KJ_{43-41}—23/25\ 1SJ_{23-21}—23/25DBJF_{22-21}—23/25\ 1SJ_{11-13}—$ $17/19\ 1SJ_{23-21}—17/19\ DBJF_{22-21}—17/19\ 1SJ_{11-13}—17\text{-}23CJ_{41-43}—D_{13}KJ_{41-42}—D_{13}QJ_{41-43}—$ $D_{13}XJ_{3-4}—D_{13}FKJ_{42-41}—D_{13}XJJ_{41-42}—D_{13}KJ_{12-11}—17\text{-}23DGJ_{12-11}—17/19FBJ_{11-13}—23/25FBJ_{11-13}—$ $D_{17}KJ_{11-13}—D_{17}ZJ_{11-12}—X_1ZCJ_{52-51}—KF$（或 $X_1ZJ_{52-51}—KF$）

$D_{13}XJ$ 吸起后，断开 $D_{13}FKJ$ 的自闭电路，所以 $D_{13}XJ$ 的励磁电路被断开，经 $D_{13}DJ_{11-12}$ 和 $D_{13}XJ_{41-42}$ 转入自闭电路。当调车车列驶入信号机内方时，D_{13} 信号并不关闭，而是通过 $D_{13}XJJ$ 的落下，使 $D_{13}XJ_{3-4}$ 线圈转入脱离 8 线网路的白灯保留电路，其电路为：

$KZ—D_{17}ZJ_{42-41}—D_{17}ZCJ_{43-41}—D_{17}KJ_{43-41}—23/25\ 1SJ_{23-21}—23/25DBJF_{22-21}—23/25\ 1SJ_{11-13}$ $—17/19\ 1SJ_{23-21}—17/19DBJF_{22-21}—17/19\ 1SJ_{11-13}—17\text{-}23CJ_{41-43}—D_{13}KJ_{41-42}—D_{13}QJ_{41-43}—$ $D_{13}XJ_{3-4}—D_{13}DJ_{11-12}—D_{13}XJ_{41-42}—D_{13}XJJ_{41-43}—D_{13}JYJ_{41-43}—D_{13}XJ_{31-32}—17\text{-}23DGJ_{43-41}—KF$

当调车车列完全进入信号机内方，出清接近区段时，JYJ 吸起，断开白灯保留电路，使 DXJ 落下而关闭信号；但当接近区段留有车辆或调车车列进行转线作业时，只有调车车列出清进路内方第一个道岔区段 DGJ 吸起，断开白灯保留电路，才使 DXJ 落下而关闭信号。

调车信号继电器 XJ 的 3—4 线圈转入白灯保留电路时，它从 11 线网路进路终端部位仍可得到 KZ，而从进路始端局部电路得到 KF。

调车信号继电器局部电路中，各接点的作用与列车信号继电器局部电路大部分相同，但是由于进路性质不同，所以也有所差异。

（1）信号继电器 XJ 第 4 组接点和灯丝继电器 DJ 第 1 组前接点。用 XJ 第 4 组前接点接通自闭电路，在自闭电路中接入 DJ 第 1 组前接点，其作用是当白灯断丝时，断开这条自闭电路，迫使 XJ 落下，实现信号自动关闭，改点禁止灯——蓝灯。

（2）信号检查继电器 XJJ 第 4 组接点。在车没有进入进路之前，经其前接点，把 XJ_{3-4} 线圈接向 8 线网路，车进入进路后，经其后接点，把 XJ_{3-4} 线圈接至白灯保留电路，使信号机能继续点亮白灯。

（3）接近预告继电器 JYJ 第 4 组接点。当车列全部进入调车信号机内方，即出清接近区段后，JYJ 励磁吸起，从而切断 DXJ 的白灯保留电路，使 DXJ 失磁落下而自动关闭信号。

（4）DGJF 的第 6 组后接点。在接近区段停有车辆或调车车列进行折返作业时，车列驶入进路且出清进路内方第一个道岔区段后，DGJF 吸起，用它的第 6 组后接点断开调车信号继电器的白灯保留电路，关闭调车信号。

（5）XJ 第 3 组前接点。在白灯保留电路中，如果不接有 XJ 第 3 组前接点，在 11 线网路上又不检查 DGJ 前接点，那么 XJ$_{3-4}$ 线圈的励磁电路有可能经 DGJF 第 6 组和 JYJ 第 4 组后接点接通，这是不允许的。有了 XJ 第 3 组前接点，能防止 XJ 不通过 8 线而仅由 11 线错误励磁。

LXJ 电路和 DXJ 电路的不同之处有以下几点：

（1）列车信号继电器 LXJ 仅受 11 线网路控制，而不受 8 线网路控制。

（2）列车驶入进路后，列车信号立即关闭。

（3）在 LXJ 局部电路中接有 DJ 第 6 组前接点，在信号开放前用它反映红灯灯丝完好，在信号开放后用它反映允许灯光的灯丝完好。

五、信号继电器电路故障分析与判断

列车信号继电器 LXJ 与调车信号继电器 DXJ 平时处于落下状态。

（一）电路动作时机

（1）建立进路时，11 线沟通，XJ 励磁并自闭，FKJ 落下，切断励磁电路。

（2）当列车进入信号机内方时，XJJ 落下，LXJ 随之缓放落下，但 DXJ 经 XJJ 后接点又沟通一条白灯保留电路。

当列车或车列出清接近区段时，JYJ 吸起，用后接点切断白灯保留电路，使 DXJ 缓放落下；若接近区段留有车辆，则要待列车或车列出清第一个区段，即 DGJF 吸起时，用后接点切断白灯保留电路，使 DXJ 缓放落下。

（二）故障现象及可能原因

（1）故障现象：建立进路时，控制台进路按钮表示等出现始端稳光，终端灭光，进路有白光带，但复示器不亮绿灯或白灯的现象。

故障原因：XJ 不能励磁。

（2）故障现象：建立进路时，信号开放后又自动关闭。这是由于 XJ 吸起→FKJ 落下→切断 XJ 励磁电路→XJ 因不能自闭而落下。

故障原因：XJ 不能自闭。

（3）故障现象：建立列车进路后，当列车进入信号机内方，信号迅速关闭且进路不能正常解锁，因为解锁电路是需要 LXJ 在缓放时间内传送解锁电源。

故障原因：LXJ 不能缓放。

（4）故障现象：建立调车进路，调车信号开放后，只要车列进入信号机内方就关闭信号。这是由于 XJJ 在接点转换过程中，DXJ 自闭电路有瞬间断电的过程，一旦 DXJ 无缓放，则 XJ 随 XJJ 前接点断开而落下。

故障原因：DXJ 不能缓放。

（5）故障现象：建立调车进路时，调车信号开放后，只要车列进入信号机内方就关闭信号。

故障原因：DXJ 白灯保留电路故障。

任务五　信号控制电路动作时序表达式

【知识目标】

（1）掌握信号控制电路在建立进路和取消进路时的电路动作程序；
（2）掌握信号控制电路各继电器的动作时机。

【能力目标】

（1）能正确书写列车或调车进路的信号控制电路时序逻辑表达式；
（2）培养安全意识、团队合作能力。

【相关知识】

一、信号控制电路的时序逻辑表达式

以 XD 至 4G 接车进路为例，介绍建立进路和取消进路时信号控制电路的时序逻辑表达式。

（一）建立进路时的时序逻辑表达式

（1）建立进路时信号控制电路的动作程序是：

① 首先 XJJ 电路工作，检查进路空闲、道岔位置正确、敌对进路未建立 3 项基本联锁条件。
② 进路上各区段的 QJJ、股道到上的 GJJ、各道岔区段的 SJ 以及 S_4ZCJ 工作，从而锁闭进路。
③ LXJ 工作，检查开放信号的所有联锁条件。
④ 进站信号机点灯电路工作，开放侧线接车信号。

（2）建立进路时，信号控制电路的时序逻辑表达式如下：

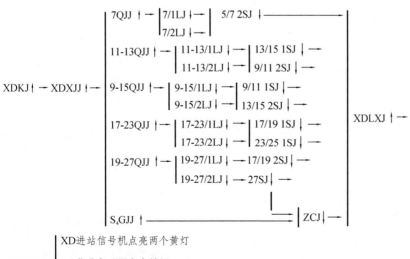

（3）建立进路时信号控制电路的逻辑关系如下：

$$KJ \downarrow \leftarrow XJJ \downarrow \leftarrow \begin{vmatrix} QJJ \downarrow \leftarrow \\ GJJ \downarrow \leftarrow \end{vmatrix} 1（2）LJ \downarrow \rightarrow SJ \downarrow \leftarrow \begin{vmatrix} ZCJ \downarrow \leftarrow LXJ \uparrow \end{vmatrix}$$

（二）取消进路时信号控制电路的时序逻辑表达式

取消进路时 QJ 励磁，使 LXJ 落下而关闭进站信号，同时进路各区段 QJJ 落下，进路由终端向始端逐段解锁。其电路动作程序如下：

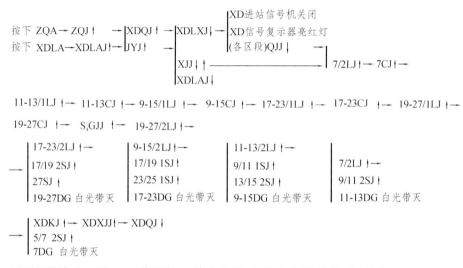

人工解锁进路时，除 JYJ 落下外，其余电路动作与取消进路时相同。

二、信号控制电路各继电器动作时机（见表 6-5-1）

表 6-5-1　信号控制电路各继电器动作时机

名称	作用	设置	吸起时机	落下时机
ZQJ ZRJ	用来取消命令	每个咽喉各设置一个 ZQJ、ZRJ	按压 ZQA→ZQJ↑；按压 ZRA→ZRJ↑→ZQJ↑（带动）	松开 ZQA→ZRJ↓；松开 ZRA→ZRJ↓→ZQJ↓
QJ	用来取消命令	（1）大多数是每架信号机设置一个 QJ；（2）进站内方设一无岔区段和同向的调车信号机，这两个共设一个 QJ（X—D_3, S—D_6）	按压 ZQA 和始端按钮时，QJ 吸起自闭	（1）当车进入内方后：ZQJ↓→（KF—ZQJ—Q 无电）→QJ↓；（2）进路解锁：XJJ↓→QJ↓
XJJ	（1）检查 3 项基本连锁条件：① 进路空闲；② 道岔位置正确；③ 敌对进路未建立。（2）在取消进路和人工解锁时，用来检查进路是否空闲。（3）在调车进路处于预先锁闭状态时，用来防止机道电路因故障而造成错误解锁	（1）大多数每架信号机设置一个 XJJ；（2）进站内方设一无岔区段和同向的调车信号机，这两个共设一个 XJJ（X—D_3, S—D_6）	（1）KJ↑、FKJ↑ 进路空闲，道岔位置正确，敌对进路未建立时 ZJ↑（调车时 ZJ↑）；（2）在取消进路时 ZQJ↑→QJ↑→XJJ↓；（3）在人工解锁时 ZRJ↑→ZQJ↑（暂时）→XJJ↑（为解锁准备条件）	当车进入内方后：DGJ↓→XJJ↓（自动）；进路解锁：KJ↓→XJJ↓（自动）DZJ↓→DXJ↓
QJJ	（1）用 QJJ↑ 为锁闭进路准备条件；（2）用 QJJ↓ 为解锁进路准备条件	（1）每个道岔区段设一个 QJJ；（2）凡是有列车经过且是差异之间的无岔区段设一个 QJJ	（1）当 XJJ↑→QJJ↑；（2）当 XJJ↑→QJJ↑（自闭）	正常解锁：车占用一个区段，则该区段的 QJJ↓（自动）；取消和人工解锁：QJ↑→XJJ↑—QJJ↓（自动）

续表 6-5-1

名称	作用	设置	吸起时机	落下时机
GJJ	（1）股道两端信号机的 GJJ 为锁闭对方咽喉对进路准备条件，GJJ↑为解锁对方咽喉准备条件；（2）单线进站信号机的 GJJ 用来锁闭或解锁引导接车进路做准备；（3）挡住发车口的 GJJ，便于后续的 XFJ、ZXJ 电路工作	（1）股道两端的信号机各设这一个 GJJ；（2）单线进站信号机处各设置一个 GJJ；（3）在一个咽喉有两个发车口，在主发车口设置一个 GJJ	XJJ↑→GJJ↑	当列车占用股道区段时：XJJ↓→GJJ↓（自动）
JYJ	在信号开放以后，用来反应接近区段是否空闲，以便构成进路的两种锁闭状态	（1）大多数情况下每架信号机设置一个 JYJ；（2）进站内方设一无岔叉区段和同向的调车信号机，这两个共设一个 JYJ（X—D$_3$、S—D$_6$）	接车进路：XJ↑→断开 KZ 电源，KJ↑→断开 KF 电源。·调车进路：XJ↑→断开 KZ 电源，KJ↑→断开 KF 电源。正线出站：（1）办理上行通过，通过对方咽喉 D16GDJ↑延长至 S 为止；（2）办理 S$_{II}$ 的停车发车或调车，对方咽喉未向两站办理任何进路；（3）办理 S$_{II}$ 的停车发车或调车，对方咽喉已向两站办理 DJ 进路，GJJ↑；（4）侧线进路解锁的 JYJ 电路	只有当信号开放后，且接近区段有车，JYJ 电路才被断开，JYJ↓
ZCJ	对同一段股道的迎面敌对进路实现互相照查，互相锁闭	（1）股道两端的信号机各设一个 ZCJ；（2）单线进站信号机各设一个 ZCJ	进路解锁：SJ↑→ZCJ↑（自闭）	GJJ↑，SJ↓→ZCJ↓

项目七　信号机点灯电路分析及故障处理

【项目导引】

信号机点灯电路是用来控制信号机的显示状态，直接向机务人员发出行车命令。它包括进站信号机、出站兼调车信号机及调车信号机点灯电路等。通过本项目的学习，要求学生在掌握各种信号机点灯电路原理的基础上，还要具备独立根据各种故障现象快速准确分析、判断和查找信号机点灯电路故障的能力。

任务一　认识信号点灯电路

【知识目标】

（1）掌握与信号机点灯电路有关继电器的设置、作用和电路原理；
（2）掌握信号机点灯电路的工作原理。

【能力目标】

（1）能正确书写进站、出站及调车信号机各种灯光电路接通公式；
（2）培养安全意识、团队合作能力。

【相关知识】

一、与信号机有关的继电器电路

对于进站信号信号机和具有两个及以上发车方向的出站信号机有多种显示，需要增设辅助信号显示用继电器，以便对允许灯光进行选择。

（一）与进站信号机有关的继电器电路

进站信号机有 5 个灯位，从上到下依次为：黄、绿、红、黄、白，且要组成 7 种显示，分别是：绿、绿黄、黄、黄黄、红、白和黄闪黄。如果仅用一个具有两种状态的 LXJ 来控制进站的 6 种显示状态，那是无法进行区分的。因此对进站信号机要增设正线信号继电器 ZXJ、通过信号继电器 TXJ、绿黄信号继电器 LUXJ、引导信号继电器 YXJ。电路如图 7-1-1 所示。

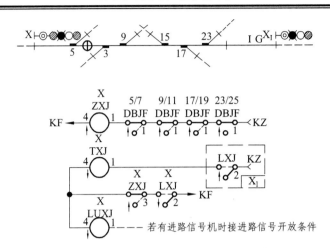

图 7-1-1　进站用的 ZXJ、TXJ、LUXJ 电路

1. 正线信号继电器 ZXJ

正线信号继电器 ZXJ 是用来区分进站信号机的黄与双黄显示的，ZXJ 吸起反映开通的是正线，进站信号机点亮黄灯，ZXJ 落下反映开通的是站线，进站信号机点亮双黄灯。对应每一进站信号机设一个 ZXJ，放在 YX 组合里。

向正线接车还是向站线接车，取决于站内正线上对向道岔的位置。例如，5/7、9/11、17/19 和 23/25 号对向道岔都在定位，即是向正线接车，因此，正线上对向道岔都在定位时，ZXJ 就吸起，否则就落下。ZXJ 电路是由正线上对向道岔的 DBJ 或 DBJF 的前接点串接在电路中构成的（该电路不具有断线保护）。

LXJ 吸起和 ZXJ 落下是向站线接车，给出双黄显示；LXJ 吸起和 ZXJ 吸起是向正线接车，能给出黄、绿黄或绿灯显示，究竟显示哪一种，决定于 LUXJ 和 TXJ 的状态，这两个继电器都落下时，就给出一个黄色灯光。

2. 通过信号继电器 TXJ

通过信号继电器 TXJ 是用来区分绿与黄、绿/黄显示的。当 TXJ 吸起时，反映办理的是通过进路，它落下说明不是通过进路。对应每一进站信号机设一个 TXJ，放在 YX 组合里。

只有正线的接车进路排好，X 进站信号机的 LXJ 和 ZXJ 均吸起，并且该正线同方向的发车进路也排好，X_1LXJF 吸起时，才说明办理的是通过进路，TXJ 吸起，给出一个绿色灯光。

3. 绿黄信号继电器 LUXJ

绿黄信号继电器 LUXJ 是用来区分专场作业时，列车经由前一个车场后是否在下一个车场停车；或在四显示自动闭塞区段区分，通过列车驶离同方向离去区段的占用情况。对应每一个进路信号机设一个 LUXJ，放在 YX 组合里。

在设有接车进路信号机的情况下，列车经由前一个车场到下一个车场停车时，建立正线接车进路，并且在这条进路终端处的接车进路信号机也在开放时，进站信号机的 LUXJ 励磁吸起，进站信号机要显示绿/黄灯。

LUXJ 电路受 X 进站信号机的 LXJ 前接点和 ZXJ 前接点以及接车进路信号机的 LXJF 前接点控制。当 TXJ 落下，而 LUXJ 吸起时，进站信号机显示一个绿灯和一个黄灯。

在四显示自动闭塞区段，根据通过列车驶离同方向离去区段的情况，分别有绿/黄显示和绿灯显示。

进站信号机的 7 种信号显示，用 4 个继电器控制时的动作关系是：

LXJ ├──┤──┐
　　　　　├── H
YXJ ├──┤──┘

LXJ ├──┤──┐
　　　　　├── H、YB
YXJ ├──┤──┘

LXJ ├──┤──┐
　　　　　├── U、U
YXJ ├──┤──┘

LXJ ├──┤──┐
ZXJ ├──┤──┤
　　　　　├── U
TXJ ├──┤──┤
LUXJ ├──┤──┘

LXJ ├──┤──┐
ZXJ ├──┤──┤
　　　　　├── L
TXJ ├──┤──┤
LUXJ ├──┤──┘

LXJ ├──┤──┐
ZXJ ├──┤──┤
　　　　　├── L、U
TXJ ├──┤──┤
LUXJ ├──┤──┘

LXJ ├──┤──┐
ZXJ ├──┤──┤
　　　　　├── US、U
CTXJ ├──┤──┤
SNJ ├──┤──┘

（二）与两方向出站信号机有关的继电器

在具有两个发车方向时，出站信号机有 4 种显示，即绿、黄、绿/绿、红。4 种信号显示可用 3 个继电器相互配合进行控制，但是由于要满足故障-安全要求且 LXJ 接点不够用，因此有两个发车方向时，为了对 1 个绿灯和 2 个绿灯进行选择，故增设了 4 个继电器，分别是：列车信号复示继电器 LXJF、主信号继电器 ZXJ、第二灯丝继电器 2DJ 和信号辅助继电器 XFJ。前 3 个继电器在 2LXF 组合里，XFJ 在零散组合里。

1. 列车信号复示继电器 LXJF

由于 LXJ 接点不够用，故设了列车信号复示继电器 LXJF。

2. 主信号继电器 ZXJ

主信号继电器 ZXJ 是用来区分出站信号机点 1 个绿灯还是 2 个绿灯。当向主要干线方向发车时，使信号机显示 1 个绿或黄灯（如果二离去继电器 2LQJ 在吸起状态，则显示绿灯，否则显示 1 个黄灯），LXJ 和 ZXJ 均励磁吸起；向次要线路方向发车时，点亮双绿灯，LXJ 吸起，而 ZXJ 不励磁。

3. 信号辅助继电器 XFJ

XFJ 是作为 ZXJ 继电器断线防护用的。

在向主要干线发车时，出站信号机若显示绿或黄色灯光，ZXJ 因电路故障而错误落下，则出站信号机不但不能自动关闭，并且还将自动地改点 2 个绿灯，这是不允许的。因此要增设一个继电器进行检查，信号辅助继电器 XFJ 就是为此而设置的。为了节省继电器，将 XFJ 放在主要方向发车口部位用的零散组合内，使 XFJ 的线圈通过 13 线网路，与本咽喉区所有出站信号机用的 ZXJ 线圈相串联，这样就可以用一个 XFJ 监督各个 ZXJ。当 ZXJ 因电路故障落下时，XFJ 也随之落下，用 XFJ 前接点断开 11 线，使 LXJ 落下，以达到 ZXJ 故障时出站信号机自动关闭的目的。

13 线网路是解锁进路用的，在进路处于锁闭状态下，列车还未驶入进路前，这条网路线不起作用，正好用来兼作 ZXJ 和 XFJ 电路。在进路锁闭过程中，利用两个 QJJ 前接点，把网路线在断开处连起来。在进路始端，经 KJ 第 6 组前接点和 XJJ 第 8 组前接点将 ZXJ 线圈接向网路。在进路终端，通过 GJJ 第 1 组接点将 XFJ 线圈接向网路。这样，当向主要方向发车时，ZXJ 和 XFJ 便会同时吸起，使出站信号机显示绿灯或黄灯。

二离去继电器 2LQJ 吸起反映第二离去区段空闲，落下反映该区段有车，是控制出站信号机开放的区间自动闭塞条件。

图 7-1-2 所示为 ZXJ 和 XFJ 电路。ZXJ 和 XFJ 是串接在 13 线网路上的。

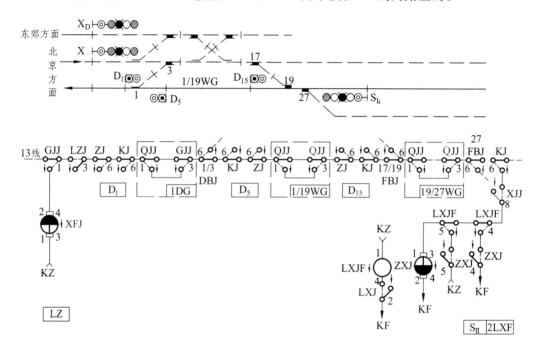

图 7-1-2 主信号及辅助继电器电路

4. 第二灯丝继电器 2DJ

第二灯丝继电器 2DJ 用来监督第二绿灯灯丝的完整性。

有两个发车方向的出站信号机的 4 种信号显示用 3 个继电器控制时的动作关系是：

$$LXJ \longrightarrow H \qquad \begin{matrix} LXJ \\ ZXJ \\ 2LQJ \end{matrix} \longrightarrow U \qquad \begin{matrix} LXJ \\ ZXJ \end{matrix} \longrightarrow L、L \qquad \begin{matrix} LXJ \\ ZXJ \\ 2LQJ \end{matrix} \longrightarrow L$$

二、信号机点灯电路工作原理

信号点灯电路包括室内和室外两部分。

信号机点灯电路用来控制信号机的显示状态，直接向机务人员发出行车命令。各种信号的显示正确与否，直接关系到行车的安全问题，为此，信号机点灯电路必须是高可靠、高安全电路。所以设计信号机点灯电路时，必须有断线保护和混线保护措施。

信号点灯电路断线，信号机就要灭灯。允许灯光灭灯就要使信号降级，如绿灯或黄灯灭灯时，要自动改点红灯。禁止灯光灭灯时不允许信号再开放（一般仅针对进站信号机及正线出站信号机）。因此，在每个信号机灯泡上，都串接有灯丝继电器 DJ。DJ 采用整流式继电器，用以监督灯丝的完整性。

信号点灯电路混线故障会造成信号升级显示以及乱显示，这是绝对不允许的。因此对其要采取位置法和双断法实现混线防护措施。月白灯光只对调车有效，对列车不起作用，故对月白显示不采取混线防护措施，以减少与室外的电缆数量。

下面分别对进站、出站及调车信号的点灯电路加以介绍。

（一）进站信号机点灯电路工作原理

图 7-1-3 所示为进站信号机的点灯电路。进站信号机有 5 个灯泡，灯位从上至下排列顺序为：U、L、H、2U、YB。这 5 个灯泡中的 U、L 和 H 是不应同时亮灯的，2U 和 YB 也不应同时亮灯，只有 U 和 2U 或 H 和 YB 能同时亮灯。对能同时亮灯的 2 个灯泡，不能用一个灯丝继电器进行监督，因为如果两个灯泡中坏一个，就无法区分是哪一个坏了。对不能同时亮灯的几个灯泡，都可以用同一个灯丝继电器进行监督，因为它们可以用控制灯光的条件进行区分。根据上述分析，在进站信号机点灯电路中，U、L 和 H 用一个灯丝电器（JZXC-H18）监督，叫作第一灯丝继电器 DJ；而 2U 和 YB 用另一个灯丝继电器进行监督，叫第二灯丝继电器 2DJ。平时进站信号机点红灯，红灯点灯变压器 HB 次级有输出，因此在初级线圈中串

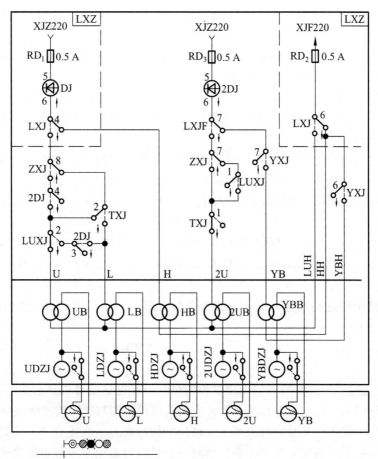

图 7-1-3　进站信号机点灯电路

接的 DJ 在吸起状态，表示灯泡完好。假如此时红灯主、副灯丝都烧断而灭灯，那么 DJ 将因 HB 的次级没有输出、初级电路中的电流大大减少而落下。用 DJ 的后接点使控制台相应的信号复示器闪红灯，及时反映出红灯灯丝断。在进站信号机开放时，当 LXJ 吸起，一方面断开红灯点灯变压器初级电路，另一方面把点灯电源接向允许灯光。允许灯光亮什么灯，取决于建立什么样的进路，由信号辅助继电器动作配合接通有关允许灯光点灯电路。

进站信号机各种情况下的点灯电路的接通公式如下：

（1）平时进站信号机显示红色灯光，电路为：

$$XJZ_{220}—RD_1—DJ_{5-6}—LXJ_{41-43}—HB_{11-12}—LXJ_{63-61}—RD_2—XJF_{220}$$

（2）正线通过时显示一个绿色灯光，电路为：

$$XJZ_{220}—RD_1—DJ_{5-6}—LXJ_{41-42}—ZXJ_{81-82}—TXJ_{21-22}—LB_{11-12}—LXJ_{62-61}—RD_2—XJF_{220}$$

该电路中检查了 LXJ、ZXJ 和 TXJ 的前接点。

（3）正线接车时显示一个黄色灯光，电路为：

$$XJZ_{220}—RD_{5-6}—DJ_{5-6}—LXJ_{41-42}—ZXJ_{81-82}—TXJ_{21-23}—LUXJ_{21-23}—UB_{11-22}—LXJ_{62-61}—RD2—XJF_{220}$$

该电路中检查了 LXJ、ZXJ 的前接点，TXJ 和 LUXJ 的后接点。

（4）站线接车时，显示两个黄色灯光，首先接通第二黄灯电路，其电路为：

$$XJZ_{220}—RD_3—2DJ_{5-6}—LXJF_{71-72}—ZXJ_{71-73}—TXJ_{11-13}—2UB_{11-12}—LXJ_{62-61}—RD_2—XJF_{220}$$

该电路由 LXJ 前接点和 ZXJ、TXJ 后接点构成，电路中用 2DJ 吸起证明第二黄灯完好，同时构成第一黄灯点灯电路，其电路为：

$$XJZ_{220}—RD_1—DJ_{5-6}—LXJ_{41-42}—ZXJ_{81-82}—2DJ_{21-22}—1UB_{11-12}—LXJ_{62-61}—RD_2—XJF_{220}$$

在电路中接有 2DJ 第 2 组前接点，若第二黄灯灭灯，则用 2DJ 落下，断开第一黄灯点灯电路，防止出现信号升级显示。

（5）在四显示自动闭塞区段或设有接车进路信号机的情况下，在进站信号机上要显示一绿一黄灯光。该点灯电路先接通第二黄灯电路，后接通绿灯电路，其第二黄灯电路为：

$$XJZ_{220}—RD_3—2DJ_{5-6}—LXJF_{71-72}—ZXJ_{71-72}—LUXJ_{11-12}—TXJ_{11-13}—2UB_{11-12}—LXJ_{62-61}—RD_2—XJF_{220}$$

绿灯电路由 LXJ、ZXJ、LUXJ 前接点，TXJ 后接点构成。用 2DJ 吸起沟通绿灯电路为：

$$XJZ_{220}—RD_1—DJ_{5-6}—LXJ_{41-42}—ZXJ_{81-82}—TXJ_{21-23}—LUXJ_{21-22}—2DJ_{31-32}—LB_{11-12}—LXJ_{62-61}—RD_2—XJF_{220}$$

（6）引导接车时进站信号机显示一个红色灯光和一个月白色灯光，红灯电路和平时一样。月白灯电路为：

$$XJZ_{220}—RD_3—2DJ_{5-6}—LXJF_{71-73}—YXJ_{71-72}—YBB_{11-12}—YXJ_{62-61}—LXJ_{63-61}—RD_2—XJF_{220}$$

（7）当接车进路经过 18 号及以上道岔侧向位置时，进站信号机显示黄闪和黄色灯光。

为了实现灯闪光，进站信号机应增设侧向通过继电器 CTXJ 和闪光继电器 SNJ。

在上述点灯电路中，凡是同时点两个允许信号的灯光时，在接有 DJ 的灯光电路中都接有 2DJ 的前接点，其目的是：当第二黄灯灭灯时，使绿灯或第一黄灯也随之灭灯，防止信号升级显示，用 DJ 的前接点断开进站信号机 LXJ 电路，使信号机自动改点红灯。

在进站信号机点灯电路中，电路控制条件均设置在电源与负载之间，满足对混线防护的位置要求。对于混线防护，除采用位置法外，对允许灯光和月白灯光都采用了双断法。为了减少连线，简化电路，在点灯电路中，U、L 和 2U 灯共用一条回线。

（二）两方向出站兼调车信号机点灯电路

图 7-1-4 所示为两方向出站兼调车信号机的点灯电路。在三显示自动闭塞区段有两个发车方向时，位于正线上的出站兼调车信号机采用高柱信号机，设有三个信号机构 5 个灯位。灯光由上至下排列为 U、L、H、2L 和 B。

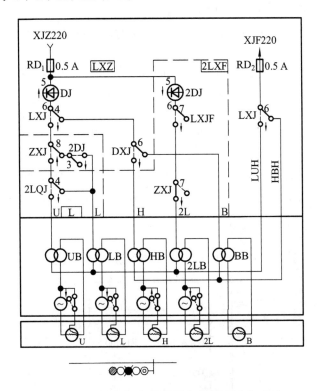

图 7-1-4 两方向出站兼调车信号机点灯电路

在两方向出站兼调车信号机的点灯电路中，用主信号继电器 ZXJ 区分点一个绿灯还是两个绿灯；用第二离去继电器 2LQJ 区分点一个黄灯还是点一个绿灯。ZXJ 吸起说明是向主要方向发车，显示一个绿灯（或黄灯）；ZXJ 落下说明是向次要线路方向发车，显示两个绿灯。2LQJ 吸起说明前方至少有两个闭塞分区空闲，显示一个绿灯；2LQJ 落下说明前方只有一个闭塞分区空闲，显示一个黄灯。

出站兼调车信号机在各种情况下接通的点灯电路如图 7-1-4 所示。

在四显示自动闭塞区段，出站信号机相应也有 L、U 显示，用 2LQJ、3LQJ 接点来区分不同显示。2LQJ 落下，出站信号机点亮黄灯；2LQJ 吸起，3LQJ 落下，出站信号机点亮绿/黄灯；2LQJ 吸起，3LQJ 吸起，出站信号机点亮绿灯。在双线双向自动闭塞区段，增设进路表示器，以区分是正方向发车还是反方向发车。

两方向出站兼调车信号机点灯电路的接通公式如下：

（1）平时，出站兼调车信号机显示红灯，LXJ 和 DXJ 均落下，其电路为：

XJZ_{220}—RD_1—DJ_{5-6}—LXJ_{41-43}—DXJ_{61-63}—HB_{11-12}—LXJ_{63-61}—RD_2—XJF_{220}

（2）向主要方向发车，前面有两个以上闭塞分区空闲时，出站兼调车信号机显示一个绿灯，LXJ、ZXJ 和 2LQJ 均吸起，其电路为：

XJZ_{220}—RD_1—DJ_{5-6}—LXJ_{41-42}—ZXJ_{81-82}—2LQJ 前接点—$1LB_{11-12}$—LXJ_{62-61}—RD_2—XJF_{220}

（3）向主要方向发车，前面有一个闭塞分区空闲时，出站兼调车信号机显示一个黄灯，LXJ 和 ZXJ 均吸起，2LQJ 落下，其电路为：

XJZ_{220}—RD_1—DJ_{5-6}—LXJ_{41-42}—ZXJ_{81-82}—2LQJ 后接点—UB_{11-12}—LXJ_{62-61}—RD_2—XJF_{220}

（4）向次要方向发车，出站兼调车信号机显示两个绿灯，LXJ 吸起，ZXJ 落下。2L 灯电路为：

XJZ_{220}—RD_1—$2DJ_{5-6}$—$LXJF_{71-72}$—ZXJ_{71-73}—$2LB_{11-12}$—LXJ_{62-61}—RD_2—XJF_{220}

当 2L 灯亮灯，2DJ 吸起后，接通 1L 灯电路，其电路为：

XJZ_{220}—RD_1—DJ_{5-6}—LXJ_{41-42}—ZXJ_{81-83}—$2DJ_{11-12}$—$1LB_{11-12}$—LXJ_{61-62}—RD_2—XJF_{220}

（5）办理调车进路时，出站兼调车信号机显示月白灯光，DXJ 吸起，其电路为：

XJZ_{220}—RD_1—DJ_{5-6}—LXJ_{41-43}—DXJ_{61-62}—BB_{11-12}—LXJ_{63-61}—RD_2—XJF_{220}

（三）调车信号机点灯电路

调车信号机点灯电路如图 7-1-5 所示。平时调车信号机点亮蓝灯，当 DXJ 吸起后亮白灯。

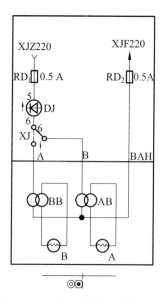

图 7-1-5　调车信号机点灯电路

调车信号机一般采用矮型信号机，点灯用信号变压器一般安装在信号机构的后盖里，不需要设置信号变压器箱。

调车信号机点灯电路的接通公式如下：

（1）平时调车信号机显示蓝灯，DXJ 落下，其电路为：

XJZ_{220}—RD_1—DJ_{5-6}—DXJ_{61-63}—AB_{11-12}—RD_2—XJF_{220}

（2）建立调车进路时，调车信号机开放，显示一个白灯，DXJ 吸起，其电路为：

XJZ_{220}—RD_1—DJ_{5-6}—DXJ_{61-63}—BB_{11-12}—XJF_{220}

三、主灯丝断丝报警电路

主灯丝断丝报警电路的作用是监督列车信号灯泡主灯丝断丝并及时报警，防止因列车信号灭灯而影响接发列车作业。若某列车信号机灯泡主灯丝断丝（或主灯丝回路发生断线故障）时，则控制台上的断丝表示灯闪红光，并使电铃报警，引起值班员的注意，以便及时通知信号维修人员更换灯泡，确保列车信号机不中断信号显示。

每个咽喉设一套主灯丝断丝报警电路，包括一个断丝报警继电器 DSJ、一个灯丝断丝报警表示灯 DSD、一个灯丝断丝报警电铃 DSDL 和一个断丝报警按钮 DSA。

图 7-1-6 所示为下行咽喉的主灯丝断丝报警电路。本咽喉每架进站信号机和出站信号机的灯丝转换继电器 DZJ 后接点串联，各架信号机串联支路并联，然后接入室内的 DSJ 电路中。如果该信号机同时点两个灯，再将第二个灯的 DZJ 后接点和监督其状态的 2DJ 前接点串接后接向 DSJ 电路。主灯丝断丝报警继电器 DSJ 采用时间继电器，平时落下。当任何一架信号机点亮的灯泡主灯丝断丝时，该架信号机的 DZJ 都落下，接通 DSJ 电路，使 DSJ 延时 3 s 后吸起。主灯丝断丝使 DSJ 吸起后，控制台上的下行咽喉主灯丝断丝表示灯 DSD 亮红灯，并使 DSDL 电铃鸣响。当确认是主灯丝断丝后，车站值班员按下非自复式的切断灯丝断丝报警按钮 DSA，使电铃停响。等维修人员更换信号机断丝的灯泡后，由于 DZJ 吸起使 DSJ 落下，断丝报警电铃再次鸣响，车站值班员拉出 DSA，电铃停响。至此，主灯丝断丝报警电路复原。

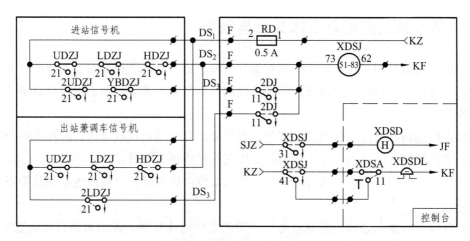

图 7-1-6　主灯丝断丝报警电路

例如，X 进站信号机开放正线接车信号，黄灯灯泡主灯丝断丝，UDZJ 落下，接通 DSJ 电路，其励磁电路为：

KZ—RD—UDZJ$_{21-23}$—LDZJ$_{21-23}$—HDZJ$_{21-23}$—XDSJ$_{73-62}$—KF

对于同时点两个灯的信号机，例如出站信号机点两个绿灯，当第二个绿灯灯丝断丝时，2LDZJ 落下，接通 DSJ 电路，其励磁电路为：

KZ—RD—2LDZJ$_{21-23}$—2DJ$_{11-12}$—XDSJ$_{73-62}$—KF

在电路中，第二绿灯主灯丝断丝后，副灯丝仍在点亮，2DJ 吸起。检查 2DJ 第 1 组前接点后，使 DSJ 吸起，发出第二绿灯主灯丝断丝报警。

主灯丝断丝报警继电器 DSJ 采用时间继电器，是为了在信号机改变信号显示，原点亮灯光的 DZJ 已落下，而即将点亮灯光的 DZJ 还未来得及吸起时，防止错误报警。

任务二　信号机点灯电路故障处理

【知识目标】

掌握信号机点灯电路故障分析、判断及处理的方法和步骤。

【能力目标】

（1）能正确使用工具、仪表；
（2）能信号机点灯电路进行独立分析、判断及查找，并对一般断线故障进行处理；
（3）培养安全意识、团队合作能力。

【相关知识】

一、信号机点灯电路故障分析与判断

信号点灯电路采用了双重系统，具有主灯丝断丝后，自动转换副灯丝的功能，又有较完善的故障自诊条件。点灯电路出现故障可从控制台信号复示器着灯状态以及电铃响铃报警及时得到发现。

信号点灯电路分室内部分和室外部分，当信号点灯电路出现故障时，应在室内分线盘测量电压，或挂模拟灯泡试验，首先判明故障出现在室内还是室外。

若开放信号时室内分线盘测量无电压，说明室内电路故障，可按继电电路故障查找方法查找故障；

若开放信号时室内分线盘测量有电压，说明室外电路故障，此时可将万用表置于 R×1 挡，在分线盘测量：

（1）若阻值在 100 Ω 左右，说明分线盘至信号 BX1-34 的 I 次正常，Ⅱ次或信号机内部故障。

（2）若阻值在 0 Ω 左右，说明分线盘至信号机处的电缆短路，此故障使熔断器熔断。

（3）若阻值在 20 Ω 左右，说明 BX—34 I 次短路。

（4）若阻值为无穷大，说明电缆或 BX—34 I 次断路。

二、信号机故障时控制台的现象

信号点灯电路采用了双重系统，具有主灯丝断丝后自动转换副灯丝的功能以及较完善的故障自诊功能。点灯电路出现故障时，可以通过控制台信号复示器点灯状态、电铃响铃报警发现。

进站信号复示器平时点亮红灯。开放允许信号时，进站信号复示器点亮绿灯；开放引导信号时，进站信号复示器点亮一红一白灯光。出站信号复示器平时无显示；开放允许信号时，点亮绿灯；开放调车信号时，点亮一个月白灯光。

（一）红灯或蓝灯灭灯时控制台的现象

（1）进站信号机：控制台复示器闪红灯。

（2）出站信号机：控制台复示器闪白灯。

（3）调车信号机：控制台复示器闪白灯。

分析：出现上述现象时，可以在分线盘上测量。进站信号机测量 H、HH，出站信号机测量 H、HBH，调车信号机测量 A、BAH。上述端子之间若有交流 220V 电压，则为室外故障；若无电压，则为室内故障或发生了短路故障。

（二）允许灯光灭灯时控制台的现象

（1）进站信号机：复示器在点亮稳定绿灯的同时闪红灯，此现象维持约 2 s。

（2）出站信号机：复示器在点亮稳定绿灯的同时闪白灯，此现象维持约 2 s。

（3）调车信号机：复示器闪白灯后灭灯。

分析：进站和出站信号机的允许灯光黄灯的点灯线使用了 1U（U）与 LUH，绿灯的点灯线使用了 L 和 LUH，在出现允许灯光灭灯的故障现象时，在开放信号的 2 s 内测试，若有电压则为室外故障，若无电压则为室内故障（短路故障另行分析）。

注意：

（1）当进站信号机的第二位黄灯灭灯时，点灯电路的动作逻辑关系是：2DJ↓→DJ↓，此时应该区分第一位黄灯与第二位黄灯灭灯的现象。

（2）若允许灯光灭灯，在重复开放信号 2 s 后，信号机则自动改点红灯。LXJ↑→点绿灯线黄灯→因允许灯光灭灯 DJ↓→LXJ↓→点红灯→DJ↑，故在其他时间内无法测到允许灯光的点灯电压。

当 XJJ 的保持吸起电路或 LXJ 的自闭电路发生故障时，其现象与上述现象有区别，应该注意区分。

（1）现象：信号机复示器由点亮稳定的绿灯直接变为点红灯（进站）或灭灯（出站），无闪红灯（进站）或闪白灯（出站）的过程，说明 XJJ 的保持吸起电路故障或 LXJ 的自闭电路故障。

分析：LXJ 从吸起到失磁落下，DJ 一直保持在吸起状态。若 XJJ 先于 LXJ 失磁落下，则说明 XJJ 保持吸起电路故障；若 LXJ 先于 XJJ 失磁落下，则说明 LXJ 自闭电路故障。两者的故障现象反映到控制台上是相同的。

（2）在控制台上也可以区分上述故障，方法如下：信号关闭后，重复开放信号，在 LXJ 缓放的瞬间，再次按压始端按钮，若信号不关闭，则说明 LXJ 的自闭电路故障。若信号仍然关闭，则说明 XJJ 先于 LXJ 失磁落下，造成信号关闭，是 XJJ 的保持吸起电路故障。

分析：重复开放信号后，信号开放，使 LXJ↑→FKJ↓，在 FKJ↓至 LXJ 缓放的时间内，再次按压始端按钮将使 FKJ 再次吸起，用 FKJ 的前接点将 LXJ 的自闭条件短接。

若室内在开放信号时，进站信号机信号复示器在点亮绿灯的同时闪红灯，约 2 s 后变成闪红灯，则说明允许灯光的点灯回路发生短路故障；出站信号机信号复示器在点亮稳定绿灯的同时闪白灯，2 s 后变成闪白灯，则说明出站信号机的允许灯光发生了短路故障。

分析：未开放信号，LXJ 失磁落下，信号机正常点亮红灯；开放信号，LXJ 吸起，点亮允许灯光，因为允许灯光的点灯回路短路，烧坏室内熔断器，DJ 失磁落下，使 LXJ 失磁落下，信号关闭后，禁止灯光也无法正常点亮。

三、信号点灯电路室外设备故障分析（以红灯为例）

当进站（进路）、出站、通过、调车等信号机出现故障时，电务维修人员在接到车站值班员通知后，应立即登记停用设备，积极组织查找故障原因，并及时向工长、车间和段调度汇报。

发现故障后，应首先在分线盘上区分故障的范围和性质，下面就信号机的室外故障处理方法进行分析。

（一）在分线盘上测量故障信号机的 H 和 HH（或 HBH）

（1）若有交流 220 V 电压，则说明室外发生断线故障。

（2）若无交流 220 V 电压，则应看组合架及相应组合的 XJZ 或 XJF 熔断器是否熔断：

① 若熔断器完好，则说明分线盘到组合内部断路。

② 若已熔断，且更换熔断器后即熔断，说明是短路故障。

③ 若是短路故障，则可在分线盘甩开一个端子，再加熔断器，若不再熔断，则说明分线盘至信号机处短路；若再次熔断，则说明是分线盘至组合内部短路。

注意：若 BX—34 型变压器 Ⅱ 次侧短路，其现象是控制台复示器不闪光（DJ 不失磁落下），熔断器不熔断，但在分线盘的端子上测到的电压降低，测到的电压大约在交流 150V（视信号机至信号楼的距离而定）。

（二）在信号机处的变压器箱或终端电缆盒上测量（进站信号机、两方向出站信号机端子为 3、7，一方向出站信号机端子为 3、6）

（1）若有交流 220 V 电压，则说明变压器箱或电缆盒至信号机内部点灯电路发生断路故障。

（2）若无交流 220 V 电压：

① 若在分线盘测出有交流 220 V 电压，则说明电缆断线。

② 在分线盘甩开一个端子，再加熔断器，若不再熔断，则说明分线盘至信号机处短路，应前往现场信号机处，在电缆盒内甩开任一端子，室内再加熔断器：

a. 仍然熔断熔断器，则说明分线盘至信号机电缆盒之间的电缆发生短路故障。

b. 不再熔断熔断器，则说明 BX_1-34 型变压器 I 次或电缆盒至 BX_1-34 型变压器 I 次间引入线短路。

注意：在分线盘分析判断后，在前往室外时，要注意将分线盘动过的线头恢复到正常位置，防止发生判断错误。在操作时，要与室内人员密切联系，确保判断正确。

（三）在 BX_1-34 型变压器 I 次侧测量（设变压器箱或电缆盒端子有电压）

（1）若有交流 220 V 电压，则说明 BX_1-34 型变压器 I 次故障或 BX_1-34 型变压器 II 次至灯泡间有断路故障。

（2）若无电压（此处仅分析断路，短路故障另行分析），则说明变压器箱或电缆盒端子至 BX_1-34 型变压器 I 次侧之间断路，分别判断是哪一根引入软线断路即可。

（四）在 BX_1-34 型变压器 II 次侧测量（设 BX_1-34 型变压器 I 次有电压）

应将电压表挡置于交流 25 V 挡位上。

（1）若有 13 V 左右电压，则说明 BX_1-34 型变压器 II 次到灯端间断路。

（2）若无 13 V 左右电压，则说明 BX_1-34 型变压器故障。正常情况下变压器各端子间电压如图 7-2-1 所示。

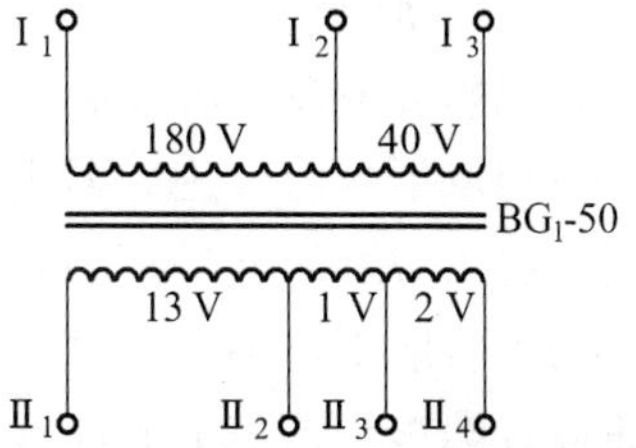

① I_1—I_2 与 I_1—I_3 之间电压均为 220 V，说明 I_1—I_2 线圈或引出线断线。

② I_3—I_2 和 I_3—I_1 之间电压均为 220 V，说明 I_2—I_3 线圈或引线断线。

③ 变压器 II 次侧各端子均无输出，则可判明为 I 次故障。

④ 若 I 次正常，II 次故障：

a. II_1 引线断线：II_3—II_2 之间为 1 V，II_1—II_3 之间无电压，II_3—II_4 之间为 2 V。

b. II_3 引线断线：I_1—II_2 之间为 13 V，I_1—II_3 之间无电压，II_1—II_4 之间为 16 V，II_2—II_3 之间无电压，II_3—II_4 之间无电压。

图 7-2-1　BX_1-34 型变压器电路

注意：

（1）测变压器 I 次及 II 次时，应注意及时更换万用表挡位。

（2）若是发生变压器 II 次侧的 II_3 引出线断线故障，而 II_1—II_2—II_4 正常，则可以临时用 II_2 或 II_4 恢复使用。

（五）在灯泡端测量（设 BX_1-34 型变压器 II 次有输出）

（1）若有 12 V 左右电压，则说明灯座弹簧不好或灯泡断丝。

（2）若无电压，则按步进电压法查找具体断路点即可。

注意:

（1）JZCJ-0.12 型继电器线圈的压降约为 1 V，直流电阻约为 1 Ω 。

（2）灯丝转换继电器的两组后接点，一组供点副灯丝用，另一组供主灯丝断丝报警用，前接点未用，应注意区分。

四、允许灯光的点灯电路故障分析（以调车信号机白灯为例）

允许灯光灭灯，开放信号后，DJ↓ 将使 DXJ 经缓放后失磁落下，改点禁止灯光。所以，允许灯光的点灯电压是瞬间送出的，不宜采用电压法进行查找。此时，可以使用电阻法进行查找。

注意:用电阻法查找时，应与室内加强联系，严禁室内在处理故障的过程中开放信号，防止烧坏万用表或室内点灯熔断器。

（一）在变压器或电缆盒 4、6 端子上测量 （设电压已送到电缆盒）

（1）若电阻值在 80 Ω 左右，则说明 BX$_1$-34 型变压器 Ⅰ 次侧及引入线正常。

（2）若电阻值为 0 Ω，则说明 BX$_1$-34 型变压器 Ⅰ 次侧或引入线短路，查找方法与红灯短路故障处理方法相同。

（3）若电阻值为无穷大，则说明引入线或 BX$_1$-34 型变压器 Ⅰ 次侧线圈断路，分别判断区分即可。

（二）在灯泡端测量（设 BX$_1$-34 型变压器 Ⅰ 次正常）

若电阻为 0 Ω，则可采用下列方法:

（1）取下信号灯泡，若电阻值仍为 0 Ω，则说明变压器 Ⅱ 次至灯泡端配线正常（仅限于断路情况），故障为灯座压簧不良或灯泡断丝。

（2）若取下灯泡后，电阻值变为无穷大，则说明灯座及灯泡良好，故障是变压器 Ⅱ 次侧断线或灯端至变压器 Ⅱ 侧断线或是 JZCJ-0.12 型继电器线圈断线，分别进行判断即可。

变压器 Ⅱ 次侧短路，处理方法与禁止灯光的处理方法相同。

五、处理信号点灯电路故障的技巧

当信号点灯电路发生故障时，可以在分线盘上快速区分故障的范围及性质，方法如下（设允许灯光故障）:

（1）将万用表置于交流 250 V 挡位，在分线盘测量（重复开放信号时），若有电压，则为室外故障；若无电压，则为室内故障。进行此项操作时，须确认室内的电压已经送出。

（2）若室内电压已经送出，则故障在室外，可以将万用表置于 R × 1 挡位，在分线盘测量:

① 若阻值在 100 Ω 左右，说明分线盘至信号机 BX$_1$-34 型变压器的 Ⅰ 次正常，Ⅱ 次或信号机内部故障。

② 若阻值在 0 Ω 左右，说明分线盘至信号机处的电缆短路，此故障使熔断器熔断。

③ 若阻值在 20 Ω 左右，说明 BX_1-34 型变压器 I 次短路（视该信号机距信号楼的距离而定，应注意判断）。

④ 若阻值为无穷大，说明电缆或 BX_1-34 型变压器 I 次断路。

注意：

（1）BX_1-34 型变压器 I 次的直流阻值为 80 Ω 左右，电缆芯线的阻值为 23.5 Ω/km，则两者的阻值之和应 ≥ 100 Ω。

（2）使用电阻挡测量时，应与室内加强联系，不得开放信号，防止烧坏万用表或室内熔断器。同时，根据所测阻值的大小，可以判断出短路点距信号楼的距离。

附　表

附表一　6502 电气集中的定型组合类型

组合类型	0		1	2	3	4	5	6	7	8	9	10
F	R_1、R_2 RX20-25-51-±5%	C_1、C_2 CD-200-50	LJJ JWXC-H340	LFJ JWXC-H340	DJJ JWXC-H340	DFJ JWXC-H340	ZQJ JWXC-H1700	ZRJ JWXC-H1700	ZDJ JWXC-H1700	ZFJ JWXC-H1700	GDJ JWXC-H1700	GDJF JWXC-H340
YX	R：RX20-25-51-±5% C：CD-100-50	RD（0.5A）	AJ JWXC-1700	XJ JWXC-H340	JJ JWXC-1700	1DJF JWXC-1700	1DJ JZXC-H18	2XJ JWXC-1700	LXJF JWXC-1700	TXJ JWXC-1700	LUXJ JWXC-1700	LAJ JWXC-H340
1LXF			DAJ JWXC-H340	LAJ JWXC-H340	ZJ JWXC-H340	GJJ JWXC-1700	ZCJ JWXC-1700	GJ JZXC-480	GJF JWXC-1700			
2LXF			DAJ JWXC-H340	LAJ JWXC-H340	ZJ JWXC-H340	GJJ JWXC-1700	ZCJ JWXC-1700	LXJF JWXC-1700	ZXJ JWXC-H340	2DJ JZXC-H18		
LXZ	R：RX20-25-50-±5% C：CD-500-50	RD（0.5A） RD（0.5A）	LKJ JWXC-H340	JXJ JWXC-1700	FKJ JWXC-H340	KJ JWXC-H340	LXJ JWXC-1700	XJJ JWXC-1700	DXJ JWXC-H340	DJ JWXC-H18	QJ JWXC-1700	JYJ JWXC-1700
DX		RD（0.5A） RD（0.5A）	AJ JWXC-H340	JXJ JWXC-1700	FKJ JWXC-H340	KJ JWXC-1700	ZJ JWXC-H340	XJJ JWXC-1700	XJ JWXC-H340	DJ JWXC-H18	QJ JWXC-1700	JYJ JWXC-1700
DXF 或 B			1AJ JWXC-1700	2AJ JWXC-H340	JXJ JWXC-1700	1AJ JWXC-1700	2AJ JWXC-H340	JXJ JWXC-1700				
SDF	D_1~D_4：2CP21		1DCJ JWXC-1700	1FCJ JWXC-1700	2DCJ JWXC-1700	2FCJ JWXC-1700	1DCJ JWXC-1700	1FCJ JWXC-1700	2DCJ JWXC-1700	2FCJ JWXC-1700		
SDZ	R：RX20-10-750-±5% C：CZM-L-4-400	RD（3A） RD（3A） RD（5A） RD（0.5A）	BB BD_1-7	1DQJ JWJXC-H125/0.44	1SJ JWXC-1700	2DQJ JYJXC-135/220	AJ JWXC-1700	2SJ JWXC-1700	DBJF JWXC-1700	DBJ JPXC-1000	FBJ JPXC-1000	FBJF JWXC-1700
DD	D_1~D_4：2CP21 R：RX20-10-750-±5% C：CZM-L-4-400	RD（3A） RD（3A） RD（5A） RD（0.5A）	BB BD_1-7	1DQJ JWJXC-H125/0.44	SJ JWXC-1700	2DQJ JYJXC-135/220	AJ JWXC-1700	DCJ JWXC-1700	FCJ JWXC-1700	DBJ JPXC-1000	FBJ JPXC-1000	
Q	R：RX25-20-50-±5% C：CD-1000-50		DGJ JZXC-480	DGJF JWXC-1700	FDGJ JWXC-1700	1LJ JWXC-1700	2LJ JWXC-1700	QJJ JWXC-1700	CJ JWXC-1700	FDGJF JWXC-1700		
DY			1RJJ JWXC-1700	2RJJ JWXC-1700	1XCJ JSXC-850	2XCJ JSBXC-850	TGJ JWJXC-480	JCJ JWXC-1700	YZSJ JWXC-1700	JCAJ 或 (ZFDJ) JWXC-1700	JCJ_1 JZXC-480	JCJ_2 JSBXC-850

附表二　6502电气集中组合类型图图号

序号	组合类型	每种组合演变形成的类型图图号								
一	YX	1/YX 引导信号	2/YX 引导信号							
二	LXZ	A-1/LXZ 进站或 进路信号	A-2/LXZ 进站或 进路信号	B-1/LXZ 二方向 出站信号	B-2/LXZ 二方向 出站信号	A-1/LXZ 一方向 出站信号	A-2/LXZ 一方向 出站信号			
三	2LXF	B-1/2LXF 二方向 出站信号	B-2/2LXF 二方向 出站信号							
四	1LXF	A-1/1LXF 进站或 进路信号	A-2/1LXF 进站或 进路信号	A-1/1LXF 一方向 出站信号	A-2/1LXF 一方向 出站信号					
五	DX	D-1/DX 单置调车 信号	D-2/DX 单置调车 信号	B-1/DX 并置调车 信号	B-2/DX 并置调车 信号	A-1/DX 差置调车 信号	A-2/DX 差置调车 信号	J-1/DX 尽头线 调车信号	J-2/DX 尽头线 调车信号		
六	DXF	1(A)/DXF 单置调车 信号	1(B)/DXF 单置调车 信号	2(A)/DXF 单置调车 信号	2(B)/DXF 单置调车 信号	1/B 变通按钮	2/B 变通按钮	1(A)/ZD 列调车 终端按钮	1(B)/ZD 列调车 终端按钮	2(A)/ZD 列调车 终端按钮	2(B)/ZD 列调车 终端按钮
七	SDF	Ⅰ-1A/SDF 双动道岔	Ⅰ-1B/SDF 双动道岔	Ⅰ-2A/SDF 双动道岔	Ⅰ-2B/SDF 双动道岔	Ⅱ-1A/SDF 双动道岔	Ⅱ-1B/SDF 双动道岔	Ⅱ-2B/SDF 双动道岔			
八	SDZ	Ⅰ-1/SDZ 双动道岔	Ⅰ-2/SDZ 双动道岔	Ⅱ-1/SDZ 双动道岔	Ⅱ-2/SDZ 双动道岔						
九	DD	1/DD 单动道岔	2/DD 单动道岔	3/DD 单动道岔	4/DD 单动道岔						
十	Q	1/Q 无岔区段	2/Q 道岔区段								

注：方向组合（F）及电源组合（DY）都只有一种类型。

附表三　6502 电气集中组合类型图的运用图

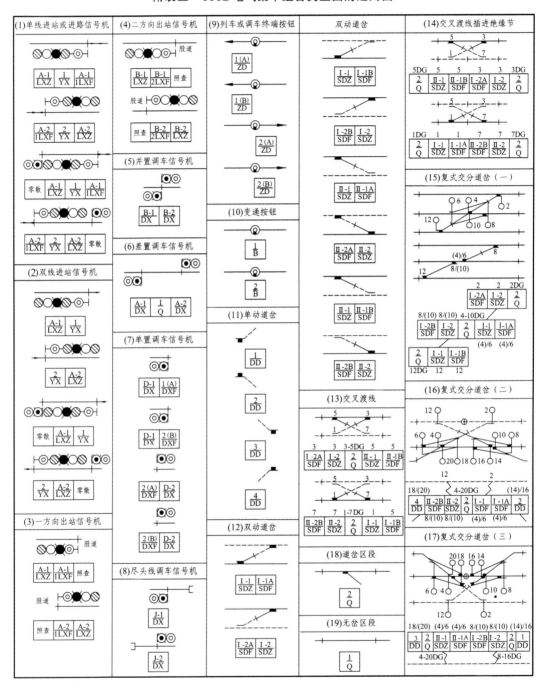

附表四 6502电气集中主要文字符号

符 号	名 称	符 号	名 称
A	按钮、蓝灯	DSDL	主灯丝断丝报警电铃
AJ	按钮继电器	DSJ	切断主灯丝断丝报警继电器
AH	蓝灯回线	DX	调车信号组合
B	白灯	DXF	调车信号辅助组合
BA	变通按钮	DXJ	调车信号继电器
BB	表示变压器	DY	电源组合
BD	道岔表示变压器	DZ	道岔动作电源正极
BH	白灯回线	DZA	调车终端按钮
BHJ	保护继电器	DZAJ	调车终端按钮继电器
BJD	电动转辙机保护接点	DZJ	灯丝转换继电器
BTA	表示灯调压按钮	F	方向组合，分线盘
BTJ	表示灯调压继电器	FA	非进路调车按钮
CA	道岔按钮	FAJ	非进路调车继电器
CAD	道岔按钮表示灯	FBD	道岔反位表示灯
CAJ	道岔按钮继电器	FBJ	道岔反位表示继电器
CJ	传递继电器	FBJF	道岔反位表示复示继电器
CJQ	插接器	FCJ	道岔反位操纵继电器
CSHJ	道岔锁闭限时继电器	FD	非进路调车表示灯
CSJ	道岔锁闭继电器	FGJ	辅助轨道继电器
D	调车	FDGJ	道岔区段轨道反复示继电器
DA	调车进路按钮	FDGJF	道岔区段轨道反复继电器的复示继电器
DAD	调车进路按钮表示灯	FGHA	非进路调车故障恢复按钮
DBD	道岔定位表示灯	FKJ	辅助开始继电器
DBJ	道岔定位表示继电器	FSJ	发车锁闭继电器、非进路调车锁闭继电器
DBQ	道岔继相保护器	FXJ	非进路调车信号继电器
DCJ	道岔定位操纵继电器	FYJ	非进路调车延时继电器
DD	单动道岔组合	G	股道
DF	道岔动作电源负极	GDJ	轨道停电继电器
DFJ	调车发车方向继电器	GDJF	轨道停电复示继电器
DGJ	道岔区段轨道继电器	GJ	轨道继电器
DGJF	道岔区段轨道复示继电器	GJF	轨道复示继电器
DJ	灯丝继电器	GJJ	股道检查继电器
DJF	灯丝复示继电器	H	红灯、后接点
DJJ	调车接车方向继电器	HB	红灯变压器
DJZ	道岔表示电源正极	HH	红灯回线
DL	电铃	JCA	切断挤岔按钮
DQJ	道岔启动继电器	JCAJ	切断挤岔报警按钮继电器
DSA	切断主灯丝断丝报警按钮	JCD	挤岔报警表示灯
DSD	主灯丝断丝报警表示灯	JCDL	挤岔报警电铃

续附表四

符　号	名　　称	符　号	名　　称
JCJ	挤岔继电器	Q	区段、区段组合、前接点
JF	表示电源负极	QJ	取消继电器
JGJ	接近轨道继电器	QJJ	区段检查继电器
JSJ	接车锁闭继电器	RD	熔断器
JXJ	进路选择继电器	RJJ	人工解锁继电器
JYJ	接近预告继电器	S	上行
JZ	表示电源正极	SDZ	双动道岔主组合
K	控制台	SDF	双动道岔辅助组合
KF	控制电源负极	SGA	事故按钮
KJ	开始继电器	SJ	锁闭继电器
KTJ	开通继电器	SJZ	闪光表示电源正极
KXJ	控制信号继电器	TA	通过按钮
KZ	控制电源正极	TAD	通过按钮表示灯
L	绿灯、零散组合、列车	TAJ	通过按钮继电器
LA	列车进路按钮	TGA	接通道岔表示按钮
LAD	列车进路按钮表示灯	TCJ	接通道岔表示继电器
LAJ	列车按钮继电器	TDD	提速道岔单动组合
LB	绿灯变压器	TDF	提速道岔辅助组合
LFJ	列车发车方向继电器	TGA	接通光带表示按钮
LH	绿灯回线	TGJ	接通光带继电器
LJ	进路继电器	TJ	时间继电器
LJJ	列车接车方向继电器	TSD	提速道岔双动组合
LKJ	列车开始继电器	TXJ	通过信号继电器
LKJF	列车开始复示继电器	U	黄灯
LUH	绿黄灯回线	UB	黄灯变压器
LUXJ	绿黄信号继电器	WG	无岔区段
LXJ	列车信号继电器	WGJ	无岔区段轨道继电器
LXJF	列车信号复示继电器	X	下行、外线
LZA	列车终端按钮	XFJ	信号辅助继电器
LZAJ	列车终端按钮继电器	XJ	信号继电器
LZJ	列车终端继电器	XJJ	信号检查继电器
PAJ	坡道按钮继电器	XTA	信号调压按钮
PJJ	坡道准备解锁继电器	XTJ	信号调压继电器
PJSJ	坡道解锁继电器	XZJ	选择继电器
PKJ	坡道开始继电器	YA	引导按钮
PLD	排列进路表示灯	YAJ	引导按钮继电器
PSHJ	坡道解锁时间继电器	YB	引导白灯
PZGJ	坡道照查继电器	YBB	引导白灯变压器
PZJ	坡道终端继电器	YBH	引导白灯回线

续附表四

符 号	名 称	符 号	名 称
YJJ	引导解锁继电器	ZFD	道岔总反位操纵表示灯
YX	引导信号组合	ZFJ	道岔总反位操纵表示灯
YXJ	引导信号继电器	ZJ	终端继电器
YZSA	引导总锁闭按钮	ZQA	总取消按钮
YZSJ	引导总锁闭继电器	ZQD	总取消表示灯
Z	组合架	ZQJ	总取消继电器
ZCJ	照查继电器	ZRA	总人工解锁按钮
ZDA	道岔总定位操纵按钮	ZRD	总人工解锁表示灯
ZDD	道岔总定位操纵表示灯	ZRJ	总人工解锁继电器
ZDJ	道岔总定位操纵继电器	ZXJ	主信号继电器、正线继电器
ZFA	道岔总反位操纵按钮		

附表五 电气集中联锁试验作业指导书

××单位

作 业 指 导 书

电 气 集 中 联 锁 试 验

文件编号：   版序：×版

拟　制：   年　月　日

审　核：   年　月　日

批　准：   年　月　日

受控编号：

文件会签	部　门	会签/日期
	总 工 办	/
	工 程 部	/

续附表五

××单位 作 业 指 导 书	文件编号：	
	版序：A	修改状态：0
标题： 电气集中联锁试验	页码： 第 页　共 页	

1．试验目的

　　确保铁路信号、联锁、闭塞设备运行安全、稳定、可靠。

2．适用范围

　　适用于铁路站场新建、改建信号工程施工的调试及联锁试验。

3．执行标准

　　《电气集中联锁试验技术条件》（TB/T 2119—90）

　　《铁路信号施工规范》（TB 10206—99）

　　《铁路信号工程施工质量验收标准》（TB 10419-2003 J289—2004）

4．原则要求

4.1　试验范围

　　工程施工范围内所涉及的相关信号、联锁、闭塞设备之间的联锁逻辑关系均须进行试验、确认、认证，以达到联锁关系正确，无联锁失效现象，并符合施工设计及相关规范、标准要求。

4.2　验证项目

　　试验、确认、认证的内容必须包括以下项目：

　　（1）联锁设备工作可靠且符合故障-安全原则；

　　（2）当进路上有关道岔开通位置不对或有4 mm间隙不密贴时，防护该进路的信号机不得开放；

　　（3）信号机开放后，与该进路有关的道岔均应被锁闭，不能启动，其敌对信号机不能开放；

　　（4）向占用线路排列进路时，有关列车信号机不得开放（引导信号除外）；

　　（5）当道岔区段有车占用时，该区段内的道岔不能转换；

　　（6）在已开放列车信号的进路内，当有关道岔失去表示或有关区段出现红光带时，防护该进路的信号机应自动关闭；

　　（7）联锁道岔在进路锁闭、区段锁闭、人工锁闭中的任何一种锁闭状态下，均不得启动；

　　（8）正线出站信号机未开放时，进站信号机的通过信号不能开放；主体信号机未开放时，预告或复示信号机不得开放；

　　（9）站内电码化在地面检测完成后，根据条件许可还须登乘机车对机车信号显示进行添乘检查、核对，并完全符合设计规定。

续附表五

××单位 作 业 指 导 书	文件编号：	
	版序：A	修改状态：0
标题： 电气集中联锁试验	页码： 第　页　　共　页	

5．试验程序

5.1　前提条件

　　室内各部设备间配线连接已全部完成并导通，设备已经过性能检测良好并全部安装完毕。

5.2　准备工作

　　（1）成立信号联锁试验小组，组长由项目总工程师担任，组员由工程技术主管及相关技术人员担任。

　　（2）按照设计联锁图表规定内容拟订试验项目，制备联锁试验表格，配备有关试验用检测仪表。

　　（3）核对导通室内各部配线，检查室内各类电源是否送到相关电源端子，并分别进行电压测试、对地和混电测试、电源环线断线测试，检查全部正确无误后，插接继电器并进行试送电试验。

　　（4）根据站场实际情况制作轨道电路模拟盘、单项设备试验用临时送电装置以及信号机模拟电路、道岔转辙机模拟电路、接近和离去模拟电路及场间联系模拟电路（如有场间联系关系时）。

5.3　试验方式

　　（1）模拟试验时，室内采用操作控制台按钮、观察有关继电器动作状态、观察控制台有关表示器显示以及使用仪表测量复核等方式。

　　（2）单项设备送电试验及室内外设备连通试验时，采用室内利用相关设备试验临时装置对外送电，室外现场选派配合人员对被试验设备状态进行确认、复核的方式。

　　（3）开通联锁试验时，首先须按照批准的封锁施工计划，拟订周密的试验方案；然后根据开通施工时的实际进展情况，采取室内进行实物操作、室外确认复核的方式。

5.4　试验流程（见图1）

续附表五

××单位 作 业 指 导 书	文件编号：	
	版序：A	修改状态：0
标题： 电气集中联锁试验	页码： 第 页　共 页	

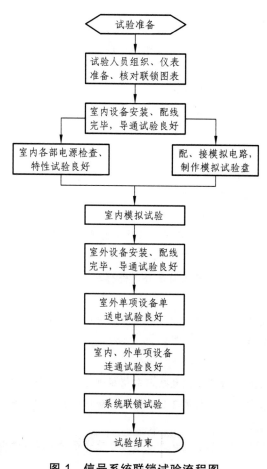

图1　信号系统联锁试验流程图

续附表五

××单位	文件编号：	
作 业 指 导 书	版序：A	修改状态：0
标题： 电气集中联锁试验	页码： 第 页 共 页	

5.5 试验步骤

5.5.1 室内模拟联锁试验

室内模拟联锁试验由联锁试验小组全面负责。利用各种模拟电路按拟订的试验项目（如有此项目时），对所有联锁设备逐项进行以下功能试验，以验证是否符合设计要求。

（1）控制台各种按钮基本功能试验；

（2）列车、调车进路选排、锁闭、取消功能试验；

（3）列车、调车进路正常、非正常解锁功能试验；

（4）列车通过及自动通过进路功能试验；

（5）列车引导信号电路相关功能试验；

（6）股道中间出岔电路相关功能试验；

（7）非进路调车电路功能试验；

（8）站内电码化电路功能试验；

（9）站内、区间道口通知电路功能试验；

（10）区间闭塞结合电路功能试验。

（11）场间联系、机务段同意、局部控制、延续进路等电路功能试验。

5.5.2 室外设备单独送电试验

室外设备单独送电试验须在室内外人员配合下进行。

1．信号机试验

利用临时信号点灯送电装置进行试验，逐架确认信号机的灯位、显示颜色与设计一致；试验列车信号机的主、副灯丝自动转换功能。

2．电动转辙机试验

利用临时道岔试验装置进行试验，逐组确认转辙机伸出、拉入位置符合设计规定；核对道岔表示与室外转辙机伸出（拉入）位置、道岔第2启动继电器动作位置、道岔表示继电器位置相一致。

3．轨道电路试验

利用临时轨道送电装置进行试验，确认与复核每个轨道区段的送、受电端相关变压器的电源端子配线到位。

4．道口通知试验

利用临时道口送电装置进行试验，复核道口上、下行通知时相应表示灯点亮、灭灯的条件、时机及告警功能。

续附表五

××单位 作 业 指 导 书	文件编号：	
	版序：A	修改状态：0
标题：　电气集中联锁试验	页码：　第 页　　共 页	

5.5.3　室内、外设备连通试验

室内、外设备连通试验须在室内外人员配合下进行。

1.　信号机试验

通过室内、外连通操作试验，复核信号机的显示与实际进路要求一致；试验信号灯泡断丝时灯光转移及安全防护等功能；确认复示、预告及各种表示器的开放条件；进行信号机电气参数的测试与调整。

2.　电动转辙机试验

通过对转辙机动/静接点、安全接点、移位接触器以及组盒熔丝的通路/断路试验，复核每组道岔转辙机配线的正确性及挤岔报警功能；确认在轨道区段占用时该区段内道岔的锁闭功能；有条件的道岔转辙机可进行密贴调整和电气参数的测试（无条件时，可在开通施工时视情进行）。

3.　轨道电路试验

当道岔测试完毕即可拆除轨道模拟盘，在分线盘上将引入电缆连上相应端子正式送出轨道电源，测量各种电源正确无误，无混电及接地现象；有条件的轨道区段可进行轨道电路电气参数测试调整（无条件时，可在开通施工时视情进行）。

4.　站内电码化试验

确认站内电码化的区段范围符合设计规定；复核、检测电码化发送频率信息的正确性。

5.5.4　开通联锁试验

开通联锁试验须在室内外人员配合下进行。

1.　道岔试验

倒装后的道岔转辙机试验须在所属轨道区段处于调整状态时进行，试验项目、内容与要求同5.5.3下的"2.电动转辙机试验"。

2.　轨道电路试验

轨道电路试验须在已排除老设备干扰及无车辆占用的情况下进行，重点是检验轨道电路的调整状态、分路状态的电气参数符合规定要求，验证每个区段的室外状态与室内继电器动作、控制台表示一致。

在一送多受或被分割的轨道区段，须对每一个分支轨道区段分别进行分路有效性试验，确认任何一个分支轨道区段被短路时，相应的分支轨道继电器和主轨道继电器均应失磁。复核全站的轨道电路极性交叉。

续附表五

××单位 作 业 指 导 书	文件编号：	
	版序：A	修改状态：0
标题： 电气集中联锁试验	页码： 第 页　　共 页	

3. 信号机试验

在道岔倒装调试结束、轨道区段调整完毕后，即可进行全站排列接发列车及调车进路、开放信号机的试验。

试验重点是复核信号机的显示与操纵目的一致，并核对该信号机与相关道岔、轨道电路实际设备之间的联锁关系。

当站场有自动闭塞和非自动闭塞两个发车方向时，应核对相关端出站信号机的显示方式符合设计要求。

4. 室内联锁试验

依据施工进度及在现场施工人员的配合下，进行相关项目的联锁试验，重点是对模拟试验或连通试验中未进行的项目进行检验，以及对全站设备联锁关系进行全面复核。完成对自动闭塞、半自动闭塞及其他有关设备结合电路的试验，确认全部符合设计要求。

5. 注意事项

（1）全部试验工作必须在联锁试验小组的统一领导下进行；

（2）试验程序应按照事前拟订的试验方案逐项进行，不得漏项；

（3）试验工作应严谨彻底，每项试验数据或结论须记录在案，并由试验人员签字确认；

（4）当试验过程中发现问题时，应即组织查找处理。如系设计原因时，应作书面记录，及时联系设计部门请求核查处理，经设计修改过的部分应重新进行相关的联锁试验；

（5）全部试验结束后，应将所有试验用临时设施拆除干净，并检查复核；

（6）开通联锁试验完毕后，施工值台负责人应将试验结果记入车站《行车设备检查登记簿》内并签字；

（7）联锁试验记录应妥善保存，并作为竣工资料的一部分在工程验收时移交设备接管单位。

附　图

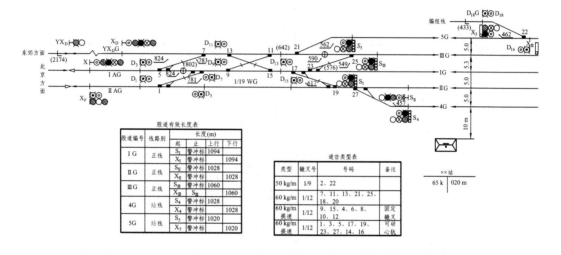

股道编号	线路别	长度(m)		
		起	止	上行 |下行

殷道有效长度表

股道编号	线路别	起	止	上行	下行
I G	正线	S_1 警冲标		1094	
		X_1 警冲标			1094
II G	正线	S_{II} 警冲标		1028	
		X_{II} 警冲标			1028
III G	正线	S_{III} 警冲标	S_{III}	1060	
		X_{III} 警冲标			1060
4G	站线	S_4 警冲标		1028	
		X_4 警冲标			1028
5G	站线	S_5 警冲标		1020	
		X_5 警冲标			1020

道岔类型表

类型	辙叉号	号码	备注
50 kg/m	1/9	2、22	
60 kg/m	1/12	7、11、13、21、25、18、20	
60 kg/m 提速	1/12	9、15、4、6、8、10、12	固定辙叉
60 kg/m 提速	1/12	1、3、5、17、19、23、27、14、16	可动心轨

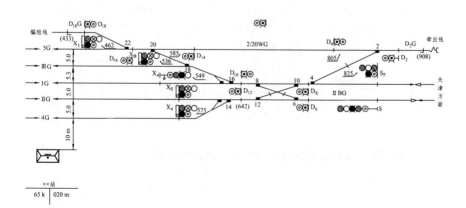

附图一　举例站场信号平面布置图

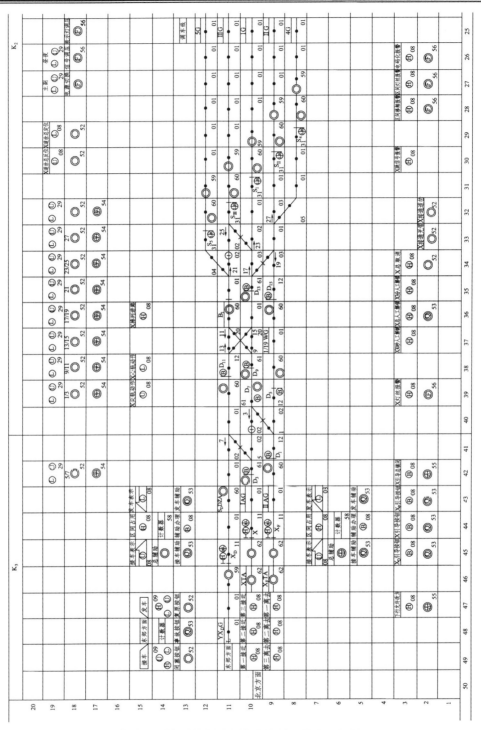

附图二　举例站场下行咽喉控制台盘面布置图

参 考 文 献

[1] 铁道部电务局. 信号维修手册[M]. 北京：中国铁道出版社，1996.

[2] 中国铁路通信信号总公司研究设计院.铁路工程设计技术手册：信号[M]. 北京：中国铁道出版社，2007.

[3] 王永信. 车站信号自动控制（高职）[M]. 北京：中国铁道出版社，2007.

[4] 杨扬. 车站信号控制系统[M]. 成都：西南交通大学出版社，2012.

[5] 何文卿. 6502 电气集中电路[M]. 北京：中国铁道出版社，1997.

[6] 林瑜筠. 铁路提速区段 6502 电气集中图册[M]. 北京：中国铁道出版社，2008.

[7] 王秉文. 6502 电气集中工程设计[M]. 北京：中国铁道出版社，1997.

[8] 赵志熙. 车站信号控制系统[M]. 北京：中国铁道出版社，1993.